一块打开管人管事新局面的试金石

谁说你懂
管人管事

孙郡锴 **/编著**

管人管事是一门高深的学问，管理者不仅要大权在握，更重要的是要有高超的领导艺术，既要紧紧地把握领导权，又要充分地调动下属的积极性。所以管人不能没有手段，管事必须讲究技巧。

中国华侨出版社

图书在版编目（CIP）数据

谁说你懂管人管事/孙郡锴编著．—北京：中国华侨出版社，
2011.4
ISBN 978 - 7 - 5113 - 1145 - 0

Ⅰ.①谁…　Ⅱ.①孙…　Ⅲ.①人生哲学—通俗读物　Ⅳ.①F272.91

中国版本图书馆 CIP 数据核字（2011）第 032815 号

● 谁说你懂管人管事

编　　著/孙郡锴
责任编辑/骁　晖
封面设计/纸衣裳书装
经　　销/新华书店
开　　本/710×1000 毫米　1/16　印张 18　字数 240 千字
印　　刷/北京溢漾印刷有限公司
版　　次/2011 年 5 月第 1 版　2011 年 5 月第 1 次印刷
书　　号/ISBN 978 - 7 - 5113 - 1145 - 0
定　　价/32.00 元

中国华侨出版社　　北京朝阳区静安里 26 号通成达大厦 3 层　　邮编 100028
法律顾问：陈鹰律师事务所
编辑部：(010) 64443056　　64443979
发行部：(010) 64443051　　传真：64439708
网　址：www.oveaschin.com
e-mail：oveaschin@ sina.com

前言
PREFACE

美国著名领导学家特鲁尔说："在现代管理过程中，领导已不是一个非常狭隘的概念了，而是一种全面的综合能力的体现"。管人管事是领导者的一种职能，其管理水平体现出一个领导者的领导才能，也决定着他的前途发展。

管理管什么？自然是人，不同的人以同样的手段去管理，结果会大不一样，这就是选拔和使用人才的差别。所以，高明的管理者会从用人开始来贯彻自己的管理理念。管理是一门科学，也是一门艺术，它需要懂得进退法则，这样管人才能管出水平，管事才能管出效率。

完全按照规章制度管人管事不行，完全按管理者的个人好恶管人管事也不行。聪明的管理者按照管人管事的规律办事，使难以驯服的下属变得温顺，让低效的团队变得生机勃勃。

管人管事没有硬的一手镇不住局面，但一味硬下去效果则未必会好，弄不好的话还会适得其反，所以软的一手也必不可少。只有当硬时硬、当软时软，才算找到了管人管事恰当的发力点。在管人管事的过程中，对于问题处理的尺度和松紧的把握是最难做好的事情。但是，这也是管住人、做对事的必备条件。

管人管事还需要有操控全局的手段、需要有识人用人的眼光、

1

需要有解决问题的策略、需要有临危不乱的气魄、也需要有驭人处世的技巧。它需要以乐观的心理为底蕴，以高超的处世智慧作指导，以实用的领导技巧为工具，从而形成一种系统、复杂、高效的管理艺术。

总之，管理是个"细活"，你必须拿捏好管理松和紧的分寸，把握好尺度。过松导致员工精神的散漫和局面的失控，过紧又会扼杀激情和创造力。一松一紧之间，才能体现管理艺术的境界。要想管好人、管成事，必须还要懂得取舍的智慧，在取舍中把握问题、解决问题。作为管理者，其管理境界和管理效果必将获得大幅度的提升。

目 录

CONTENTS

第一章　把握好管人管事松与紧的尺度

在管人管事的过程中，对于有些问题处理尺度的松与紧的把握是最难做好的事情。但是，这也正是管住人、做对事的必备条件。管人管事的取舍之道告诉我们，只要松紧适度，就能把这一盘棋下活。

第二章 在一软一硬之间找到管人管事的发力点

管人管事没有硬的一手镇不住局面，但一味硬下去效果则未必会好，弄不好还会适得其反，所以软的一手也必不可少。只有当硬时硬、当软时软，刚柔相济，才算找到了管人管事恰当的发力点。

第三章 在授权与监管间找到管人管事的平衡点

不懂得授权的领导是低效的领导，授权之后不知道监管的领导是愚蠢的领导。当然，这二者之间的分寸极难把握，弄不好极容易造成人浮于事或者权力失控的两极局面，但是，只要把握授权与监管的平衡点，一切问题便迎刃而解。

第四章　按制度办事与讲究管理技巧不可或缺

一个单位里人多事杂，坚持原则是不可替代的管理手段，按原则办事，可以把手下人纳入到一个正确的工作轨道上来。但按原则办事不能过于机械，一些灵活的管人管事的技巧也是不可或缺的。

第五章 既要会夸又要敢批才体现出管人管事方圆艺术的真谛

　　管人管事免不了要表扬人、奖赏人，同样也免不了要批评人、惩罚人。管人者手里有权，但如果在夸人、批人时随意而为，会把管人管事的局面搅浑，从而置自己于十分被动的地位。既会夸又敢批则体现出管人管事取舍之道的真谛。

第六章　树立威信的同时别忘了安抚下属的情绪

领导者没有威信办不成事，威信的树立需要你勇敢地挥起"杀威棒"，需要你与下属保持适当的距离。另一方面，又要洞察下属的情绪动态，给其以恰如其分的尊重与关心，给其一个舒散不满、缓解压力的渠道。

第七章　选人用人与团队建设是提高管人管事效率的两大法宝

　　把优秀的人才选拔进来，放到合适的位置用好用活，是领导者义不容辞的责任，但一个团队当中需要的毕竟不止一个人，所以团队建设就成为同样需要关注的重要课题。选人用人时关注个体，总体把握上重视团队，这是管人管事方圆艺术中的两大法宝。

第八章　调控好下属精神面貌的同时也要注意自我调控

　　领导者不务实不行，但仅务实不务虚也会走进管人管事的死胡同，其中，调控好下属的精神面貌就是必须做的一件事，从一定意义上说，这也是体现管人管事水平高低的分界点。同时，领导者还要做好自我调控，注意自己的言行。

第九章 公平原则与特殊人才特殊对待并不矛盾

管人管事要讲公平。没有公平难以服众；没有公平，一个单位、一个部门必定乌烟瘴气、歪门邪道盛行。但仅仅讲公平是不够的，管人管事的方圆艺术要求我们在对待特殊人才上要有特殊对待的魄力和胸怀。

第十章　和谐的上下级关系是决定管人管事成败的关键

　　如果下属对上司心存反感，有一肚子的意见，那么管理者的管理成效必然大打折扣；相反，如果上下级之间关系和谐，下属总是心情愉快地接受任务，并尽心竭力地去完成任务，结果自然大相径庭。作为管理者要懂得关心、爱护下属，做员工的贴心人，这样，和谐的上下级关系就会不期而至。

第一章

把握好管人管事松与紧的尺度

在管人管事的过程中，对于有些问题处理尺度的松与紧的把握是最难做好的事情。但是，这也正是管住人、做对事的必备条件。管人管事的取舍之道告诉我们，只要松紧适度，就能把这一盘棋下活。

1. 有令必行

管理要立足于"管",这里有一个问题是管理者务必紧握不放的,那就是一定要做到令必行、禁必止。这样,你的主导思想才能迅速化为下属的具体行动,你才能管出效率、管出成绩。

在这个问题上有以下几点需要注意:

(1)保证发出的指令正确有效。领导者可以通过"号令"进行有效指挥。发出一个指令是容易的,但要正确且有效地发出指令则是困难的。管人的基本要求是发出的指令要正确,要能有效地执行。发出正确有效的指令,其要点是指令要明确、要相对稳定。只有发出的指令是明确清楚的,才能使下级对同一指令产生相同的理解,员工才会有一致的行动。要使指令明确,在发出指令时就要使用准确的词语,多用数据,减少中性词汇和模糊语。指令应当包括时间、地点、任务要求、协作关系、考核指标和考核方式等内容。指令还应当简明扼要,一目了然。

如果指令太多或变化太快,缺乏稳定性,下级就会形成一种采取短期化行为的倾向,以便捞取好处。或者下级根本不信任领导者发出的指令,这就会难以管理和控制。因此,在发出指令前要仔细审查指令的可行性,在执行中可能遇到的阻力,以及处理的方式。向下级解释清楚指令的内容和要求执行的原因,以统一全员的认识。如在执行过程中发现指令有不切实际的地方,应因事因时而异,区别情况采取不同的补救措施,立即更正发现的原则性错误。

再正确有效的指令如果得不到落实,就等于没有指令。当然,抓落实也不意味着要"一竿子插到底",使领导者陷于琐碎的日常事务之中。抓指令的落实,主要是通过定期和不定期的检查来进行,以检查的结果或抽查的结果来判断下级的执行情况,这样下级在执行时就不敢懈怠。

　　艾柯卡在福特汽车公司总经理和克莱斯勒公司总裁职位上时，采取了"季检查制度"来实行控制。每隔 3 个月，领导人与直属下级坐下来面谈一次，检查上一季度的成绩及目标完成情况，并订出下季度的目标。彼此同意后，下级就要写出目标，领导者在其上签名。艾柯卡认为，这种方法虽然简单却很有效。

　　对计划、指令的执行情况进行检查之后，就要采取强化措施。执行得好的要给予奖励和表彰，鼓励他们再创佳绩；执行得不理想的，要加以批评。还要区分不同的情况，采取不同的纠正偏差的措施。

　　若是指令本身存在不合理的地方，影响了下级的执行效果，那么纠正方法应是调整指令，使其更加合理和切实可行。

　　若是指令本身没有问题，主要是下级执行不力或方式不当导致执行效果不佳，则一方面要给予处罚，另一方面进行适当的指导。

　　（2）让你的命令迅速被执行。没有被执行的命令是毫无作用的，因此高级管理者应当注意让命令被有效执行的方法。命令并不是向下属发布之后就没事了，信任下属当然有必要，但你的监督也必不可少。

　　切记，即使在你日理万机、分身无术的情况下，也不要放弃监督的权力！

　　为什么有许多命令或指示下达后总是受阻呢？就是因为管理者没有监督自己的命令执行情况。

　　你发布一条命令，大家听明白了，你笑了，你感到心满意足，你认为自己做了一件很棒的事。你回到你的办公室，端起茶水看早报，一切顺利，天下太平。

　　这期间，事情进行得很顺利。你的命令被执行得适当而迅速，你可以高枕无忧地去钓鱼。事情能是这样吗？不会的，绝对不会的。为什么呢？因为一个没有检查监督的命令就不成其为命令，这只是一种美好的想法。

　　要保证工作顺利进行，你的命令就必须得到认真的贯彻，你必须亲自去检查工作，因为下级不敢忽视上级的检查。换句话说就是："不检查总会有疏忽！"

管理者在向下属发布命令时，一定要做到心中有数，不乱发布命令，不用狂傲的态度发布命令，发布命令要替下属着想。发布命令之后还要隔一段时间就去了解一下命令被执行的情况。因此，切忌让你的下属对命令打折扣。没有命令，下属就会一盘散沙，企业就会失去控制和方向。因此，命令是使企业上下一致、同心协力的规范措施，理当重视，不可视为平常；否则，你就是把玩命令、自惭形秽，易失去领导者的权威。命令就是权威，权威服务于管理，管人者一定要明白这一点。

（3）力争实现指挥科学性和艺术性的统一。有成效的领导者进行指挥时，既不像将帅统率军队打仗那样发号施令，也不像乐队指挥那么严格，有板有眼。他结合了二者的长处，实现了科学性和艺术性的统一。指挥就是通过命令、指示、要求和指导、说服、示范等方式，使组织中的各部门及其成员积极而协调地实现既定的目标任务的过程。成功的指挥者要学会下达指示、进行授权和委派任务。

领导者下达的指示要有 10 项要素：什么问题；什么标准（数量、质量的要求）；什么人执行；什么时间执行；什么地点执行；什么方式完成；什么手段完成；什么目的；什么注意事项；什么方法考核、评估执行任务的最终成果。其中"什么方式完成"指在执行任务中采用的方法、方式、措施，而"什么手段"指所使用的工具、机器、设备和物资及所需经费。

下达指示要合乎法规、政策，合乎组织目标，合乎职权范围，合乎实际情况，合乎下级正当意愿，合乎明晰、准确的要求。

指挥方式对于指挥的效果有不同的影响。采用激励说服型的指挥方式，员工会热情接受并取得卓著的业绩，指挥效果最好。一般指示型的指挥方式只会使员工接受工作，取得一般的业绩，指挥效果还可以。而简单粗暴型的指挥方式只会导致消极接受，取得的业绩较差，指挥效果不好。领导者一般应采用激励说服型的指挥方式，并辅以严肃的指示。

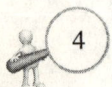

总之，管理者的个人指令与已经公布的规则、制度一样，必须得到切实的贯彻执行。如果你总是朝令夕改，让自己的指令成为一纸空文，迟早会出现"管不住人"的局面。无疑，这会让管理者在上司、下属眼里都是一个无可救药的失败者。

2. 奖罚必须以业绩考评为依据

考评是管理者常用的管理手段，但是，我们考察不同单位的考评情况会发现，类似的考评对象，同样的考评内容和考评形式，有的单位会形成大家努力工作、有序竞争、争取最佳的考评结论的局面，而有的单位却是另一番景象：或者对考评过程与结果不关心，或者弄虚作假、欺骗上级，工作业绩则依然不见提升。造成这种差别的一个主要问题在于对于考评原则的把握尺度上。

在这里，有必要对业绩考评的过程作一下综述。

制定考评内容是编制考评的第一步，管理者在制定内容时，要注意体现以下两个方面：①公司的管理原则，即公司鼓励什么，反对什么。②该岗位的工作要项。考评内容要抓重点，不能面面俱到。另外，对于难以考评的项目也要谨慎处理。

绩效考评是考评员工的工作水平，员工个人的生活习惯、行为举止、个人癖好等内容不宜作为考评项目出现，如果这些内容妨碍到工作，其结果自然会影响到相关工作的考评成绩。

考评项目是客观考评还是主观考评，要根据被考评岗位的具体情况处理。如对项目组开发人员的考评，由于开发人员每个任务不可能一样，所以宜使用主观考评，如任务难度、任务紧迫度、协作精神、努力程度等；对办公室文员的考评应使用具体内容和抽象内容相结合的形式，因为文员有常规性事务处理，如打字、订车票、采购办公用品、维护固定资产等，这些具体工作使用客观考评。另外，对他的工作态度和作风也有要求，如是否热情、是否公正等，这是主观考评。

考评的尺度一般使用 5 类标准：极差、较差、一般、良好、优秀。也可以使用分数，如 0 ~ 10 分，10 分是最高分。对于不同的项目根据重要性的不同，需使用不同的分数区间；使用 5 类标准考评，在计算总成绩时也要使用不同的权重。

人事部门制定考评内容的初稿，然后要与被考评人和考评人深入地进行讨论，最终的定稿需经双方认可。

考评内容制定完成后，要制定相应的考评实施程序。考评实施程序一般分为自评、互评、上级考评、考评沟通等 4 个步骤。

（1）自评。自评即被考评人的自我考评，考评结果一般不计入考评成绩，但它的作用十分重要。自评是被考评人对自己的主观认识，它往往与客观的考评结果有所差别。考评人通过自评结果，可以了解被考评人的真实想法，为考评沟通做准备。另外，在自评结果中，考评人可能还会发现一些自己忽略的事情，这有利于更客观地进行考评（被考评人往往是考评人的直接下级）。

（2）互评。互评可以在部门内部员工之间进行，也可以由其他部门进行考评。如在一个人数较多的部门中，部门内部员工之间适合进行互评；如果人数少，而这些人主要是服务于其他部门的（如财务部、行政部等），适合由其他部门进行考评。在互评中要注意两个问题：一是互评的项目只应是互评人有考评条件的项目，协作精神、努力程度等可以考评，某项工作的完成度则不宜考评（应由直接上级考评）；二是互评要不记名，并相互保密，这样才能保证互评的客观性和真实性。

（3）上级考评。上级考评是考评中必不可少的环节，因为被考评人的上级对他的工作情况最为了解。上级考评要考评所有项目。该考评一般由直接上级进行。

（4）考评沟通。考评成绩统计结束后，考评人要与被考评人进行一次沟通，主要是通报考评成绩，并指出被考评人的优缺点和努力方向，指导被考评人改进自己的工作。在考评沟通中，往往容易发生被考评人不认可自己某些缺点的争执。这要求考评人应事前根据自评结果找出可能产生争执的项目，并对相关内容进行客观的、广泛的调查，在解决这些争执时，做到有理有据。最终要使被考评人接受考评结果。

员工在工作的过程中，希望自己的工作被企业承认并得到应有的待遇和事业上的进步，同时也希望被指导。从这种意义上说，员工是希望被考评的。为了满足员工的这种欲望，许多人事专家认为，在对员工进行考评的时候，应确立以下原则：

（1）明确化、公开化的原则。企业的考评标准、考评程序和考评责任都应当有明确的规定，而且在考评中严格遵守这些规定。同时，这些规定在企业内应该对员工公开，这样才能令员工对考评产生信任感并接受考评的结果。

（2）客观考评的原则。考评应该在遵守上述规定的同时，以客观事实为考评的准则，避免主观性和感情倾向。

（3）单头考评原则。对员工的考评，都应由被考评者的直接上级进行，因为直接上级最了解被考评人的实际工作表现，更高层的领导不应随便对考评的评语进行修改（除非确实有修正的必要）。

（4）反馈的原则。考评的结果一定要反馈给被考评者，否则就不能达到考评的主要目的，应向被考评者进行解释并提出指导。

（5）差别的原则。考评的等级之间应有明显的差别界限，针对不同考评结果的员工，应在工资、使用、晋升等方面体现差别，使考评带有激励性。

业绩考评是管理的一个导向标，更是管理者实施有效管理的一根指挥棒。但是，如果对考评原则把握失度，该紧不紧、该松不松，就会失去它对于员工的管理作用，这根指挥棒也就成了一根没有任何意义的大头棒子。

3. 正确看待下属没有完成任务的情况

有一本《没有任何借口》的书曾经深受管理人士的追捧，看来，该书的中心观点"上级安排的任何任务都必须无条件完成"得到了广泛的认同。如果把这一观点作为强化下属工作主动性、创造性的培训要点也无可厚非，但是，如果管理者用它来指导自己的实际工作和评价下属的具体表现，那就大错特错了。因为实际情况总是复杂多变的，更何况还有管理者本人的指令是否正确这一因素在里面。一味强调"无条件"、"不找任何借口"，而不看下属为此付出的努力，是对"原则"、"规矩"的滥用，是缺乏灵活性的表现，其结果势必抑制下属工作的积极性。

《没有任何借口》强调："它（没有任何借口）强化的是每一位员工想尽办法去完成任何一项任务，而不是为没有完成任务去寻找借口，哪怕是看似合理的借口。它体现的是一种完美的执行能力，一种服从诚实的态度，一种负责敬业的精神。其核心是敬业、责任、服从、诚实。这一理念是提升企业凝聚力、建设企业文化的最重要的准则。"

但实际情况是，"想尽办法去完成任何一项任务"，与无法完成时提供一个理由并不矛盾，而这被称为"合理的原因"。事实上，"合理的原因"不是借口，借口是不合理的，合理的只能是理由、原因。如果不顾客观情况，不顾领导者的命令是否正确，以及是否有实现的可能性，只是盲目去做，包括让企业付出沉重代价也在所不惜，还算得上"完美的执行能力"吗？还算得上"负责敬业"吗？

绝对的服从只等于愚忠，这甚至恰恰表现了一种不诚实。如果看到这个任务不可能完成，却不提出自己的意见，而只是一味服从，这能算诚实吗？所以，"没有任何借口"这一理念与所谓的"核心"是不能画等号的。至于说这一理论"提升企业凝聚力",更是没有说服力。企业的凝聚力是要靠共同的价值观、相互尊重、相互给予以及重视员工的价值等来实现的。

"没有任何借口"强调的是一种霸权思维,一种管理者至高无上的不平等意识,只能用来驯服奴才,唬住弱者,让真正有能力的员工暂时收敛锋芒随时等待"跳槽",必然的结果是离心离德,企业涣散,何谈凝聚力呢?

提出对某一任务的反对或未完成的理由不是提出借口,也不等于自我辩解,而很可能是一种认真负责的工作精神。

有一个企业的总经理平时确实体现着"没有任何借口"的管理风格,包括开除员工的时候。许多员工勤勤恳恳工作了很多年,被开除的时候要一个解释,即为什么被开除。这位老总总是理直气壮地说:"没有理由,说你不适合就是不适合!"

这种管理风格导致的结果如何呢?不少人慑于老总的淫威或沉默不语,或学着拍马屁,人心涣散,时刻想着"跳槽",公司业绩更是一落千丈。

我们一定要清楚的是,即使每个管理者布置的每项任务都是合理的,但不是每项任务在任何时候和任何背景下都是可以完成的,也不是每个员工都能够完成每项任务的。一个企业的成长需要客观环境,一个企业的管理同样不是关上门管理,而是与企业的外部环境有着密切的关系,强调完成任务的条件和环境往往是重要的。每个人想做的就一定能够做成,这听起来是一个多么荒唐的逻辑,却奇怪地成为了某些人信奉的准则。

对于员工来讲,每个员工都是有差异的,都是有所长也有所短的,如果运用好了,这正是一个企业的人力资源优势,但如果不顾员工的个体差异,一味地认为没有完成任务就是找借口,只能将优势变为劣势,从而导致人才无法真正发挥其应有的实力。

心理学告诉我们,受到挫折的人自我寻找理由或借口,是一种自我保护、自我疗伤，能够有效地避免一蹶不振，帮助他们渡过心理上最脆弱的时期。而并不意味着，这些自我疗伤的手段，就会使他们丧失未来的工作热情和进取精神。

清晨，你正在为今天即将召开的一次重要会议做准备，突然接到某一位下属的电话，他在电话里解释说，一位从外地来的亲戚刚刚到火车站，需要请半天假去接站。这个时候，如果你语气平和地跟他说："不要紧，你只管去吧，下午也没什么事情，你就带着你的亲戚出去逛一逛，明天准时上班也不迟，会议内容我会让其他人帮你记录。"此时，员工听到这么亲和、真诚的回答，不仅不会在挂上电话之后心生任何怨言，反而会为了这事儿耽误工作而产生愧疚的感觉，并对老板温和、坦诚的回答心存感激。

如此简单的道理，相信大多数领导者都是懂得的，只不过某些领导者认为员工拿着自己的工资，就应该分分秒秒、不遗余力地把自己奉献到工作中去，任何阻碍工作的事情都是无理的！

其实，给员工一个解释的机会又何妨呢？

4. 以紧盯的方式让所有人产生强烈的紧迫感

紧迫感是下属努力工作的催化剂。如何让下属产生紧迫感呢？一个似乎有点笨但绝对有效的做法是，紧紧地"盯"着他们，关注他们的工作进展并及时指出不足，尽量把自己所承受的来自市场的或来自上级的压力传达到每一个下属身上。

不称职的部下就得换掉，这当然不错。但这并不是处理人事问题的高明方法，同时也不是处理人事问题的最终目的。从郭士纳那里我们会受到不少启发。当郭士纳从约翰·艾克斯手里接过处境不妙的 IBM 时，大家原以为公司的很多头头脑脑都要走人，但郭士纳只是撤换了财务和人事主管，以及其他 3 个主要的执行官。他当初的决策是否英明，只要看看 IBM 比当初高出 10 倍的股价就全都明白了。

郭士纳知道，IBM 雇员心里最急迫的问题就是：我 1 个月后还会在公司干吗？6 个月后呢？1 年后呢？郭士纳上任只有 5 天，就竭力向雇员们保证，虽然他的扭亏为盈计划难免会伤害一些人，但他会尽力缓解痛苦的。他知道每个首席执行官在动手裁员前都说这话，可是他在 4 月 6 日的一份备忘录中说的却是肺腑之言："你们中有些人多年效忠公司，到头来反被宣布为'冗员'，报刊上也登载了一些业绩评分的报道，当然让你们伤心愤怒。我深切地感到自己是在要大量裁员的痛苦之时上任的。我知道这对大家都是痛苦的。但大家知道这是必要的。我只能向你们保证，我将尽一切可能尽快地渡过这个痛苦时期，好让我们开始向未来看，并期待着重建我们的企业。"

他用电子邮件把这份备忘录发给 IBM 的所有员工。这和 IBM 以前的领导人与雇员沟通的方式大相径庭。他不再用约翰·艾克斯的正式电视讲话这一办法了，因为雇员们都不理睬他的讲话。他是第一次把电子邮件发给全公司的 IBM 首席执行官。这是非正式的、个人间的和前所未闻的。有谁能不打开公司的新首席执行官写给自己的电子邮件呢？从一开始，郭士纳就试图突破传统，想表明 IBM 不必要那么一本正经，随和的方式也是很好的。

听了郭士纳的话，IBM 的员工中很少有人会完全放心的，但是他知道自己真的别无选择。正如他所说："90 年代的启迪就是，世界上任何地区的公司都不能保证一个员工也不辞退。那是空头支票。"

但是，他知道要开通与员工交流的渠道。他希望大部分人都会理解他的坦诚态度。当然，会裁减更多人员，但是他也希望，那些有幸留下的员工会开始感觉到过了一关。因为他向他们许诺，一旦裁员结束，就不再裁员了。留下的人会觉得他们的工作在长期内是有保障的。他们能毫无忧虑地重新工作。他何时行动呢？在这个关头他还不知道。但是他决心已定，在不可避免的一次性裁员结束后，他说："我们可以对客户、雇员和股东说，我们公司不是一味裁员。裁员工作已经过去了。"

郭士纳之前的 IBM 变成了一个不健康的家庭。后来的 IBM 个人电脑公司的总经理萨姆尔·佩米萨罗回忆说："那时我们的企业文化营造出一种平缓舒适的氛围，有时你甚至会忘了自己在哪儿。会议总是轻松愉快，你走进会议室，看到一切都是那么和谐，几个人坐在一起悠闲地聊天。如果经营情况较好，他们会说：'非常感谢。'即使结果不尽如人意，他们还是会说：'我们知道你已经尽力了，十分感谢。'"

没有一个正常的人会把郭士纳的会议描绘成这般轻松愉快。会前他要求各部门主管把运营情况和出现的问题全都写下来，即使偶尔看到你，他也不会停下来和你聊天。他这样做目的是使 IBM 人习惯于正视困难，在用户会议上，他鼓动人们对他的董事会发难。如果董事们回避问题，郭士纳就会指定一个董事负责解决。佩米萨罗回忆起当时的情形说："他会从椅子上跳起来，毫不留情地训斥他的下属。"他直率的作风让整个公司都感到震颤。佩米萨罗继续说："要是你被郭士纳点了名，别指望会听到一句称赞的话，多数时候都是他愤怒地责问：'这到底是怎么回事？'"

在他组建管理队伍时，郭士纳说："我不管你将是未来的商界名人，或是正准备另谋出路，我要的是你们现在得为我尽心尽力地工作。"对他手下那批管理者来说，适应郭士纳的过程就如同达尔文的进化论一样残酷而且缓慢。IBM 的经理常谈起，他们是如何被郭士纳偶然叫住，并被要求立即对一名同事作全面的评估。一位 IBM 雇员说："他想知道我对自己的上司怎么看。尽管我说的都是称赞的话，但当着他的面我始终感到心惊胆颤。"开会时，郭士纳习惯对每个在场的人作一番评价，他说："毫无疑问，在最初的一年里有些人企图给我服精神砒霜，我是指那些很糟糕的主意和计划。"

郭士纳告诉下属："你必须准备迎接变化，并且必须有紧迫感，愿意在必要时马上作出改变，否则在 90 年代迅猛变化的计算机产业中就不可能跟上潮流并取得成功。"

郭士纳把紧迫感带回了这个曾把勇敢进取等同于耻辱的公司。旧的IBM文化不屑于过多谈论竞争，太爱出风头是不合适的。司法部曾试图削弱IBM对计算机行业的所谓垄断，鉴于公司曾为此与司法部有过冲突，IBM不鼓励员工像垄断者一样思考，不要像出名的600磅大猩猩一样排挤别人。它的销售队伍被告知不要贬低竞争对手，不要引起政府注意，等等。但郭士纳要看到的是一个完全不同的IBM。他希望员工们重新富有竞争意识，他希望员工们都想着去赢。IBM失去了一笔生意，就像他自己也失去了生意一样。他希望公司的每个人都会这么想。

紧迫是郭士纳的口头禅。他不只希望变化，还希望变得快点。为实现这个想法，他一边迫使员工重新考虑业绩，重新考虑他们如何把产品推向市场；一边让员工知道他们的工作不是板上钉钉的。同时，营造一种更随意、更民主的氛围，以往保守谨慎的思维方式已被摒弃，冒险和进取的做法受到热烈欢迎。为了强调这些做法的重要性，郭士纳把主管人员的薪水和优先认股权与IBM的整体业绩紧密挂钩，迫使经理们紧紧盯住自己的业务。至于上层管理人员，他要求他们按一个固定的比例持有股票。IBM总部执行委员会成员持股量为年基本工资和奖金的3倍；其他地区的管理委员会成员为2倍；高级管理层持股量等同于其年基本工资和奖金。郭士纳给自己定了更高的股权要求——他必须持有自己年基本工资和奖金4倍的股票。对非管理人员没有相应的股权要求，而是使他们享有股票优先认股权，在过去只有高级管理人员才享有这些优先认股权。

我们曾见过管理者自己忙得焦头烂额而下属却悠哉游哉的场面，其病灶就是这样的管理者在"哪些方面需要紧一点"、"如何去紧"的问题上犯了糊涂。

5. 学会隐藏于制度身后 "无为" 式管人

有人认为，"管人"不就是施展手中的权力，通过一条三寸不烂之舌，让别人"俯首称臣"吗？事实上，"管人"可不那么简单，它是一门高深的学问。你不能因为自己是领导就对别人颐指气使，吆五喝六，也不能对下属平等到他们瞧不起你、不把你当回事的程度；你不能玩弄权术，让别人都觉得你黑你坏，也不能诚实到你心里有什么事别人马上就能看出来；你既不能城府太深，用心太过，也不能嘻嘻哈哈，随随便便；既不能冷酷到不近人情，又不能脸皮太薄，心肠太软。你既要做到和蔼可亲、平易近人，又必须令行禁止，威严有度；既有菩萨心肠，又有魔鬼手段……可见，管人是一门艺术，更是一套高深的谋略。

两千多年前，老子就曾教导领导者要无为而治。做到了无为，实际上也就是有为。不仅是有为，而且是有大为。《庄子》中有一段阳子臣与老子的问答。有一次阳子臣问："假如有一个人，同时具有果断敏捷的行动与深入透彻的洞察力，并且勤于学道，这样就可以称为理想的官吏了吧？"

老子摇摇头，回答说："这样的人只不过像个小官吏罢了！只有有限的才能却反被才能所累，结果使自己身心俱乏。如同虎豹因身上美丽的斑纹才招致猎人的捕杀；猴子因身体灵活，猎狗因擅长猎物，所以才被人抓去，用绳子给捆起来。有了优点反而招致灾祸，这样的人能说是理想的官吏吗？"

阳子臣又问："那么，请问理想的官吏是怎样的呢？"

老子回答："一个理想的官员功德普及众人，但在众人眼里一切功德都与他无关；其教化惠及周围事物，但人们却丝毫感觉不到他的教化。当他治理天下时不会留下任何施政的痕迹，但对万物却具有潜移默化的影响力。"这才是老子"无为而治"的至理名言。

当然，无为不是叫领导者完全撒手不管的意思。

为了当个"无为"之官，提高个人修养，满足下属正当需求，这些都是领导者在放任无为之前，须预先作策划的，否则无为不但不能成为"无不为"，反而变成企业混乱、领导者下课的根源，这是身负管理重任的领导者所必须注意的。老子所提倡的"无为"与"清静"有三个方面的内容：①不要实行令下属负担很重的任务；②应该尽量少施行命令或指示；③对下属的各种活动尽量避免介入或干涉。

那么，这是不是说领导者对一切都不管而无所事事呢？事实绝非如此。聪明的领导要随时留心下属的动向。要以悠闲自在的精神状态面对下属。就像鸭子若无其事、轻松自如地划过水面一样自然。

"无为而治"的更深一层意思是领导者要懂得分离职权，为下属创造一个宽松环境。

如果主管事必躬亲，连细枝末节、鸡毛蒜皮的小事都要过问、干涉，不但会打击下属士气，而且自己也会累得挺不住。

身为领导者，为下属创造一个舒适宽松的工作环境是他的责任。日常的工作要交给其他人去办，将职权分离出去。如此一来，自己才会腾出精力构思经营大计。大权独揽，事必躬亲的领导，是不会坐稳官位的。

其实，"无为而治"的精髓只是人力本身的"无所作为"，但制度本身则运行不违。制度严明，下属的注意力自然就转移到这些形式上的条文中，而不是管理者身上。管理者隐藏于制度之身后，以制度之"有为"行自身的"无为"，这才是真正聪明的管理之道。

6. 有些事情不妨装一装糊涂

所谓糊涂，它的实质，不过就是认识到智慧也有它的局限，因而在某些场合放弃对智慧的依赖，而对事态的发展采取一种静观待变的态度，也叫"顺其自然"。我们所不能驾驭、不能强求的，就不要去勉强。人不可避免有其自身的局限，重要的是要认识这种局限，承认你有所不能。然后，在你力所能及的范围里，你就无所不能了。所以，换个角度来看，糊涂是大智慧，不是混日子。

虽然如此，人也不可时时糊涂、事事糊涂。糊涂和精明一样，隐忍退让和竞争进取一样，有它的作用，也有它的局限。过分的精明，是没有认识到自身的局限；过分的糊涂，是没有意识到自身的价值。积极竞争进取，难免不伤及左右；一味隐忍退让，又无端受人欺侮。所以，糊涂也应该有糊涂的原则。

（1）该糊涂的时候糊涂，不该糊涂的时候别糊涂。事关民众利益、个人气节的时候不应该糊涂；在损己害人、误事危身的时候，也不能糊涂。相反，如果只是关乎个人的利益、个人的荣辱，那么就无须锱铢必较、寸土必争、针锋相对。此时，宁可糊涂一点，忍让一点，放人一马，留一点余地。

（2）装糊涂要像。装糊涂并不是一种卑鄙或伪善。管理者一定要明白，糊涂不是愚蠢，而是一种智慧的运用。这种智慧是经过长期的养成、反复的自省、丰厚的积淀、勤奋的学习和刻苦的磨炼，而后才能获得的。有了这种智慧，才能大智若愚、大巧若拙。装糊涂并不是真的糊涂，而是在心静如水、明察秋毫的基础上所作出的一种明智的选择，是智慧的表现。这种糊涂，是做出来的，是精心去追求，刻意达成的。这里所谓做出来，并非给人以欺骗，而是让人能够放心接受，坦然不疑。

如果装得不像，那么难免露出形迹，仿佛居心叵测，令人望而生疑，避之唯恐不及。

（3）好学不辍，大事不糊涂。糊涂既是基于对自身局限的一种认识，又有其不得已的成分。一个人纵使天降大任，天纵奇才，也不可能免除局限性，因而也就难免于糊涂。知道自己不免于糊涂而不过分依赖自己的智能，固然是一种明智的表现，但是，不断加强学习以提高自己的认识水平，你就可以突破局限，少一些糊涂。特别是在不该糊涂的时候，就更能保持清醒的头脑。

为人处世，是精明一点好，还是糊涂一点好，各人有各人不同的答案。我们讲的糊涂并不是真的糊涂，而是大智若愚的技巧，避免一些弄巧成拙的尴尬。

作为管理者，有时糊涂一点、宽容一些，企业内部的亲和度就高。这样，企业就不单有了凝聚力、战斗力，也会有生命力，从而形成一个有机协调、不断成长的整体。

7. 装糊涂不是真糊涂

现实生活中有些事情是较不得真的，在这些事情上睁一只眼闭一只眼效果会更好些。管理工作中也会碰到这样的"糊涂事"，对此，不妨把心态放平和，"糊涂"地看待和处理它。

郑板桥的一句"难得糊涂"的至理名言，使古今中外多少掌权者渡过了难关，使他们进可攻退可守，处理事情游刃有余。仅仅几字便让他们拍手叫绝，堪称制胜法宝，既掌权、又用权，为此又怎能不"糊涂"？

一些管理者认为，如果事必躬亲，所有功劳将会归于自己。但是，他们没有想到，每一个决定都是有风险的，成功了是功劳，失败了是罪责，只想成功而不想失败，未免过于天真。

将自己推上第一线，固然可以成功时独领风骚，可是失败时也要成为众矢之的。撇开个人得失不讲，这样对企业毫无好处。如果将权力下放给部下，自己退到第二线，对自己未必没有利。

如果部下成功了，这功劳自然少不了自己一份。姑且不说领导有方，至少也是用人得当。如果部下失败了，自己还可以挽回局面，可以干预、调整甚至撤换人员，若能转败为胜，仍不失英明。当上级领导追查下来时，还可以起一种责任缓和层的作用。例如，可以说："这事我没过问，不太清楚。""我调查一下，由我处理吧！"如果再加上一句"这事我也要负责任"，那么还可以令下属感激涕零。

不过，当一个"糊涂"管理者有三点要注意：

（1）所谓"糊涂"是"装糊涂"。大智若愚的精辟之处不在"愚"，而在"若"字。令自己处于"不知道"的角色，只不过是为了今后处理事情更加方便，但这并不意味着自己是真的不知道，或者不应该知道，不去了解情况，掌握信息。

（2）"装糊涂"的主要宗旨不是为了推卸责任，而是为了应变，掌握调整决策的主动权。若要推卸责任，撒手不管岂不更好？另外，领导也绝不能在一切事情上都"糊涂"，应该由自己负责的事情或事关企业发展存亡的重大事情就绝不能装糊涂。

（3）可以将事情放手交给下属处理，不加干涉。在用人方面绝不能糊涂，选人要慎重，所谓"大智"全在于此。一个管理者若事事均要由自己出面收拾残局，那么说明他用人失误，也和真糊涂无异了。他要和下属建立一种默契，让下属明白，他们承担责任对企业有利。他自己心里也要明白，有时下属承担责任是为自己作出牺牲，如果他们错了，批评归批评，但绝不要因此影响大局。

作为管理者一定要会糊涂，更要懂得怎样去运用糊涂艺术，才能成为一位不糊涂的"糊涂领导"。

8. 利用模糊思维，巧妙回避问题

模糊，泛指反映事物属性的概念的外延不清晰，事物之间关系不明朗、难以用传统的数学方法量化考察。模糊思维是人脑的一种思维方式，被誉为"电子计算机之父"的冯·诺依曼在 1955 年曾指出，人脑是一台"计算机"，它的精确度极低，只相当于十进制的 2~3 倍，然而它的工作效率和可靠程度却很高，现在，我们还不能制造出一台人脑这样的电子计算机。管理活动中的大量问题，都属于复杂问题，具有模糊性质。现代管理活动系统涉及因素众多，这些因素之间的联系多向交错，性质多样，使得事物与事物之间的关系不明朗、不清晰，这些联系和关系又处在瞬息万变之中，人们对这些联系和关系及其变化的判断又受着人的感觉、感情、非理性因素的影响，因而使管理者所要处理的许多问题都具有模糊性质。

为了使领导活动中许多模糊概念明朗化、模糊关系清晰化，使领导者在处理具有模糊性质问题过程中处于主动地位，领导者应当了解掌握模糊思维艺术，以增强解决各种棘手问题的能力，善于正确地处理日常碰到的复杂问题。

模糊思维方法最根本的特征是：在模糊条件下取大取小原则，即利取最大，害取最小。这是模糊思维方法的灵魂。

掌握模糊逻辑，在坚持原则的前提下，以"难得糊涂"的思维方法去灵活处理模糊问题。下面介绍几种运用模糊思维的艺术。

（1）处理模糊性问题中的"粗"与"细"的艺术。对于重大决策、原则问题，管理者须细细调查研究，分清是非，决断处理；但对许多具有模糊性问题的处理，却是粗比细好。实际上，对于众多情况下的模糊性问题，诸如各单位的具体问题，常见的管理团队不团结问题，下属间的隔阂、积怨问题，员工中存在的各种情绪问题等，采取"宜粗不宜细"的模糊方式去处理，其效果往往胜于精细深究一筹。

（2）处理模糊性问题中的容忍与原谅的艺术。面对重大原则问题，管理者必须旗帜鲜明严肃处理，对管理团队内部、上下级之间、员工之间，许多具有模糊性的问题，则以容忍、原谅态度去处理，才能达到管理目的。"金无足赤，人无完人"，表示人处在"绝对好"与"绝对坏"之间的某种状态，皆有优点与缺点，这与模糊思维逻辑相一致。既然如此，管理者就应当容忍他人的缺点，原谅他人的过失。著名心理学家斯宾诺莎说："心不是靠武力征服，而是靠爱和宽容大度征服。"

（3）处理模糊问题中的拖延与沉默艺术。管理者处理重大、紧急情况，明朗的问题，无疑应果断、坚决，态度鲜明，但在处理某些模糊问题时，则可以采用拖延与沉默的艺术，能推则推。比如对"可做可不做的事"、"可开可不开的会"、"可发可不发的文件"，有意拖延，不会影响大局，反而会大大提高领导工作的效率，这就是拖延艺术。对"可管可不管的事"、对"可说可不说的话"保持沉默，效果反倒更好。古希腊作家普卢塔克说："适时的沉默，是极大的明智，它胜于任何言辞。"

所以，在管理工作中，处理具有模糊性的工作或问题时，需把原则性和灵活性结合起来。原则性是质的体现，它是确定的，但是在一定条件下，它又是模糊的，须通过灵活性为其镶上一圈"模糊的灵光"。灵活性是量的体现，它是不确定的，须在原则性形成的质的磁场中为其排定"是"与"非"的方向。

9. 推功揽过也是一种"糊涂术"

汉朝人张汤初为长安吏，却能平步青云登上御史大夫的宝座，且深得汉武帝信任。每当有政事呈上，武帝不满，提出指责，张汤立刻谢罪遵办，并说："圣上极是，我的属下也提出此意见，我却未采纳，一切都是我的错。"反之，若武帝夸奖他，他则大肆宣扬属下某某点子好、某某办事利落。如此得到了手下人的爱戴。可见，张汤达到了用人的无上境界。

在荣誉到来之际，有些管理者常常利用自己的领导地位挺身而出，当仁不让，似乎这样才能表现出自己的高大形象，才能说明自己的成功。殊不知，一个管理者是否真正成功，得看他手下的人是不是成功了，只有下属成功了，才表明你这个管理者也成功了。请记住："不要既想当教练，又想当进球的那个人。"

管理者若只为私利，私自窃取下属的功劳，下属自然不会为你卖命效力。老子所谓："长而不宰，为而不恃，功成弗民。"就是劝诫领导要能"容人，共享繁荣"。

然而，最难做到的是对下属让功，或公开表扬下属的才华功劳。管理者若有这样高的涵养，下属自会感恩图报。这是最高境界的管人方法。同样，当下属犯错，能挺身而出，承担责任，势必会得到下属的敬佩与爱戴。

作为管理者，你也可有如此造诣，只要做到：

（1）要开阔胸襟，不计小利。当你的上司表扬你，不妨举荐几个立功之臣，一来可以在上司面前表现你胸怀大度；二来可以使上司明白你领导有方，培养人才效果颇佳；三来可以使下属对你无限崇拜。一箭三雕，如此划算的买卖，为何不做。你举荐之后，或许你的下属会得到提升，或许会被加薪，这时不要感觉心里不平衡，要打开心胸，不必斤斤计较，更不可看别人加薪就眼红，因为由此获得的是对全体下属的激励，使之为你效力。

（2）要掌握分寸，既推功揽过，而又维护自身形象。推功揽过，为下属申功，为下属代罪，这是获得下属忠心的最好办法之一，也是在上司面前树立形象的捷径之一。聪明的管理者不妨一试。但是，过犹不及，若把功劳全部归于下属，使你这个管理者显得像个白痴，或承担所有过错，被上司看做毫无办事能力，那么你自己的乌纱帽就要丢了，你还如何去庇护别人呢？

10. 不要与员工抢功

管理者想向上邀功，想得到上一级的褒奖，这可以理解。但若是管理者把本属于员工的功劳揽为己有，再向上邀功，这样做就令人不齿了。

有的管理者每次做出什么成绩，在向上邀功的时候，他们都会把员工撇在一边，好像成绩都是他一个人做出来的，跟员工没有一点关系。结果造成和员工一起做出来的成绩，却让管理者一个人独占功劳——这样的结果，必定会让下属愤怒，就好像本是属于自己的东西被人抢去了一样！然而，由于抢走自己东西的人正是顶头上司，作为员工，只能敢怒不敢言。从某种意义上说，管理者的这种行为，与强人所难无异，令人不齿！换句话讲，这样长期下去，管理者本人也会身败名裂，真正害了自己。

作为一个企业管理者，如果做出抢夺员工功劳的事情，绝对是令人无法容忍的，因为这等于抹杀了员工为此做出的全部努力，让他们付出的时间、精力和心血白费！一些强干的管理者，他们共同的缺点，就是喜欢打头阵、做指挥。而有一些管理者却不相信员工的能力，已派给员工任务，自己却更加倍地在做。因此，他们对员工的要求相当严厉，丝毫不具同情心，有时下属要休假，就会表现出极端的不悦。诚然，这种管理者对工作相当卖力，而且负起全责，甚至每一个细微的部分，他都要插上一手，在上司面前，也从不错过任何表现机会。但这种情形，难免会产生一个结果，那就是将下属的功劳占为己有。

某公司的物流组长王强，就是这样的一个人。这人很民主，常会听取员工的意见："这看法不错，你将它写下来，这星期内提出来给我。"员工们听了这话会很高兴，踊跃地作各种企划，大家争着提供建议，当然，其中的大部分，也都为组长所采用了。然而，每一次发表考绩，这一切却都归功于组长一人。一年后，王强就完全被员工叛离了。他感到很迷惑，不了解员工叛离的原因，心想："是他们的构想枯竭了吗？那么再换些新人进来吧！"于是和其他部门交涉，调换了几个新人。

新人刚进入部门，王强就向他们提了一个要求："我们物流组，传统上是要发挥分工合作的精神，希望大家能够同心协力，提高物流组的业绩。"然而，并无人加以理会，他们心想："物流组的功绩，最后都总归于你一个人，你老是抢别人的功劳，一个人讨好上司。"像这样，将自己部门内的工作完全归功于自己，是作为一个管理者很容易犯的毛病。任何工作，绝不可能始终靠一个人去完成，即使是一些微不足道的协助，也要表示由衷的感激，绝不可抹杀员工的努力。作为一个管理者，这是绝对要牢记的。

管理者不夺员工功劳，才有可能成功。对于管理者，不滥夺员工功劳，似乎很难办得到。"他的工作有成果，不是我从旁协助的吗？""这项工作由计划到指派，都是我的主意。"认为下属的表现良好，全是自己的功劳，其实这是错误的。员工的表现突出，上司有一定的功劳，应属无可厚非的事。但是，经常将成绩据为己有，失败由员工自己去承担，这是最不得人心的上司。

一个高明的管理者，不但不争夺员工的功劳，有时还会故意把本属于自己的那份功劳推让给他们。这样会使每个员工都乐意全心全意替他工作。

第二章

在一软一硬之间
找到管人管事的发力点

管人管事没有硬的一手镇不住局面，但一味硬下去效果则未必会好，弄不好还会适得其反，所以软的一手也必不可少。只有当硬时硬、当软时软，刚柔相济，才算找到了管人管事恰当的发力点。

1. 该果断时绝不可优柔寡断

管人者必须果断，一旦判断的基本信息已经具备，就要在准确判断之后立即决断，犹豫不得，该敲打的，一定不能手软。如果宽仁不断，则必受其乱。所谓当取则取，当舍则舍，就是这个道理。

某有限公司的总经理，私欲膨胀，在亲自负责销售工作的几年中，不仅大吃回扣，而且为把儿子安排到某单位上班，不惜动用业务款几十万元，慷慨地大送人情。在企业内部，独断专行，重用亲信，压制、打击不同意见者，排挤有水平、有能力的干部。企业生产失控，产品卖不出去而积压在仓库之中。这位总经理文过饰非，不仅对外哗众取宠，而且对上说大话、阿谀逢承、推卸责任以嫁祸于人，在群众中影响极坏。企业几年之内，亏损数千万元之多。

公司人事调整之后，新换了一位董事长。这位董事长大学毕业，为人仁厚，也有水平和能力。由于在该公司中，那位总经理管了多年生产技术，而别人都不如他的资历长，所以董事会仍然用他担任公司总经理。

一开始，总经理热情积极，工作也着实抓了一些，也很讨董事长欢心。

但由于要改变公司经营状况，势必要涉及过去的遗留问题。因此，可以推想，管理工作是难以理顺的。而且总经理本性难改，旧的思想意识和工作作风很快又在经营管理活动中体现出来了。

董事长勤于公司事务，当然很快就有所觉察。但他只是采取私下交换意见的方式，同总经理讨论分析。这样帮助的结果，他又觉得总经理的作为可以理解，而别人对总经理的不满意见是极有成见的反映。于是，就开始了长达几个月的会上和会下的协调。但是，公司经营却不见起色。注入的几千万元资金快用光了，生产和市场状况未见实质性的好转。

董事长在上任之前，曾专门请了一位顾问。按这位顾问的计划：首先确立公司新的发展战略；随后培训管理干部，统一思想认识，提高士气，振奋精神；再后，调整机构，健全企业运行机制，完善有关规章制度；最后，即董事长任职后约6个月的时候，实质性地调整人事和干部队伍，主要是中上层管理干部。该计划是从企业的历史和现状出发的。

由于总经理的所作所为，到了董事长任职3个半月的时候，尽管公司正忙于理顺机制和健全规章制度，可那位顾问沉不住气了，在深入调查研究之后，明确地向董事长建议：换掉总经理。

作为一个企业顾问，提出这样的建议，本身就是慎而又慎的事情，可见事情的严重性。

董事长同意顾问提出的所有问题和所有分析，但就在"换掉总经理"的决断问题上下不了决心。

董事长对顾问说过这样一段很动感情的话："你看他（指总经理）熬了一辈子，好不容易才熬到正处级这个地位上。如果把他撤掉，他这一生就前功尽弃了。这对他是个很大的打击，咱们也不忍心那样去做。你看他都58岁了，还有两年就退休了，还是等两年吧，也让他画上一个圆满的句号。"

董事长的这番话，说得何等动人。他的心真的太仁慈了！

然而，由于企业经营迅速滑坡而不见起色，董事长被母公司撤掉了，为此他也失去了在母公司上层领导眼里的地位。

奇怪但又不奇怪的是，在董事长受到母公司上层批评的过程中，那位总经理上蹿下跳，大说董事长的坏话，把一切责任全推到了倒霉的董事长身上。

当然，那位心术不正的总经理，也没有能逃脱失落的命运。在离他退休还有一年半时，也灰溜溜地被换掉了。

这个案例表明，判断虽然是果断的起点，但判断正确仍然取代不了决断的英明。这里一个很重要的问题，就是管理者的心理状态和观念。那位董事长有判断力，但由于宽仁之心在作怪，该采取行动的时候却犹豫不决，以致姑息养奸，养虎为患。

2. 以明朗态度纠正下属的错误

对于下属所犯的不该犯的错误，管理者必须强硬地表明态度，必要时就该板起面孔训斥。因为下属会从你的态度中捕捉信息，决定自己是尽快改正错误，还是得过且过，甚至依然故我。

有时你以平和的口吻对下属说话，对方却误以为你在与他交换意见或开讨论会。若下属的年龄与你相仿，情况可能更加难以处理。甚至下属会认为你与他是平等的，你们只是朋友的关系。

你必须使下属清楚区分你们之间的立场并不相同——我是官，你是兵。基于此，情绪性的发怒会有其正面的效果。你必须使对方了解"我是在生气，是在责怪你"，或许这时你更需要一记相应的猛拳。

如果你突然怒骂一位尚未习惯于被叱责的下属，则可能使对方觉得愕然。他会感到极端的害怕，甚至反抗："这种公司我待不下去了。"

曾经有这么一个例子：一位被公司派到外地出差的新职员，每次出差都需要母亲陪侍在旁，这是父母亲过度保护造成的结果。像这种人即使受到些微的小挫折，也会想要离开所处的环境，以避免接触烦恼。

像这种职员，一旦离职，你会因此而被他人批评："就是因为上司不好，才会使他待不下去。"相信你的内心不会好受；若你能用心栽培他，或许有一天他会成为公司的中坚分子。因此，尽量避免下属辞职较妥当。那么，此时你该如何处理呢？

不习惯被责骂的年轻人，当然也不习惯向他人道歉。在工作场所中即使他对你中伤，他也不会对你表示歉意。即使他内心非常后悔，他也不会表现出来。

通常上司责备下属时，若下属表示歉意，叱责就会适可而止；若下属始终保持沉默，或者净是说些毫无道理的借口，上司会更怒火中烧。一旦演变至此，上司的责骂会超越界限，永无休止。

只要你发现"这小子很狡猾"时，就不要穷追不舍了。否则你会弄不清楚自己是为什么而发怒。

有些下属不习惯被责骂，有的甚至要求上司夸奖自己，他们会若无其事地说："我是那种不被别人捧就没有干劲的人，若被责骂的话，定会想辞职不干！"

这种类型的下属其实就是将自己的个性隐藏起来，当然也掩藏自己应负的责任。他们卑怯，却又要求他人不能叱责只能赞扬，他们自私自利、好逸恶劳。若听到有人说："这儿的水好喝！"他一定会赶紧狂奔过去。若你的手下有这种类型的人时，你必须在平时便预备好各种叱责的方法，并且努力使他了解你真的很重视他。

一般说来，非常讨厌被责骂的人，总无法了解被叱责始于何事，以及将以何种方式结束，他就是害怕这一点。因此，当你对属下说："你来会议室一下。"花上30分钟，你一面听他的辩解，一面指出他的犯错之处，而在叱责之后，就应该以"今后要更加小心"这句话来作为结束。

这类叱责的方式在使用几次之后，通常被责骂的人就能事先做好准备。即使在被叱责时，也能暗自忖度："再忍耐15分钟就可告一段落！"若下属能够达到此等境界，他再也不害怕叱责了。

被叱责的机会增加，下属甚至能够分析经理们的习性，比如"那位主任相当重视批评意识"，"对于顾客抱怨的处理很敏感"及"似乎极端厌恶迟到"等。

叱责他人是件苦差事，被叱责者更不好受。但叱责对双方而言，是一个很好的成长机会。管理者应该尽可能地将叱责提升为进步的重要台阶。

随着叱责机会的增多，你会成为叱责高手，而对方亦能成长为一位能够恰当应付责骂的员工。换句话说，叱责与被叱责的"呼吸"会渐渐地融合成一体。

此"呼吸"在任何场合皆扮演重要的角色。它在人与人的交往上，是一个不可欠缺的互动关系。若不充足，人与人之间的对话会变得不投机，永远无法了解对方的用意。交涉、折中、讨论、辩解、质问、谢罪等，皆是由于"呼吸"的融合才有其正面意义。若欠缺"呼吸"，叱责就失去了意义，你将因此错失难得的自我提升的机会。

当人们认真向对方兴师问罪时，才会说出真心话。叱责者也好，被叱责者也好，若双方皆能以诚心来沟通，可以加深彼此的理解程度，对于往后的一切事物，亦能产生相当大的助益。若将此机会视为仇恨，则相当令人惋惜。

"虽然有些不放心，但是已经叱责过，相信他应该能理解了！"当你有此念头时，叱责行为便可打住。然后，最好在一旁默默观察属下的反应，再思考对策。

叱责时，即便属下没有作适当的回应，你也不要生气，也许他已经在反省，并且准备改善自己的工作态度。有时，下属理解的程度，通常会超乎你的想象。

以前那位轻易提出辞职的属下，在习惯了工作的性质，累积了丰富的经验之后，成为一位能够圆满解决各种问题的上班族，此类例子屡见不鲜。

当然，身为现代管理者不要太钻牛角尖，不要鸡蛋里挑骨头，唠唠叨叨说个没完，只有保持一定的理性，才是上策。

3. 原则问题上不能含糊

什么时候、什么单位都有少数的"刺头"式员工，他们不服从管理、我行我素，有的还以敢与领导对抗而自鸣得意。对这样的人，管人者要敢下狠手，必要时需当机立断、严惩不贷。

日本伊藤洋货行的总经理岸信一雄是个经营奇才，但他居功自傲，不守纪律，屡教不改，董事长伊藤雅俊最终下决心将其解雇，惩一儆百，维护了企业的秩序和纪律。

业绩赫赫的岸信一雄突然被解雇，在日本商界引起了不小的震动，舆论界也以轻蔑尖刻的口气批评伊藤。

人们都为岸信一雄打抱不平，指责伊藤过河拆桥，将三顾茅庐请来的岸信一雄给解雇，是因为他的东西全部给榨光了，已没有利用价值了。

在舆论的猛烈攻击下，伊藤雅俊却理直气壮地反驳道："秩序和纪律是我的企业的生命，也是我管理下属的法宝，不守纪律的人一定要从重处理，不管他是什么人，为企业做过多大贡献，即使会因此减低战斗力也在所不惜。"

岸信一雄是由"东食公司"跳槽到伊藤洋货行的。伊藤洋货行以经营衣料买卖起家，所以食品部门比较弱，因此，伊藤才会从"东食公司"挖来一雄。"东食"是三井企业的食品公司，一雄对食品业的经营有比较丰富的经验和较强的能力，有干劲的一雄来到伊藤洋货行，宛如给伊藤洋货行注入了一剂催化剂。

事实上，一雄的表现也相当好，贡献很大，10 年间将业绩提高数十倍，使得伊藤洋货行的食品部门呈现出一片蓬勃的景象。

从一开始，伊藤和一雄在工作态度和对经营销售方面的观念即呈现出极大的不同，随着岁月增加，裂痕愈来愈深。一雄非常重视对外开拓，常多用交际费，对下属也放任自流，这和伊藤的管理方式迥然不同。

伊藤是走传统保守的路线，一切以顾客为先，不太与批发商、零售商们交际、应酬，对下属的要求十分严格，要他们彻底发挥自己的能力，以严密的组织作为经营的基础。伊藤当然无法接受一雄的豪放粗犷的做法，因此要求一雄改善工作方法，按照伊藤洋货行的经营方式去做。

但是一雄根本不加以理会，依然按照自己的方法去做，而且业绩依然达到了水准以上，甚至有飞跃性的成长。充满自信的一雄，就更不肯修正自己的做法了。他居然还明目张胆地说："一切都这么好，说明这路线没错，为什么要改？"

为此，双方的意见分歧愈来愈严重，终于到了不可调和的地步，伊藤看出一雄不会与他合作，于是干脆痛下杀手把他解雇了。

对于最重视纪律、秩序的伊藤而言，食品部门的业绩虽然持续上升，但是，他却无法容忍"治外权"如此持续下去，因为，这样会毁掉过去辛苦建立的企业体制和经营基础，也无法面对众多下属。

领导者对下属的管理要坚决，不能拖泥带水，必要时不妨采取威迫术。

现代人的反抗心理非常强，不服从权威的情绪高涨，因此，只要是具有现代化素质的人，就很难让其产生恐惧心理，反而会刺激他们的反抗意识。特别是在年轻的下属身上表现更加明显，用法不当，有时反而会被他们威迫你，以致局面无法收拾。威迫的手段虽然很少用，但是到了迫不得已的时候，必须彻底消除对方的抵抗意识，否则不会有什么好效果。因此，运用此法时要按照以下绝招履行：

（1）明确威胁手段的缺点。威胁手段的缺点就在于能积累不安与不满，无法发泄的不安与不满的感觉不断累积，会形成无法控制的力量而爆发出来，事态至此将无法收拾。

（2）以平时稳妥统御为主。这种威胁手段说到底是一种权宜之计，是迫不得已时才采用的应付危机的手段，因此，平时则要用良性的统御方式，尽量减少危机的积累以及最后爆发。

（3）采取威胁手段之后，立刻采用应对的政策和手段。总之，威迫也好、严惩也好，都要采取适当的手段让下属不要抱有侥幸心理，从而把整个局面纳入到正确的管理轨道上来。

4. 以有效方法让狂傲者俯首听命

有些人自恃有某些方面专长和能力，待人接物狂傲不羁，看不起同事，不尊重领导，遇到问题自以为是。对于这样的人，管得好可以成事，管不好也足以败事。

狂傲者往往自命不凡，以为自己是旷世之才，前无古人后无来者。如果一个下属狂妄到了这种地步，那真是叫管理者头痛。

大凡恃才傲物的人都有如下的特性：

（1）把自己看得很了不起，别人都不如自己，有一种舍我其谁的感觉。说话也一点不谦逊，甚至常常硬中带刺，做事也我行我素，对别人的建议不屑一顾，自信心特别强，甚至可以说是自负。

（2）恃才狂傲者大多自命不凡，好高骛远、眼高手低，即使自己做不来的事，也不愿交给别人去做。

（3）恃才狂傲者往往性格古怪，喜欢自我欣赏，听不进也不愿听别人的意见，不太喜欢和别人交往，凡事都认为自己对，对别人持怀疑态度。

与这种下属相处，管理者在掌握了他们的心理后，就要有的放矢，采取有效的方法来和他们接触。

第一，用其所长，切忌压制打击或排挤。恃才狂傲之人，大都有一技之长。因此，管理者在看到他不好的一面时，一定要有耐心与他相处，要视其所长而予以重用，绝不能因一时看不惯，就采取压制的办法，把他搁在一边不予重用。否则，只会让其产生一种越压越不服气的逆反心理，在需要用他的时候，他就可能故意拆你的台。管理者碰到这种人，就要想想刘备为求人才"三顾茅庐"的故事，毕竟你是在为整个企业的利益，而不是为你个人的利益在求他。因此，在这种人面前即使屈尊一下也不算掉价。

第二，有意用短，善于挫其傲气妄念。狂傲之人虽然在某些方面、某个领域内才能出众，但他仍有他的不足和缺陷。管理者可利用这点来让他自己看到自己的不足，以自我反省，减低自己的傲气。

譬如，安排一两件做起来比较吃力估计完不成的工作让他做，并在事先故意鼓励他：好好做就行，失败也没关系的。如果他在限定的时间内做不出，仍然安慰他，那么，他就一定会意识到自己先前的狂妄是错误的，并会从此改正。

狂妄之人，一般对自己说过的话不负责任，信口开河，说自己样样都能，其实他能干的也只一两个方面。这时你不妨抓住他吹嘘的话，说这件事情全公司人都做不来，只有他行。而给他的恰恰是他陌生或做不好的事情。他遭到失败是在情理中的，失败之后，同事肯定会嘲讽他，令他难堪，这时作为上司的你要安慰他，不要让他察觉出你是故意让他出丑，这样他就会服帖，虽然不可能彻底改掉狂傲的脾气，但你以后使用这种人时就顺手得多。

第三，敢承担责任，以大度容他。恃才狂傲的人总认为自己了不起，做什么事都显得漫不经心，以表现出自己是多么有水平，随便就可以把一件工作做好。所以，常常会因这种思想而把交给他的事情办坏。这时候，作为上司切不可落井下石，一推了之。相反，要勇敢地站出来替他承担责任，帮他分析错误的原因。这样，他日后在你面前就不会傲慢无礼了，他会用他的才能来帮助你工作。

对待狂傲者不能示弱，也不能一味逞强，要以足够的管人智慧找到让他俯首听命的有效方法。在这里，方与圆的真义得到了极深刻的体现。

5. 敢挥起"解雇"这个杀威棒

解雇是管理过程中的终极手段，一般管人者不会轻易使用。但不可否认的是，员工一般对于"解雇"比较敏感，从某种程度上说，多数人害怕被解雇。那么，管人者何不利用员工的这一心理，适时地挥起这根杀威棒呢？

对于这一策略运用得比较成功的是闻名世界的传媒大亨默多克。

如果为了生意上的需要而必须解雇或冷落某个人时，默多克会毫不犹豫地去做——他作决定，他们走人，就是这样。

默多克对人的管理以无情出名。这种无情似乎是一项令人诅咒的罪状，但实际上并非如此。只要你能告诉人们有哪个首席执行官（CEO）不是无情的，其他人就能举出这个首席执行官在工作中的不足之处。无论是谁，无情是身居要职必备的条件之一。

为新闻公司这样高速运转的公司工作确实让人感到兴奋，但没有人会觉得为默多克工作是件容易的事情。

默多克被竞争对手形容成一个"令人害怕的食人妖"，认为他只会简单地运用恐惧来激发员工的工作热情。毫无疑问，默多克确实把恐惧当成激发员工积极性的方法之一。《周日时报》前任编辑安德鲁·尼尔曾经写过一篇描述默多克激发员工积极性的文章，他在这篇名为《鲁伯特式的恐惧》的文章中写道："鲁伯特王国的大臣们为了继续保有职位，必须擅长揣摩主子的心思，并顺着主子的兴趣行事。"但如果这些大臣们为安德鲁·尼尔或其他任何人工作的话，同样也必须如此。这是根本无法避免的模式。

默多克对人的管理和对事的管理同样无情，两者之间没有中间地带，员工要么做出成绩，要么就被解雇。默多克说："对人的管理应和对公司资产的管理一样严格，否则对人和对事业都会造成不利影响。如果有人以任何理由不干活的话，就应辞退。"

安德鲁·尼尔认为这和默多克朴素的苏格兰清教徒背景有关。"默多克不愿意花太多精神搞那些亿万富翁的无聊玩意儿。虽然他在世界三大洲拥有漂亮房子，但他的生活仍然很朴素，饮食非常简单，也不豪饮狂欢，宁愿搭出租车也不愿坐豪华私车。"尼尔在文章中写道："他喜欢独来独往，经常一个人旅行，他花了一些时间学会了自己驾驶专机，以满足他不断周游世界的需要。"默多克维护自己的财富、家庭和感情。安德鲁·尼尔说道："真正和他亲近的人只有他的妻子、子女、他的妹妹海伦和他的母亲。他没有真正的朋友，他不让其他任何人和他保持亲近，因为他不知道什么时候就会把矛头指向他们。"尼尔确实有资格说这样的话，因为他自己也是默多克后来用矛头对准的对象之一。

但过去被默多克解雇的这些员工中，很少有人和他决裂的。有一篇文章写道："他不能容忍错误。默多克先生曾经开除40位以上的发行人和编辑，包括他父亲最好的朋友和美国最成功的编辑之一克莱·费尔克。但由于解雇的原因不是愤怒或嫉妒，因此员工士气似乎没有因此而受到影响。默多克先生总是能够使员工相信这些被解雇的人其实仍然很优秀，只是当时不很适合这个工作而已。"

时至今日，仍有不少管人者认为动辄解雇员工的行为不可取。当然，不同的企业文化对于"解雇"的态度截然不同，但应该肯定的一点是，在市场竞争如此激烈的时代，每个人都应为自己的"饭碗"负责，这也正是挥起"解雇"这个杀威棒的目的所在。

6. 在"借口"上做文章

我们常常发现，有些员工由于自恃有一定专长，或短期内很难有人能替代他的工作，或自恃与公司大客户关系良好，往往难以管束，视公司规章如无物。对于这种人，一定要实施严格的管理，甚至可以找一个"借口"来给他一点颜色看看，以让他知趣改过。

对于企业的重点人物，即使仅仅发现一些类似的苗头，也要及早采取行动，在"借口"上做一做文章。在这方面，我们可以从老祖宗那里学习一二。

西汉时开国功臣萧何一生始终谦恭谨慎，不矜功，不伐能，不图名，不争利；善于体察君王心意，委曲求全；甚至不惜以自污的方式化解主疑；他总是战战兢兢、如临深渊、如履薄冰地忠主敬业。但即使如此，他在晚年还是蒙受了一次无端的冤屈。有一次，萧何向汉高祖上了一道奏章，说由于长安都城人口增多，田地不够耕种，请求把上林苑的荒废空地拨给百姓开垦，既可以收获些粮食补充民用，豆麦秆叶还可做苑中禽兽饲料。哪知汉高祖看了奏章以后，却怀疑他是有意讨好百姓，收买人心，便怒气冲冲地把奏章往地上一掷，骂道："相国一定是受了商人的财货，居然敢来请我的上林苑地。这还得了！"立即传令把萧何抓起来，关进大牢内。可怜萧何二十多年如一日兢兢业业地办事，小心谨慎地做人，多次化解了汉高祖的猜疑之心，不料到了鬓发斑白的时候居然祸从天降，心中感到无比的冤闷！但萧何深知汉高祖的为人，因此，他越是处在这样的时候，越是冷静、虚中自守，不上诉，不辩解。他知道，要不了几天，汉高祖就会放他出去的。

几天以后，一位姓王的卫尉当值。他见汉高祖背垫着枕头半躺着，心情比往日好些，便上前跪问："陛下，相国犯了什么大罪，被关进监狱？"汉高祖说："朕听说李斯做秦始皇的丞相，凡有善行就归功皇上，有恶行就自己承担。可是萧何竟然私受商人的钱，为他们请我的上林苑去讨好百姓，收买人心，所以应该治他的罪。"王卫尉说："陛下，臣以为萧相国无罪。宰相的职责是为民兴利，萧相国请开垦上林苑荒地正是他应尽之责。陛下怎么怀疑他是收受贿赂讨好百姓呢？况且当初陛下与项羽相争数年，随后又出讨陈豨、英布的叛乱，每次陛下出征在外，都是相国留镇关中。如果相国有二心的话，只要他当时稍一动作，整个函谷关以西早就不是陛下的了。但相国却从来不贪图私利，始终忠于陛下，难道今天反而贪求商贾的那点钱财么？至于秦始皇，他正是因为不听臣下批评，一意孤行才亡了天下。李斯就是能为他承担过失，又哪里值得效法呢！陛下未免把相国看成浅薄小人了。"其实汉高祖当然知道萧何素来谦恭，只不过借口挫辱他一下，显示一下自己的权力，敲山震虎，树立自己威严，并非真想治萧何的罪。但此心思怎好让人知道呢？汉高祖听完王卫尉一席话，嘴上自然不便说什么，沉默了一会儿，便派使者持节将萧何赦免出狱。

萧何出狱后来不及回家换洗，便衣衫褴褛，光着脚丫子跌跌撞撞地进宫谢恩。汉高祖说道："相国大可不必多礼了。相国为民请求垦种苑中荒地，我不允许，我不过是夏桀、殷纣那样的君主罢了，相国才是贤相。我关押相国，就是想让百姓知道我的过失啊！"萧何赶紧磕头称谢退去。从此，萧何行事更加恭谨了。

在这里，萧何事实上有无收买人心的企图是次要的，重要的是，通过这一捉一放，萧何以后是绝对不敢有这样那样的企图了，这也正是管人高手刘邦的真正目的所在。从这一事例我们也看出，现代企业管理过分讲究科学的一面，而对这种结合个人心理尤其是中国人心理的管理方式往往被忽略了。

7. 不妨迁就一阵，也不妨威慑一次

有些下属业绩好、功劳大、资格老，凭借这些，他们可能盛气凌人，不可一世。对待这种下属，需要肯定他的成绩，适当安抚迁就，但也不能一忍再忍，一让再让，否则，他可能会忘乎所以，给企业带来不必要的麻烦。

我们熟知的唐太宗李世民在管理这类下属方面有其独到的做法。

尉迟敬德依仗自己有功，便骄傲放纵自己，经常盛气凌人，招致同僚们不满。曾有人告他谋反，唐太宗倒不轻信，找来问询是否当真。敬德说："臣随陛下讨伐四方，身经百战。如今幸存者，只有那些刀箭底下逃出来的人。天下已经平定，臣子会谋反吗？"说着把衣服脱下扔在地上，露出身上的累累伤痕。唐太宗李世民只得好言好语安慰敬德一番。

但尉迟敬德骄纵成性，毕竟难改。一次太宗大宴群臣，尉迟敬德和在座的人较短长，争论谁是长者，一时性起，竟然殴打了白城王李道宗，弄瞎了道宗的一只眼睛。皇上见敬德如此放肆，十分不悦而罢宴。唐太宗对敬德说："我要和你们同享富贵，而你却居功自傲，多次犯法。你可知古时韩信、彭越如何被杀？那并不是汉高祖的罪过。"尉迟敬德这才有些惧怕，从此以后，行为才有所收敛。

像尉迟敬德这样骄横却又正直的人，必须施之以恩，使其感动，但必须抓住其弱点，给予适当的恫吓，起到威慑的作用。为感慨唐太宗李世民驯服悍臣尉迟敬德之事，有诗叹曰：居功悍将气凌人，明主恩威驯莽臣。巧借韩彭喻今古，尉迟醒梦汗淋淋。

像尉迟敬德这样的武将，虽正直不阿，但也往往有行为粗暴、头脑简单的缺点，根据其性情因势利导，施法威慑，还是必需的。唐太宗用得恰如其分。

8. 训一儆百，可惊人心

当一个团队陷于无序状态，管理者的命令无法产生效果时该怎么办？不妨针对整个团队进行"苏醒疗法"。方法之一便是痛斥一个特定人员。此即"牺牲个别人，拯救整体"的抓典型的做法。如果责备整个团队，将会使大家产生每个人都有错误之感而分散责任。同样地，大家也有可能认为每个人都没有错。所以，只惩戒严重过失者，可使其他人员心想："幸亏我没有做错。"进而约束自己尽量不犯错误。

古人云："劝一伯夷，而千万人立清风矣。"同样的道理，对众多不听话的下属，你不可能全部惩罚，抓住一个典型，开一开杀戒必可使千万人为之警觉畏惧，这就是"惩一儆百"之所以有效的道理所在。

春秋时期是个人才辈出的时代，称得上军事家的人如过江之鲫。然而，兵家之所以称得上是先秦诸子百家中的一家，主要是由于有孙武。

当时的吴王阖闾是位胸有大志、意欲有所作为的君主。他想使吴国崛起，首要的打击目标就是强邻楚国。只有打击了楚国，吴国才有出头之日。就这样，阖闾的意图与受到楚平王迫害从而全家被杀的伍子胥不谋而合，遂决意对楚一战。面对强大的楚国，伍子胥也没有把握必胜，于是他找到了隐居于吴国的孙武，认为有了他的帮助，灭楚报仇不成问题。

伍子胥先后七次向吴王阖闾推荐孙武，盛赞孙武之文韬武略，认为若不平楚便罢；若要兴师灭楚，孙武首当其选。

吴王决定召见孙武。晤谈之下，孙武将他的兵法十三篇与吴王娓娓道来，吴王阖闾还算是个明白人，一闻之下连声道好。两人越谈越投机，不知不觉十三篇兵法都讲完了。吴王还意犹未尽，忽发奇想，想试试孙武治军的实际本领如何，于是对孙武说："先生能不能将您的兵法演习一下呢？"

"当然可以。"孙武连眉也没皱一下。

"那么，用女人当兵也行吗？"吴王见孙武回答得这样干脆，不免生出恶作剧之心，想难为一下他。

"当然。"孙武又是一声干脆的回答。

于是吴王从宫中选出宫娥180人，让孙武操练演兵，自己坐在高台上看热闹，心想看看你这高手怎样能把这些嘻嘻哈哈的弱质女流训练成兵。

只见孙武不慌不忙，把180个宫娥分成两队，选取相貌最美，也最受吴王宠爱的两个妃子分任队长。让她们身着士兵服，手执兵器，向她们宣布战场纪律，对她们说："你们知道各自的心之所在和左右手背吗？"宫女们答说："知道。"

孙武认真地告诉她们："我下令前进，你们则视心之所在，向前。下令向左，则看你们的左手，向左。下令向右，则看你们的右手，向右。"

宫娥们平日娇生惯养，生平第一次穿上戎装还发了武器，一时间觉得又滑稽、又好玩、又新奇，还以为这又是吴王让自己开心的什么把戏，所以谁也没把眼前这位将军的话当回事。她们乱七八糟地站着，有的盔甲歪斜，有的还用手拄着戟。俗话说三个女人一台戏，这么多宫女到了一块，大家说说笑笑，好不热闹。

孙武不急不恼，不动声色。请出军中执法的斧，令执法官旁立一边。申令已毕遂下令击鼓向右，宫女们闻之大笑，谁也不动。又下令击鼓向左，宫女们笑得更厉害了，队伍前仰后合，乱成一团。

孙武仍旧不动声色，脸上看不出任何表情，说："纪律约束没讲清楚，训练科目内容交代不明，乃是将之罪过。"于是再次重申纪律，交代训练要领。然后重新下令击鼓向左、向右，但是这些惯纵的宫女们仍旧嬉皮笑脸，视同儿戏，有的甚至觉得这位将军跟她们做的游戏挺好玩，不妨捉弄他一下。这时，只听孙武用平静而慑人心魂的声音说道："纪律交代不清，训练要旨讲不明白，是将军之罪过。但各项既已三令五申，你们也都清楚，而却不执行军令，这就是领兵吏士之罪过了。"接着，他问执法官："按照军法，不服从军令该判何罪？"

"斩！"执法官吐出一个字。

孙武于是下令将两个队长斩首。这时，一直在看台上看热闹的吴王阖闾慌了手脚，忙派人下令给孙武说："寡人已经知道先生能用兵了。这两个宫姬是我最宠爱的，没有她们我连饭都吃不香，饶了她们吧。"

孙武正色道："我已受命为将，将在军中，君主的命令可以有不接受的。"二话没说，一挥手，两个美人的头颅就落入尘埃。然后，他又任命两个次一点的美人为队长。

这一下，宫女们吓得战战兢兢，不敢仰视，她们怎么也没想到会有这等结果。当孙武再一次发号施令时，两列队伍向前向后，向左向右，队形变换都循规蹈矩，不敢有半点走样。在操练中，只闻兵器声、整齐的脚步声，刚才的嬉闹喧哗一点也不见了。操练已毕，孙武还是不动声色地来到看台，向吴王禀报说："训练已毕，请大王检阅。现在让她们赴汤蹈火也是可以的。"

吴王心痛得差点没掉出眼泪来，随即挥挥手说："算了算了。将军回去休息吧，我不想再看了。"

孙武毫不客气地说："原来大王只是喜欢兵法而已，并不乐意将其实用。"

吴王阖闾还算是个角色，听孙武这般说，马上忍住心痛，改容礼敬孙武。遂下决心用孙武为将，筹备伐楚。

孙武以宫女练兵，不听令者斩。军中无戏言，也只有以惩一儆百的手段才能震慑人心，使军士服从命令听指挥。

9. 抓住症结才出手

管理者要坐稳位置，达到令出有所从，就必不可少地要采用强硬的手段。有过不诛则恶不惧，然而，诛恶必须抓住症结，该等的时候就要不动声色，等找到症结的时候再出手。

魏文侯时，任西门豹做邺都（在河南省）太守。西门豹上任后，见闾里萧条，人丁很少。便召当地的父老来询问民间有什么疾苦，弄成这般！父老异口同声说最苦就是河伯娶媳妇了。

"奇怪！奇怪！河伯又怎能娶媳妇呢？"西门豹惊讶说，"其中必定有袖里乾坤，说给我听吧！"

其中一位说："漳水自漳岭而来，由沙城而东，经过邺都，是为漳。河伯就是漳河之神，传闻这个神爱好美女，每年要奉献一个夫人给他，就可保雨水调匀，年丰岁稔，不然的话，河神一怒，必致河水泛滥，漂溺人家。"

西门豹问："究竟是谁搞的花样？"

"是那一班神棍搞的。这一带经常闹天灾，人民甚苦，对于这件事又不敢不从。每年那班神棍串通一班土豪及衙役，乘机赋科民间几百万，除少许作为河伯娶媳妇费用外，其余便二一添作五，分入私囊去了。"

"老百姓任其苛敛，难道一句话也不说？"

"唉！"父老说，"试问在公势与私势的夹迫之下，谁敢说半个不字！何况他们打着为百姓服务的官腔。每当初春下种的时候，那班主事神棍及乡绅人等，便到处去寻访女子，见有几分姿色的，便说此女可以做河伯夫人了。有父母不愿意的，便多出些钱，叫去找另一个；没有钱的唯有把女孩送上。这样，神棍便领这女孩到河边的'行宫'住下来。沐浴更衣，然后择一吉日，把女孩打扮一番，放在一条草垫上，浮在河里，漂流了一会儿便自行沉下去做河伯夫人。这样一来，凡有女孩的人家都纷纷迁徙逃避，所以城里的人越来越少。"

西门豹一边听，一边眉头越皱越紧，问："这里的水灾情况怎样？"

"还好，自从年年进贡了河伯夫人之后，没有发生过倾家荡产的大水灾。但毕竟因本处地势高，有地方没有水源，没有水灾，可又有旱灾之苦！"

"好吧！"最后西门豹说，"既然河伯这么有灵，当娶新夫人的时候，请来告诉我去观观礼！"

到时，那几位父老果然来告诉西门豹，说本年度的新夫人已选出，将定期行礼。

这是一个隆重的日子，西门豹特意穿起官袍礼服，命令全城官绅民等参加。远近百姓闻讯从四乡跑来看热闹，河边聚集了几千人，盛况空前。

一位"媒人"乡绅，把主事的大巫拥过来了。西门豹一看，原来是一个老女巫，一副了不起的傲态，她后面跟着20多位女弟子，衣冠楚楚，捧着巾栉炉香，侍候在左右。

西门豹开口问："请把那位河伯夫人带过来给本官看看好不好？"

老巫不说话，示意弟子去把河伯夫人带来。

西门豹很注意地审视该未来的河伯夫人，见她鲜衣素面，不见得怎样漂亮，而且愁容满面的。便对老巫及左右的官绅弟子说：

"河伯是位显赫的贵神，娶妇必定是位绝色的女子才相称，我看这位女子，丑陋得很，不配做河伯夫人。现请大巫先去报告河伯，说本官再给他找一位漂亮的夫人，然后改期奉献给他。"

他一声令下，叫左右卫士把老巫丢下河里去。左右的人大惊失色，西门豹若无其事地静立等候。

一会儿，又说："老妇人做事太没劲了，去报信这么久还不见回来。还是派一位能干的弟子走走吧！"

又令卫士把为首的一位女弟子抛下河去，不久又说："连弟子都不回话了，再叫一位去!"

连续抛了三个弟子下去，一个也没有回头。

"哦! 是了。"西门豹还像演戏一样，说: "她们都是女流之辈，不会办事的，还是请一位能干绅士去吧!"

那"媒人"乡绅方欲恳求，西门豹却大喝一声: "毋容推搪，速去速回!"

卫士于是左牵右拉，不由分说，"咚"的一声，将绅士丢下河里去，溅起一阵水花，旁观者皆为吐舌，靠近的不敢出声，远站着的在交头接耳。

只见西门豹整衣正冠，向河里深深作揖叩头，恭敬等候。过了好一会儿，他又埋怨道: "这位乡绅简直泄气之至，平日只晓得鱼肉乡民，连这点小事都办不来，真是岂有此理! ——也罢，既然他年老不济事，你们这班年轻的给我走一走!"他顺手向那班衙役里头一指。

吓得他们面如土色，汗流浃背，一齐跪下去，叩头哀求，泪流满面，都像打摆子发冷一样。"且再待一会儿吧!"西门豹自言自语说。

又过了一刻钟光景，西门豹感叹一声，对大家说: "河水滔滔，去而不返，河伯安在? 枉杀民间女子，你们要负起全部责任!"

"启禀大老爷! 我们是被骗的，全是女巫指使!"众人异口同声说。

西门豹正色斥责起来: "好人又怎会跟坏人做坏事? 今日姑且饶你们一次，给你们重新做人机会!""多谢大老爷!""可是，今朝主凶的神棍已死，以后再有说起河伯娶妇的事，即令其人做使，往河伯处报讯!"

因此，把这班助巫为虐之徒的财产没收，全部发还给老百姓，将那批女弟子配给年长的王老五做老婆。巫风邪说遂绝，逃避他乡的居民亦纷纷回故里安居。

这一段故事把西门豹诛恶的过程演绎得活灵活现，我们看到，作为一个刚到任的管理者，西门豹迅速找到问题的症结所在，对制造问题的"首恶"采取了严惩不贷的果断举措，效果立现。看来，管人就得这么管。

10. 学会以柔克刚的管理术

以柔克刚是一种十分常见，而又屡试不爽的对敌智慧，这一智慧在管人过程中的应用也产生了极佳的效果。

比如，管理者有时会碰到这样一种人，他们总是喜欢不遗余力地攻击指责别人，或散布流言飞语，或造谣中伤，或出言不逊，等等。在这种情况下，要不要针锋相对地予以回击呢？对此，在考虑和选择自己的行为方式时，应该注意以下几个问题：

（1）应弄明白你所遇到的是不是真正的攻击。下面几种情况很容易被误认为是攻击：①由于对某种事物持不同的看法，对方提出了比较强硬的质疑或反对意见。此时，如果你能够给予必要的解释和说明，矛盾很可能会很好地解决。②由于自己对某事处理不当，对方在利益受损的情况下表示不满，提出抗议。如果的确是自己处理不当，或虽并非失误，但确有不完善之处，而对方又言之有理，那么，尽管对方在态度和方式上有出格的地方，也不能看成是攻击。③由于某种误解，致使他人发脾气，或出言不逊。在这种情况下，只要耐心地、心平气和地把问题澄清，事情自然也会过去。如果忽视了判别与区分真假攻击的不同，往往会铸成大错。

（2）即便你完全能够确定他人在对你进行恶意攻击，也不必统统地给予回击。在与下属的交往中，对付恶意攻击最好的方式莫过于不理睬他。如果你不理睬他，他仍不放松，那也不必对着干。因为这样恰恰是"正中下怀"。不难发现，那些喜欢攻击他人的人，大多善于以缺德少才之功消耗大德大智之势。你对着干，他不仅喜欢奉陪，还颇会恋战，非把你拖垮不可。在这种时候，你应果断地甩袖而去。

中国古代哲学名著《老子》中有这样一句话："天下莫柔弱于水，而坚强者莫之能先。"攻击者并不属于真正的强者。对那些冒牌的强者采用对攻，是很不值得的。

管理者与富于攻击性的人打交道，不管他是否怀有敌意，头一条是要敢于面对他的进攻。此外，还应注意以下要点：①给对方一点时间，让对方把火发出来；②对方说到一定程度时，打断对方的话，随便用哪种方式都行，不必客气；③如果可能，设法让其坐下来，使他不那么好斗；④以明确的语言阐述自己的看法；⑤避免与对方抬杠或贬低对方；⑥如果需要并且可能，休息一下再和他私下解决问题；⑦在强硬后做一点友好的表示。

应该说，大多数人的性格中都不乏刚性的成分，也并非每一种刚性都能在强硬的管人手段面前败下阵来。管人者要用心摸索管人的最佳方式方法，学会以柔的力量克制刚性的不羁。这样，才能以最小的付出达到最好的管人成效。

11. 把反对者变成拥护者才算真本事

一名管理者，他的支持者越多，工作开展起来就越顺利。但不可否认的是，没有人会得到下属百分百的支持。反对者的存在并不可怕，高明的管理者会以打拉结合的技巧去驾驭反对者，并尽可能地把反对者变成自己的拥护者。

怎样变反对者为拥护者呢？这就要做到以下几点：

（1）虚怀纳谏，勇担已过。一个管理者必须具备虚怀若谷的心胸、容纳诤言的雅量。遇到下属反对自己的事，要扪心自问，检讨自己的错误，并且在自己的反对者面前勇敢地承认。这不但不会失去威信，反而会提高权威。对方也会因为你的认错更加尊重你而与你合作。千万不可居高临下，压服别人，一味指责对方过错，从不承认自己不对。即使心里承认但口头上却拒不承认，怕失面子，这是不可取的，也是反对者最不能接受的。

（2）弄清原因，对症下药。反对者反对自己的原因是多种多样的，只有弄清楚，方能对症下药。有的是思想认识问题，一时转不过弯来。对于这种反对者切不可操之过急，而应多做说服工作。实在相持不下，一时难以统一，不妨说一句：还是等实践来下结论吧！有的下属反对管理者是因为管理者的思想或工作方法欠妥，脱离实际；或处事不公，失之偏颇。对于这种反对者，最好的处理方法就是从善如流，在以后的行动中自觉纠正。还有的反对者则是因为其个人目的未达到，或自己坚持原则得罪过他。对于这种人，一方面要团结他，另一方面要旗帜鲜明地指出他的问题，给予严肃的批评与教育，切不可拿原则做交易，求得一时的安宁与和气。总之，管理者要冷静地分析反对者反对自己的原因，做到有的放矢，对症下药。

（3）不计前嫌，处事公道。这是一个正直、成熟的管理者的基本素质，也是取得下属拥护和爱戴的重要一条。反对者最担心最痛恨的是管理者挟私报复、处事不公。管理者必须懂得和了解反对者这一心理，对拥护和反对自己的人要一视同仁，切不可因亲而赏，因疏而罚，搞那套"顺我者昌，逆我者亡"的封建官场作风。只有这样，反对者才能消除积虑和成见，与你走到一条道上来。

（4）严于律己，宽以待人。一个群体内部有亲疏之分，领导者与被领导者之间也是如此，无论你承认与否，这是不可否认的一个客观存在。因为在一个单位中总有一部分同事由于思想、性情、志趣与自己接近，容易产生共鸣，获得好感、赢得信任，这种亲近关系常会无意中流露出来。而那些经常反对自己的人，在一般人看来是不讨领导喜欢的，无疑与领导的关系是"疏"的。一个领导者与被领导者之间的"亲疏"，是下属最为敏感的问题。如果一个管理者对亲近自己的人恩爱有加、袒护包容，而对疏远者冷落淡漠，苛刻刁难，那么团体内部必然产生分裂，滋生派性。正确的方法应该是亲者从严，疏者从宽。也就是说，对亲近者要求从严，而对疏远者则要宽容一点。这样可以使反对自己的人达到心理平衡，迅速消除彼此间的隔阂和对立情绪。

（5）关怀下属，情理并重。下属总有自身难解决的问题，需要管理者去协调、去解决。作为管理者理应关心他们的疾苦，绝不可袖手旁观，置之不理，尤其是要主动帮助那些平常反对过自己的人（这是沟通思想的好机会）。只要符合条件、符合政策，就应毫不犹豫地帮助他们解决实际问题。哪怕一时没办到，但只要你尽了努力，他们也会铭记在心，备受感动。只要你付出真情，自然会得到回报，他们就会变反对为支持。那么，你所领导的群体就一定会出现众志成城、生机勃勃的局面。

12. 不要把犯错误的人一棍子打死

许多管理者对待犯了错误的下属，不是将其调走，就是降职使用，或是不再给予重要性的任务。其实，下属犯了错误，最痛苦的是其自身，应该给其改正错误的机会。

美孚石油公司有一位部门经理，由于在一笔生意中判断错误，使公司损失了几百万美元。公司上下都认为这个经理肯定会被炒鱿鱼，这位经理也做好了被炒的准备。他去见洛克菲勒检讨了错误并要求辞职。而洛克菲勒却平淡地说：“开除了你，这几百万学费不是白交了。”此后，这位经理在工作中为公司创造了巨大的经济效益。

按理说，这位经理造成了这么大的损失，开除也不为过，至少在某些管理者那里一定会电闪雷鸣般地大加训斥一顿。有些管理者喜欢“痛打落水狗”，下属越是认错，他咆哮得越是厉害。他心里是这样想的：“我说的话，你不放在心上，出了事你倒来认错，不行，我不能放过你。”

这样做会是什么结果呢？一种可能是被骂之人垂头丧气；另一种可能则是被骂之人忍无可忍，勃然大怒，重新“翻案”，大闹一场而去。这时候，挨骂下属的心情基本上都是一样的，就是认为，我已经认了错，你还抓住我不放，实在太过分了。

美国人鲍勃·胡佛是个有名的试飞驾驶员，时常表演空中特技。一次，他从圣地亚哥表演完后，准备飞回洛杉矶。倒霉的是飞行时，刚好有两个引擎同时出现故障，幸亏他反应灵敏，控制得当，飞机才得以降落。虽然无人伤亡，飞机却已面目全非。

胡佛在紧急降落以后，第一个工作就是检查飞机用油。不出所料，那架第二次世界大战时的螺旋桨飞机，装的是喷气机用油。回到机场，胡佛见到那位负责保养的机械工。年轻的机械工早已为自己犯下的错误而痛苦不堪，眼泪沿着面颊流下。你可以想象胡佛当时的愤怒，一定会对这个机械工大发雷霆，痛责一番。

然而，胡佛并没有责备那个机械工人，只是伸出手臂，抱了抱工人的肩膀说："为了证明你不会再犯错，我要你明天帮我修护我的 F—51 飞机。"世上没有十全十美的人，没有谁能保证一辈子都不做错事。因此，对待有过错的人才要有宽容的胸襟，不要因为对他们的期望高而求全责备。

其实，你放手让优秀人才去做的事情都是比较重要的，相对而言也比较容易出现闪失，因此，你就应当以一颗平常心去对待有可能出现的过错。对于那些过错，你应当对各种情况进行分析，在此基础上去理解和原谅员工。你应当明白，优秀人才也会犯错，别的人，包括自己恐怕也难以避免。因此，就算是因为对方个人的原因而犯错，你也要采取一种宽容的态度，毕竟不能因为一次过错就否定整个人。

可见，"使功不如使过"，对有过错的员工大胆地使用，常会收到"一石三鸟"的用人效果：一能使其更加感激领导的尊重和信任；二能使其痛悔自己的过错；三能使其拼命工作，以便将功补过。实践表明，有过错的人往往比有功劳的人更容易接受困难的工作。使用有过错的人实际上就是对他的一种强大的激励，可以使其一跃而起，创造出令人"刮目"的成绩。

同时，对于有过错的人才而言，他们最需要的就是获得重新证明其价值和展示其才华的机会，尤其是当他们因过错而受到同事的歧视冷落后，这种愿望就更为迫切。因此，领导者一旦提供这样的机会，他们就会迸发出超乎平常的热情和干劲，付出几倍、甚至几十倍的努力去完成常人难以完成的任务。

第三章

在授权与监管间
找到管人管事的平衡点

不懂得授权的领导是低效的领导，授权之后不知道监管的领导是愚蠢的领导。当然，这二者之间的分寸极难把握，弄不好极容易造成人浮于事或者权力失控的两极局面，但是，只要把握授权与监管的平衡点，一切问题便迎刃而解。

1. 管理者不能凡事都亲历亲为

管理者最大的资本是什么？当然是权力，有了权力，管理者才能实施有效的管理。但是，有不少管理者并不善于恰当地运用手中的权力，什么事都不放心，都要亲自过问。在这种对权力的严控中，管理者成了最忙最累的人，而整个管理局面却又迟迟难以打开。

美国著名的管理顾问比尔·翁肯曾提出过一个十分有趣的理论——"背上的猴子"。在这一理论中，"猴子"就是指组织中各成员的职责。对于任何一个组织来说，每个成员都有自己的职责，当他们加入组织以后，管理者就按照下属的职责，分配给他们不同的"猴子"。组织成员的工作就是完成自己的职责，也就是喂养自己的"猴子"。

在"猴子理论"中，企业的成功，归根结底取决于"猴子"的健康。显然，如果组织成员能够出色地完成自己的职责，他所喂养的"猴子"就是健康的；但若他无法胜任自己的工作，不能履行自己的职责，他所照料的"猴子"就会生病。"猴子"生病无疑会影响组织的整体竞争力。而要想使"猴子"健康起来，关键在于协助员工完成自己的职责，提高其工作能力，或者将其调离，让能够胜任的人来承担这一职责。

然而，很多管理者却在这一问题上跌了跟头。他们一看到有"猴子"生病了，就迫不及待地把它接过来，亲自喂养。他们认为，这样可以使"猴子"尽快康复，殊不知这种做法却会使更多的"猴子"变得脆弱不堪。

替下属"背猴子"的做法从眼前来看，似乎使解决问题的速度加快了；但若从长远的角度来看，管理者直接接管下属的工作，会阻碍下属的成长，剥夺下属独立解决问题的权利，长此以往，下属就会丧失解决问题的能力，就会变成事事处处"听命令、等指示、靠请示"的"应声虫"，失去主动性和独立性。

对于管理者来说，替下属"背猴子"的行为也会将自己推入一个领导怪圈——当管理者接收了某一下属看养的"猴子"时，其他下属或为推卸责任，或图自己轻闲，也会主动将本该自己看养的"猴子"推给领导。这样，用不了多久，管理者就会陷入堆积如山、永远处理不完的琐事中不能自拔，甚至没有时间照顾自己的"猴子"——实施计划、组织、协调和控制的职能。

对于一个管理者来说，替下属"背猴子"的做法是不可取的。管理者亲历亲为是造成组织工作效率低下的最主要原因。不仅如此，管理者的亲历亲为还会打击下属的工作热情，甚至造成人才流失。古人说："自为则不能任贤，不能任贤则群贤皆散。"用今天的话说就是，如果管理者事必躬亲，就是对下属工作的不信任，不信任导致不肯放权，凡事都亲自出马，而不肯放权又会进一步加重下属的不信任感，感觉自己的价值不被承认，最终导致人才流失。过于能"干"的领导，往往会导致有才能的下属流失，剩下的是一群不愿使用大脑的庸才，这样的团队其战斗力可想而知。

诸葛亮是个很好的谋臣，但却不是一个好的管理者，他"事必躬亲，呕心沥血"地为蜀国之事业奋斗终生，但却没有培养出一个能够独当一面的领导团队，以致在他死后"蜀中无大将"，从而使得国家倾覆。

翁肯的"猴子管理"法则的提出，目的在于提醒管理者，高效的领导就是在适当的时间，由适当人选，用正确的方法做正确的事。一个高明的管理者习惯于教下属如何捕鱼，而不是送他一条鱼了事。因为他们知道，剥夺他人的主控权，去喂养他人的"猴子"，并不能从根本上帮他们解决问题，真正能够帮助他们的是耐心地教给他们方法并容忍他们在成长中的错误。

第二次世界大战时，有人问一位将军："什么人适合当头儿？"将军回答说："聪明而懒惰的人。"管理者的主要工作是什么呢？不是替下属"背猴子"，而是杰出的管理大师们口中的"Find the right way, find the right person to do"，即"找到正确的方法，找到正确的人去实施"。

只有不替下属"背猴子"，你才能不被"琐碎的多数的问题"所纠缠，而有充足的时间去思考和处理"重要的少数的问题"。一个成功的管理者不是整天忙得团团转的人，而是悠然自得地掌控一切的人。

不论是何种层级的管理者，一旦患上了亲历亲为的"职业病"，组织就危在旦夕了。管理者本人会被"琐碎的多数"纠缠得无暇顾及"重要的少数"，从而使组织失控；而每一个组织成员都会被卷入"忙的忙死，闲的闲得想辞职"的漩涡中，从而失去战斗力。更可怕的是，亲历亲为的职业病还可能使管理者忘掉"让专业的人去做专业的事"的基本管理原则，从而导致领导的彻底失败。总之，管理者越想通过亲历亲为做好事情，就越会使事情变得一团糟；越想"眉毛胡子一把抓"，就越是什么都难做好，越难提升整个组织的绩效。

身为管理者，如果能让员工独立去抚养他们自己的"猴子"，员工就能真正地管理好自己的工作。这样管理者就会有足够的时间去做规划、协调、创新等重要的工作，从而使整个组织保持持续良好的运作。

亲历亲为在某种程度上是一种无能的表现，同时也是对权力资源的极大浪费，为聪明的管理者所不愿为、不屑为的。

2. 不懂得授权就不是合格的管理者

与亲历亲为相对应，高明的管理者能够通过向下属授权实施有效的管理。但是，授权是一个牵一动百的系统问题，丝毫的轻率和盲动都可能造成一系列的麻烦。为此，管理者要围绕授权做好周密的思想和组织准备。

（1）授权应考虑的问题。授权所涉及的远远不止是包括向集体成员下达任务，授权事实上包括四个方面，完全正式的授权应把下列所有这四方面包括在内：①意义。意义指的是工作目的与价值，其估价要和个人的理想及标准联系起来。当工作要求与个人信念相符合时，这项工作便变得有意义了。对一个给芭比洋娃娃设计服饰配件的人来说，如果他（她）认为这份工作和他（她）的价值观相符，也就是说这个工作能给成千上万名儿童带来幸福和欢乐，他（她）就会觉得这份工作很有意义，而对另一位做同样工作的人来说，这份工作或许毫无意义。原因是它和他（她）的信念相悖，他（她）认为芭比洋娃娃的样子使得女性美貌一成不变，这是非常有害的。一个人在做有意义的工作时才可能产生被授权的感觉。②胜任。胜任指的是个人相信他有能力出色完成某项特殊任务。有胜任感的员工相信在特定情况下，他们有能力满足某项工作要求。胜任感同样会让人产生被授权的感觉。③自我决策。这是指个人觉得自己有权发动组织各类工作活动，尤其是当员工感到他（她）能够自由选择解决某个特殊问题的最佳方法时，自我决策就变得更为高级了。自我决策同样涉及诸如工作地点和场所选择之类的问题，一位被高度授权的员工或许会决定一改陈规，不在办公室完成一项特定工作。④影响。这指的是员工能左右工作的重大成果或结果的程度。比如公司的运作方式或其提供的产品及服务。在公司业务进程中，员工并非只是服从，在任何方面都插不上手，而是应有发言权，针对公司的未来前景发表自己的见解。

（2）授权应注意的问题。在授权时经常出现过高估计员工工作能力的现象，认为只要集体合作就无须专业人员的任何指导，你或许会授权一组有高涨热情的员工来自行解决一个棘手的问题，而不去请教一名受过高等训练、有高级技能的专业人员。因而，解决问题的最佳方式是请一名专家以内部顾问的身份加入被授权集体之中。同时注意以下两点：①不要忽视专业技能。被授权集体应配备适当的职业专家，发生在汽车制造公司的实例便充分证明了这一点。克里斯勒小型运货车新生产线中挡风玻璃上的刮水器有 6.5% 存在瑕疵——少数的刮水器不能完全刮过挡风玻璃，因为这一小小的毛病使得克里斯勒无法将这批小型运货车装船发运。这是根本让人难以接受的，员工们所面临的挑战就是如何将其解决。但没人能找出其弊病所在。所有的原件都符合规格，零件的组装完全正确，工程师们也找不出设计上的任何差错。为找出所存在的问题，公司成立了一个联合调查小组，被授权全面发挥作用。组员包括一名生产总监、一名质量检测员、一名质量分析专家和两名工程师。在研究调查数月之后，无意中发现汽车驱动杆上的锯齿边带动了刮水器边，于是，一位工程师就设计了一个计量器用来测量曲柄的转度，使这一问题得以解决，全部的小型运货车才得以发运。如果小组成员中没有工程师，那么问题能否解决可能还是个问号。正确的观点是被授权的集体应包含适当的专业技术人员——而这一真谛虽说显而易见，却常被忽视。②选择适当的人授权。授权的一条重要原则是必须契约重申。如果你想要你的授权集体高效多产，其成员必须经过精挑细选。最富成功经验的公司往往在授权时仔细审查被授权成员，被选中的员工应具备以下素质：有职业道德，善于灵活机智地完成任务，有自我开创能力，集体合作精神及敏锐的头脑，还有上文强调的一条：一定要懂技术。

总的来说，挑选的人要比同级员工高出一筹，能力和动机是授权成功的关键因素。确保被授权人掌握适当的技术，许多重大错误都是由于决策人只有权力而无技术所造成的。从员工过去的工作表现中搜寻证据来证明他是否有冒险精神和创造性思维。

证明他能把握自己，比如他需具备在完成长期项目的过程中坚持不懈，表现出毫不气馁的精神。被授权人必须严格要求自己，因为他们的权限非常小。

确保他在完成任务过程中表现的自信，独立实施某项决定需要自信心（当然，你也许会辩解说被授权能增强人的自信心，但至少你应在他过去表现中找出自信）。

尤其要注意的是，一定要确保候选人能坦诚认真、一如既往地保持原有的良好品行，如若不然，他就会趁机利用手中的权力来命令他人做一些不该做的事，这将会给企业带来灾难。

（3）授权的基本构成要素。授权行为一般由三种基本要素构成，称为授权的三要件：①工作指派。工作指派在授权过程中，向来最受管理者的强调。不过，许多管理者在进行工作指派时常常存在两个方面的错误：其一，他们往往只让下属获悉工作性质和工作范围，而未能让下属明确他所要求的工作绩效，这一点实在是管理者在授权过程中的一大败笔。因为如果下属对管理者所期待的工作绩效不甚了了，他们的努力在客观上就缺乏一个目标。这同时给管理者授权后的管理带来困难，因为管理者无法依据事先确立的绩效标准对下属实施考核，奖优罚劣，这是一笔管理损失。其二，管理者有时会把必须由自己完成的分内工作也指派给下属。他们未曾意识到，并非管理者分内的所有工作均能授权予下属来完成，这些不能授权的工作是可以以一定标准由管理者作出判断的。比如，目标的确立、政策的研究与拟定、员工的考核与奖罚等，这是管理者工作的"命脉"，不可谋求假手他人。②权力授予。在指派工作的同时，管理者应对下属授予履行工作所需要的权力。这就是"授权"两个字的由来。"权力授予"与"工作指派"之间应是怎样的关系，权力授予的合理区域应该是多少，这是实施授权的管理者最为关心的问题。管理者所授予的权力应以刚好能够完成指派的工作为限度，这体现了权力授予的原则，即以完成工作为最终目的。客观上，工作任务的执行所需要的权力——这些权力用来调动完成工作所需的人、财、物、信息等组织资源——构成了权力授予的合理限度。在权力授予中最主要的问题，也是授权管理的难点之一，即权力授予的适度问题。如果授予的权力不足以支持工作任务完成的权力需要，则指派的工作难以完成，授权因而丧失其意义；然而，如果授予权力过度，超过了执行工作任务实际的需要，则势必导致下属滥用权力，带来太大的负面作用，同样会导致授权失败。③责任创造。责任创造的含义在于，管理者在进行工作指派和权力授予之后，仍然对下属所履行的工作绩效负有全部责任。这即是管理学上所谓的"授权不授责"原理。这意味着，当下属真的无法做妥指派的工作时，管理者将要承担其后果，因为下属之缺陷将被视同上司之缺陷。许多管理者在这里犯的错误是当他发现下属无法做妥指派的工作时，均试图将责任推卸到下属身上，他们以为责任随同权力一同下移了。而事实上恰恰相反，权力在管理中有向下分散的趋向，而责任却有向上集中的趋向。

责任创造的第一层含义是对管理者而言，第二层则是针对下属的。即为了确保指派的工作能顺利完成，管理者在授权的同时，必须为承受权力的下属创造完成工作的责任，在管理者和受权下属之间建立起一种连带责任关系。下属若无法圆满地执行任务，则身为授权者的管理者可以唯他是问。这当然并不妨碍管理者承担对任务的最终责任，尤其是当这件任务涉及本公司、本部门之外时，更是如此。

总之，授权是对权力的下放，并在这种下放中使权力最大限度地发挥作用。授权是一门学问，需要管理者细心揣摩和研究，以避免在授权的各个环节出现不应有的纰漏。

3. 给下属授权要讲究策略和技巧

管理者面对的是一个个有思想的人，授权时不分对象、不看情势会造成管理者对权力的失控。为此，授权必须讲究策略和技巧，在对权力的一收一放之间找到运用权力的正确节奏。

（1）不充分授权。不充分授权是指管理者向其下属分派职责的同时，赋予其部分权限。根据所给下属权限的程度大小，不充分授权又可以分为几种具体情况：让下属了解情况后，由管理者作最后的决定；让下属提出所有可能的行动方案，由管理者最后抉择；让下属提出详细的行动计划，由管理者审批；让下属采取行动前及时报告管理者；下属采取行动后，将行动的结果报告管理者；等等。不充分授权的形式比较常见，这种授权比较灵活，可因人、因事而异采取不同的具体方式，但它要求上下级之间必须确定所采取的具体授权方式。

（2）要会弹性授权。这是综合使用充分授权和不充分授权两种形式而成的一种混合的授权方式。它一般是根据工作的内容将下属履行职责的过程划分为若干个阶段，在不同的阶段采取不同的授权方式。这反映了一种动态授权的过程。这种授权形式，有较强的适应性。当工作条件、内容等发生了变化，管理者可及时调整授权方式以利于工作的顺利进行。但使用这一方式，要求上下级双方要及时协调，加强联系。

（3）掌握制约授权。这种授权形式是指管理者将职责及权力同时指派和委任给不同的几个下属，以形成下属之间相互制约地履行他们的职责。如会计制度上的相互牵制原则。这种授权形式只适用于那些性质重要、容易出现疏漏的工作。如果过多地采取制约授权，则会抑制下属的积极性，不利于提高管理工作的效率。

（4）力戒授权的程序错乱。一个企业即便人员不多，老板充分了解全体员工的行动，授权后也不能万事皆休，否则，授权的结果只会带来负效应。在实际工作中，有效的授权往往要依下列程序进行：①认真选择授权对象。如前所述，选择授权对象主要包括两个方面的内容：一是选择可以授予或转移出去的那一部分权力；二是选择可以接受这些权力的人员。选准授权对象是进行有效授权的基础。②获得准确的反馈。一个管理者授权之后，只有获得其下属对授权的准确反馈，才能证实其授意是明确的，并已被下属理解和接受。这种准确的反馈，往往以下属对领导授权进行必要复述的形式表现出来。③放手让下属行使权力。既然管理者已把权力授予或转移给其下属了，就不应过多地干预，更不能横加指责。而应该放开手脚，让下属大胆地去行使这些权力。④追踪检查。这是实现有效授权的重要环节。要通过必要的追踪检查，随时掌握下属行使职权的情况，并给予必要的指导，以避免或尽量减少工作中的某些失误。

掌握以上授权的原则方法和程序，你的领导能力会因此更进一步。应该说，一位管理者要想使权力生效，必须要靠有效授权来完成，否则就是霸权，而霸权只能导致孤立。

4. 授权时大权力小权力应区别对待

如何分配好手中的权力，是古往今来任何领导者都无法回避的问题。今天的管理者分配权力过程中的首要问题，并不在于究竟是多分一点好还是多留一点好，而是要首先搞清楚具体应该分什么权力，留什么权力。关于这个问题，宜用"大权独揽，小权分散"的原则来加以解决。

哪些是"大权"？哪些是"小权"？对这个问题，不同管理者在实际工作中往往认识不一致，而且掌握起来也不容易。有的人可能把"大权"当成了"小权"，走上放任的道路；有的人则可能把"小权"也看成"大权"，走上了专权的道路。

划分"大权"和"小权"是一个相对的过程，主要是相对于管理者所处的位置而言。划定大权和小权的时候，要把权力囊括的范围确定下来。组织中的管理者，其大权和小权的划分差距是很大的。

从涉及的范围来考虑，关系全局的权力，当然就是大权，仅仅关系某一个局部的权力，一般不能说是大权。

从权限的角度来考虑，下级不能解决的问题，必须上级来解决，这应该是大权。如果下级自己能够解决，或者下级自己解决更好，一般都不能算是大权。

从权力的性质来考虑，一般一个组织的权力有三个层次：一是决策权；二是运行权；三是执行权。

所谓大权实际上主要是指决策权，还有就是运行中的关键问题的把关性权力，其具有"不可替代性"。人们常说，领导要把握方向，把握大局。这样的权力是要独揽的，而其他的权力则要分散。分散其实也是独揽的条件。什么权都抓，往往什么权都抓不住。决策权应该是一个组织最高领导机构和最高领导人的权力，这是大权。

运行权是组织中的中层机构或中层领导的权力，其中带有垄断性的可能是大权，但大部分照章办事的正常运行的权力，对最高领导人来说是小权。执行权是基层干部或人员的权力，对中层领导来说，关键性的操作可能是大权，但一般的日常操作则是小权，对最高领导来说，这些当然更是小权了。

对一个组织的发展而言，最重要的是决策。所以管理者一定要抓住、用好大权，不要忙于琐碎事务，而忘记自己最重要的决策任务。

集权和分权还有一层重要意义，就是管理者能够正确处理领导团队内各个成员之间的权力分配问题。在集权与放权上，管理者的问题有3种：

（1）自己有本事，但不放手。这样的人虽然集权过多，但总还是可以干一些事情的。

（2）自己没有本事，但比较放手。这样的领导虽然放权过多，但由于发挥下级和副手的积极性，也还是能干一些事情的。

（3）自己没本事，但对他人还不放手。这样的领导最糟糕了，因为他干不了活，还不让别人干。

因此，作为管理者，你需要冷静地思考自己的权力结构配置问题。

如果领导不努力去做自己应该做的事情，那么团队就会散下来，因为没有人去统筹全局；如果领导尽做别人应该做、可以做的事情，这个团队也会散下来，因为其他成员会觉得无事可做而消极起来。

另外，"大权独揽，小权分散"也是一个管理者的工作方法和作风问题。在这层意义上来说，集权和分权是管理者如何发挥副手和下级的积极性问题。集权而不专权，放权而不放任，才是最好的选择。

5. 大度升职，让员工都当老板

下放权力，其方法多种多样，而大度升职是其中最有吸引力也是最有效的方法之一。每一个员工几乎都有升职的愿望，这无疑是激发他们奋进的原动力。大度升职，其效果不仅达到了权力与责任的分散，同时还能极大地激发员工的进取心和创造力。

1964年劳勃·盖尔文继承父业，担任蒙多罗娜公司的董事长兼首席执行官。他掌管公司以后，"将权力与责任分散"，以维持员工的进取心。蒙多罗娜公司从而竞争能力大增，业务突飞猛进：1967年增加到15亿美元，1977年又增加到近20亿美元。

盖尔文之所以"将权力与责任分散"，主要是由于深深感到有维持员工进取心的需要。

盖尔文说："公司愈大，员工愈渴望分享到公司的权力。在比较大一点的公司，每一个人显然都希望能感觉到自己就是老板。因此，我们现在所做的，正是要把整个公司分成很多独立作战的团队，因为只有这样，才能够使大部分人都分享到盖尔文家族所拥有的权力与责任。"

盖尔文说："我绝对相信，一个人如果能操纵自己的命运，那么他一定会比较有进取心。所以，我们将仍然继续不断地去创造一些适当的环境及计划，尽量让员工多参与跟自己有关的管理工作。""有一些特定计划可能通过执行而显得不切实际。对于这一点，我们将会见风转舵，改用较好的计划。但通常，我们计划的原则仍然是尽量创造机会，让比较多的人参与管理工作，分享权力与责任。"

为了将"权力与责任分散"，盖尔文将权力下放给所属各工厂、各部门。

公司的一位负责计划、营销、设计、维持与政府关系及广告事务的高级职员说，我们公司的管理原则是，要把公司的各个部门当做相对独立的事业部门来处理。公司所属的每一工厂、每一部门都有自己本身的研究及发展单位，都有全权来决定一切营销活动。公司设有一个履行公共职责的部门，主要是代表公司与所属海外机构及外国政府建立联系。公司内各部门的方针及目标大致上都很协调，在具体运转上总公司不加干涉。

公司一位负责经营的副董事长说："通常，只要我们在营业额、利润及研究发展经费所占比例等问题上与各部门、各工厂的经理取得协议以后，他们都可以按照自己认为适当的方式去自由支配经费。"如果他们在自己的预算内想推动一项工程计划，那么大可放手去做而不必把详细情况报告公司或上级主管。只有在计划进行到最后阶段而突然发生重大偏差时，总公司才会加以过问。同样，各工厂和部门也可以自己决定自己认为适当的营业项目。事实上，只有当他们无法达到预定目标时，总公司才会通过适当的方式予以帮助。"当然，在公司的总预算经费很紧时，我们也会采取行动，告诉他们将允许做些什么，不允许做些什么。同时，也会特别规定一些非常重要而必须执行的关键计划。这些计划如果没有得到我们的同意，各部门是绝对不能更改的。但不管怎样说，我们的管理原则是尽可能减少干涉。"

为了设法让员工分享权力与责任，盖尔文建立了一套明确的升迁制度。在蒙多罗娜公司，只要员工在履行责任中创造性地工作，就能获得相应的权力。例如，当某一项研究工作有了一定眉目而需组织力量进一步突破时，公司就授予全权。所授权力之大，一般相当于公司的高级主管，有的甚至于接近公司的总经理，被称之为"一人之下，万人之上"——难怪人们赞叹说："蒙多罗娜公司是技术本位者的晋升阶梯。"

总而言之，公司的原则就是尽量减少干涉，给员工一片自由的天空。将权力与责任分散，激发员工的进取心及创造力，这也是发展公司业务的有效方法之一。

6. 要选好"受权者"

授权必须慎重行事。这里，除慎重地确定授权范围和大小外，特别要注意选好受权者，即接受上级所授权力的人。因为受权者选不好，不但难以实现预期的授权效果，反而会给领导者添麻烦。选好受权者，是授权工作的基础和关键一环。为此，要求授权者对拟受权的下属作如下分析：

（1）这个人具有哪方面的能力、特长和经验？政治品德如何？他最适合承担何种工作？

（2）委托这个人做什么工作，才能最大限度地激发他的工作热情和潜力？

（3）他目前担负的工作与拟授权的哪些工作关系最为密切？

（4）这个人对哪项工作最关心、最感兴趣？

（5）哪项工作对他最富有挑战性？

在上述分析的基础上，才有可能把所要授出的责权与受权者的品德、能力、性格、兴趣等最大限度地统一起来，才能做到把权力授予最合适的人。

在现实生活中，具有以下特点的人，往往是受权的理想人选：一是大公无私的奉献者；二是不徇私情的忠直者；三是勇于创新的开拓者；四是善于团结协作的人；五是善于独立处理问题的人；六是某些犯过偶然的、非本质性错误并渴求悔改机会的人。

选好受权者，除了分析考察每个下属的特点、能力、性格等主观因素之外，还要综合考虑拟授权工作的性质和特点。这样才能恰当地选好受权者。

7. 要坚决清除合理授权的诸多障碍

一般管理者都明了授权的必要性，也存在希望通过授权改变管理局面的主观意愿。但在具体的管理实践中，却发现要把"合理授权"这一管理信条落实到位，困难重重。这里面有思维方式和管理习惯的问题，也有对权力收放的拿捏把握的问题。

归结起来，合理授权的障碍来自以下两个方面：

（1）管理者个人在工作认识和权力下放上的思维误区。表现在以下这些方面：

①以自我为中心的工作习惯。

对于让下属作出对自己有影响的决定很不习惯。必须要克服这一点。因为作为管理者必须清楚你不能独立完成所有的工作，而高效的授权能让你的工作和生活更轻松，并且让你的团队更有活力。

总觉得自己比下属更能干。那些具有较强工作能力的管理者更容易发生这样的失误。事实上，管理者即使在很多领域中都具有非凡的能力也一定要避免事事亲为，因为你能干不代表你的成员不能做这些事。而且更严重的是会导致下属行为的惰性。

认为有些具体事只有自己能做。管理者必须时刻提醒自己：如果在一个团队或组织中你是唯一能做某件工作的人（这里指具体的和技术上的工作），那对整个组织来说是危险的。只有那些必须由自己处理的事情才不属于授权的范围。

②对授权对象要求苛刻。

认为必须把一项工作授权给能手才是合理的。实际上不同的工作完全可以授权给不同的人，而标准只有一个，那就是能否提高整个团队的绩效。应该针对特定的情形和对象使用最佳授权方式，最终减少团队中资源的冲突。

因为下属拒绝而对授权没有信心。担心经验不足而导致失败和对你授权方式的不满都可能导致他们的拒绝，当然，解决这些问题更需要管理者的经验。

因为下属是新手而不敢授权。一个高效的管理者，在明白能人重要性的同时也必须看到新手的潜力和价值。授权的过程其实也是一个授权者与被授权者共同进步、共同承担责任、共同学习的过程。

③工作目标模糊。

认为是自己举手之劳的工作而忽视授权。实际上一个管理者的时间就是在这些并不重要的举手之劳的工作中浪费掉了。更重要的是这样会宠坏你的下属，使他们的能力更加缺乏。

因为自己喜欢做而不授权给下属。尤其是一些技术型管理者，你必须授权你喜欢的工作，让下属代你完成。你的任务是集中精力做必须由你做的工作，而无论你是否喜欢。

对工作要求尽善尽美。认为所有工作都应该完美地实现，其实这是一个误区，而一旦陷入这个误区，则会对你的授权产生限制，甚至会导致你对下属的能力产生怀疑，从而在授权工作上止步不前。事实上有许多时候不需要十全十美。

不能清楚地认识到强影响和弱影响工作的区别。强影响工作指人力管理、规划整个系统、激励和培训等长期性工作，而弱影响工作是指日常工作或受强影响工作影响的工作。国外的一些调查显示，最佳的时间分配是80%的精力放在强影响的工作上，20%的精力放在弱影响的工作上。分清楚这两类的工作，并有计划地分配和授权，你会感到你要做的工作和应分配的工作重点更加清晰，同时这样也将有助于你日后的控制工作。

（2）是管理者对权力的把握出现偏差，典型的表现是造成下属的"越权"。下级"越权"的现象在一些单位时有发生，领导者要根据不同的"越权"情况，采取不同的制止下级"越权"的方法和艺术：①

明确职责范围。权力是适应职务、责任而来的。有多大的职务，就有多大的权力，就能承担多大的责任。因此，只有职、权、责相统一，才能制止"越权"现象。②分层领导。下级要认真地做好本层次的工作，对上级领导负责，执行上级的指示，接受上级的指导和监督，主动地、经常地请示汇报工作，积极地、创造性地完成上级领导交给的一切任务。③为下级排忧解难。领导者要关心、爱护下级，为下级排忧解难。这样，既可以防止下级有意识地越权，也可以防止下级由于来不及请示而出现的越权现象。④要分清"越权"的动机。如果下级是因为有较强的事业心、责任心，工作有积极性、主动性，不推不靠、敢作敢为、敢于承担责任，而出现了"越权"行为，领导者应该先表扬后批评，既肯定其积极性，又指出其越权的危害。如果下级的越权行为是因为觉得自己能力出色，或者有意和领导过不去，那么领导者要严厉警告，下不为例。

总之，一旦下级发生越权行为，要慎重地根据不同情况，采取不同的方法加以纠正。当然，一般来讲，没有重大的突发事件，领导者还是要把下级的越权消灭在萌芽状态，这样，才能使工作走上正常轨道。

8. 在对下属的支持中把授权落在实处

有在企业工作经验的人不乏这样的工作体会：上司安排任务时总是再三强调："放手去干，我绝对信得过你。"但在工作过程中却又一百个不放心。也许上司确实授给了你一些权力，但这点权力得不到上司的有力支持，工作照样难以展开。

假如有这样一个问题：当你的下属和你的客户——经销商——之间产生冲突，你会支持谁？不管干什么，只要与人打交道，冲突就会时常发生。对于冲突而言，当然是各有其道理。许多管理者面对这样的冲突，总是习惯上训斥自己的下属，向客户赔不是。其实，如果有这样的情况，管理者应该站在下属这边。在这个把"客户是上帝"奉为圭臬的世界里，这样的答案似乎很离奇。但管理者应该深信一点，下属员工才是公司最重要的客户，缺乏对员工的信任或者支持，他们失去的将是对组织的信任和工作的快乐，这种不信任和不快乐，百分百地将传递给公司的无数个客户，最终导致的是绩效低下。

许多管理者都在抱怨下属不是那个能"把信带给加西亚"的人，抱怨员工懒惰并对公司充满着不满。但是，回想一下，哪位员工是带着不满的情绪进入公司的？你想想他们当年加入公司时那种踌躇满志的样子，那种双眼都会放光的憧憬。你想过没有，使他们变得充满冷漠与怨恨的正是管理者自己。

杰出的管理者一定会深信沟通的重要性并加以身体力行。信息通畅是一个好的管理者的重要标记，有些管理者不大喜欢沟通，有些事情也不愿意透明，觉得神秘管理更好。其实，所谓的"神秘管理"是另一种愚民政策，它除了能得到漫天飞的小道消息和日渐低落的士气外，什么也得不到。靠"神秘"不能伪装权威，也掩盖不了管理者的低能。

俗话说"庶民用暗器"。大多数下属对付这些管理者的做法是"在职退休"。这种做法是相互的戕害：一方面，企业没有为员工提供必要的培训，使员工失去的是未来人力市场的价值和对未来的信心；另一方面，企业损失很多的人力资源，企业最大的成本就是没有经过培训的员工。

正如美国钢铁大王与慈善家安德鲁·卡耐基所说的那样：一个组织拥有的唯一不可替代的资产就是它的员工所具备的知识与能力。人力资本的生产效率取决于员工能否有效地将自己的能力与雇用他的组织分享。

9. 高明的管理者不会把权力一放了之

绝对地看待问题是管理工作的大忌，就授权来说，把权力下放给下属，切不可做"甩手掌柜"，不管你对下属多么信任，在一些关键问题上该过问的一定要过问。

许多管理者常常会将信任与放任混为一谈。放任员工的后果是：不但把放权的成绩冲得一干二净，还会殃及整个企业。身为管理者不可不防！

有的领导每次向员工交代任务时总是说："这项工作就全拜托你了，一切都由你做主，不必向我请示，只要在月底前告诉我一声就可以了。"这种授权法会让员工们感到，无论我怎么处理，领导都无所谓，可见对这项工作并不重视，就算是最后做好了，也没什么意思。领导把这样的任务交给我，不是分明小看我吗？

不负责任地下放职权，不仅不会激发员工的积极性和创造性，反而会适得其反，引起他们的不满。

对放任进行预防的最好办法，就是监督。

高明的授权法是既要下放一定的权力给员工，又不能给他们以不受重视的感觉；既要检查督促员工的工作，又不能使员工感到有名无权。若想成为一名优秀的领导人，就必须深谙此道。

有一位在工作中经常成功地运用授权的公司主管这样描述他的工作职责：我每天的工作成分，有 95% 是为了未来 5 年、10 年、20 年作预先计划，换句话说，是为未来而工作。至于那些已经试办并有成例的事我很少插手，最多只管 5% 的事务，其余都归下属人员去做和负责，我只定期花少量时间去检查他们的进展如何。

授权之后，主管的角色由工作的实施者变成工作的控制者，只有完成这一角色转换，授权才能走上合理、有效运行的轨道。

然而，并不是所有的管理者都能意识到这种转变，他们还不知道怎样在具体工作之外，获取有关工作的重要信息，实施有效的控制。

当财务副总经理乔和总会计师杰克走进公司董事长兼首席执行官的办公室时，正碰上董事长大发雷霆，他吼叫道："为什么没有人把情况向我报告？为什么我不能知道这里的工作进展情况？为什么把我蒙在鼓里？没有人向我汇报过这家公司的情况究竟怎样。在公司的问题没有变成危机之前，看来我绝不会听到有谁向我提出存在的问题的。从今天开始，我要求你们两位设计出一种使我能够信息灵通的系统，并且还要求知道第二天你们将干什么。即使我是这家公司的负责人，但如果我对必须知道的事情却一无所知，我也得走人。"

乔离开董事长的办公室时，他转向总会计师杰克嘀咕起来："真是蠢货！他想要知道的，或者他可能需要知道的一切都有报告，就陈放在他的办公桌后面的文件架上。"

确实，权力的收与放是一对矛盾体，收之过紧则扼杀创造性，放之过松则会造成局面的失控。管理者不仅要懂得放松，还要懂得怎样去放、放到何种程度。

10. 有限度地怀疑是防止授权失控的良方

用人不疑是人们津津乐道的管理之道，但管理者必须清醒地认识到，管理者在对权力的下放上，怀疑才是"主旋律"，而信任只是策略性的、战术上的。

明智的管理者都懂得这样一个简单道理：凡事皆有度。你相信一个人，必须找出足以支持你论点的相关事实。不管是直觉还是事实，这些证据都必须是可靠和有说服力的，至少应能足以使你自己确信：这个人值得信赖，我应相信他的为人与能力。

相信人的同时，你千万不要丧失应有的警惕。你必须在合理的范围内怀疑每一个人。通常情况来讲，人性是利己的，是追求自身利益最大化的（当然，其中也存在个别例外，但那毕竟是少数）。一旦各方面条件具备，人的利己的一面便会表现得尤为突出，他们会想尽各种办法来满足个人的欲望。你所应做到的，就是采取各种措施，防止这种不利的情况发生。这一点的确是对每个领导者的重要考验。因为事实表明，越是老员工，越是老客户，管理者们越容易丧失应有的警惕，而不去合理地怀疑他们。这种做法往往会导致这样一种不当的后果：公司遭受的重大灾难往往与这些人有密切关系。

应合理怀疑的表现是：对重要的职能工作应交由两个或两个以上的人同时完成，防止一人独断或舞弊状况发生；在公司高级管理人员中不明显地重用某人，而是使他们彼此互相牵制、互相制约；设立复核或内部监督部门，定期或不定期地监督某些重要部门或人员；重要岗位的轮换制，防止一人专断和内部小帮派形成；在同一地区，选择 2 ~ 3 个分销商，使彼此竞争，防止单个分销商的要挟与欺骗顾客行为；不定期抽查与巡视，等等。

一定要使你的怀疑保持在合理的范围内，切不可因此而严重损害他人的进取心。

11. 管理者在跟进中实现对权力的有效监控

在企业的经营管理过程中，领导者既要分权，又要控制。要做到"有限分权，无限控制"。权力的分配应该像金字塔，只有做到相互牵制、相互支撑，才能达到相互平衡与和谐。

对于一个企业的领导而言，授权是最有效的领导手段之一。将自己所拥有的一部分权力授给下属去行使，使下属在一定制约机制下放手工作，不但可以充分调动员工的积极性，加速员工的成长，而且还可以使领导者得以从琐事中脱身，集中精力于更重要的事务，因此，授权是当代企业领导必须掌握的一门艺术。

之所以说授权是一门艺术，是因为它有很多技巧，掌握好了"度"，权力授予得合适，监控得力，就会取得好的效果；若失去了"度"，授权不合适，监控不得力，就会导致恶果。因此，授权必须与监控结合起来使用。

世界上任何的自由都必须和相应的制度捆绑在一起，无序的自由就是一盘散沙，而且这种自由毫无保障，随时都可能被剥夺。

同样的道理，对于领导而言，无论下属的工作做得多么出色，无论他们有多少值得完全信任的细节，也不应该完全撒手。

领导在授权的同时必须要有监督，否则就有可能失控。权力失控会导致工作失控、结果失控。

放权是必要的，但是放权不等于弃权，放权的同时必须建立起配套的监控机制。监控是对领导所授权力的根本保障，是关系到企业兴衰存亡的必要措施。在分析一些公司失败的案例时，我们发现，很多公司并非没有明确而具体的目标，也并非缺乏具有卓越才能的人才，但它们最终却陷入了失败的境地。为什么呢？并非这些企业自己所归纳的原因——市场环境突然变化使得公司的处境十分被动——而是犯了最平凡同时又是最不该犯的错误：公司所制订的计划并没有得到彻底的执行，而公司的最高层却认为已经落实了。当吉姆·基尔特斯加盟吉列公司时，几位高层经理说公司已经对那些不必要的产品包装进行削减了。但实际情况却是到基尔特斯上任时，吉列的 SKU（公司不同类型的产品包装的行业术语）的数量已高达2.4万种。大部分产品包装甚至从来没有用于销售，只是堆在仓库里。在一年前公司确实花了数百万美元聘请专家削减产品包装，但事实上一种也没有减少。

造成这种结果的原因正是高层领导者对已经授权的工作不闻不问，

更未进行及时的跟踪。领导者的任务不只是制订计划，还应该对计划进行跟踪，及时发现问题并在第一时间予以解决。

一家家畜饲料制造公司制订了拓展市场的计划，他们打算生产一种蛋白质含量更加丰富的饲料，以打开奶牛场的大门——一直以来它们只对饲料进行简单的加工，这种饲料根本无法满足奶牛场的要求——饮料公司在饲料中添加适量的尿素，尿素可以帮助家畜将饲料转化成蛋白质。但这样做又有一定的风险，因为黄豆中一种被称作尿素酶的酵素会与尿素反应形成氨，而氨又会导致动物腹胀，甚至死亡。为了控制饲料中的尿素酶含量，饲料必须经过严格的烘热处理，并且化验室每天都必须对尿素酶的含量进行检验。

经过不断地调试和检验，饲料中的尿素酶含量终于符合了安全标准，这家饲料制造厂终于生产出了符合要求的高蛋白质饲料。在广告和公关等各方面措施的支持下，市场拓展开展得有声有色，已与几家养牛场建立了较为稳固的供货关系，另外还有更大的几家畜牧场有与之合作的意向。

就在一切进展都十分顺利的情况下，不幸的事情却突然发生了。有一天，化验室的例行检验结果显示，尿素酶的含量严重超标。公司总裁吉姆在第一时间得知了这一消息——他要求化验室一旦发现尿素酶含量超标必须第一时间通知自己。吉姆果断地作出指示：在过去48小时生产的所有饲料禁止运出公司，以维护公司的信誉和用户的安全。随后他马上开展了调查，最后终于找到了原因，一名新来的维修工人在换装蒸汽管线的一个零件时关掉了蒸汽机之后又忘了打开，使得对饲料进行烘热处理时温度降低，进而导致尿素酶含量超标。

吉姆全程跟踪并亲自处理了这一突发事件，正是由于吉姆的参与，不安全的饲料才没有被运出工厂，安全隐患才得以在最短的时间内找到并被排除，公司的损失才被控制在最小范围内，公司的形象才得以保全，公司开拓市场的计划才能继续被执行下去。

领导者的及时跟进是相当重要的。在跟进的过程中，不但可以协助和支持下属顺利完成任务，而且还能监督下属，避免其偏离正确的方向。

企业领导者应该对下属的工作进行跟踪，及时发现问题，及时决策，及时提供支持。当然，领导者尤其是高层领导者都有许多工作要做，一忙起来可能就把对计划进行跟踪这件事忘到脑后了。所以，为了保证领导者能及时跟踪，应建立一个跟进计划，以保证工作的顺利进行。

跟进计划的内容应包括以下几项：目标是什么；什么人负责这件事；什么时候、通过什么方式，使用何种资源完成任务，等等。

跟进计划的内容是固定的，但形式却可以灵活多变，尤其是高层领导者因为要从整体上把握工作，所以更需采用简单有效又灵活多变的办法。

罗兰·贝格是一家大咨询公司的创始人和总裁。就像所有大公司的领导人一样，罗兰·贝格每天需要与各方面的人打交道，处理各种各样的事务，可谓日理万机。但同大多数高层领导人不同的是，他从不会忘记哪怕一件小事，在一项计划进行到规定完成的最后期限，有关的负责人总会接到罗兰·贝格打来的询问事情进展情况的电话。是罗兰·贝格记忆力超过常人吗？非也。他有自己的跟进方法。他每天都接触大量的各色各样的人物，处理各种各样的事务。为避免遗忘本应自己去做的事，他随身带了一个小录音机，每一件需要自己去做的事他都会用录音机记下来，再由秘书打印后发放给相关人员。他通常每天会发出 40～50 个给不同人的"内部备忘"。这当然是在完成一个领导者的首要任务：布置工作和作出某些决定。但这仅仅是事情的开始。每一份内部备忘都会被写上一个时间，到了这个时间，秘书就会把这个内部备忘重新放在罗兰·贝格的案头。所以，没有任何一个人能够侥幸让他忘记一件他关心过的事情，他总能在合适的时间向负责执行某项工作的人员询问事情的进展。

信任固然好，监控更重要。及时适度地跟进计划并非不信任某人的表现，相反，这只能表明你重视某件事情，所以适度的跟进并不会损害员工的工作积极性。当然，跟进计划一定要注意两点：一是及时。只有在第一时间发现阻碍工作进行的障碍，才能尽快排除障碍，确保工作的顺利进行。二是要注意适度。领导者需要的是跟进计划，而不是去具体执行计划，领导者需要做的是鼓励员工把执行工作落到实处，而不是越权指导，更不是直接插手去落实，这样只会把事情弄得更糟。所以，领导者应掌握跟进的艺术，既保证战略规划得到不折不扣的执行，又不损伤员工的积极性，只有这样才能取得好的效果。

12. 应合理控制权力过重部下的权力

部下权力过重，难免会拥"兵"自重，这无论是对管理者本身还是对整个组织来说，都是一个非常大的隐患。一旦权力过重的部下起了二心，必将带来严重后果。

有一个企业的总经理，对业务部经理的能力很是倚重，不但业务部人员的安排、业务开展等事完全交给他决策，而且有关企业营销战略的重大问题也基本由此人说了算。长此以往，此人拥"兵"自重，后来带领全部业务骨干另创新企业，把原企业的客户一股脑带了过去不说，整个营销模式完全套用原企业的。一个好端端的企业一下子成了空架子。这不能不说是那位总经理管人、分权问题上的重大失误。

这里还有一个古代的例子。异姓诸侯王是西汉王朝建立前后分封的非刘姓的诸侯王。翦灭异姓王，是汉高祖为巩固专制主义中央集权所采取的重大方略。

当时的异姓诸侯王共有 7 个：楚王韩信、梁王彭越、淮南王英布、赵王张耳、燕王臧荼（卢绾）、长沙王吴芮和韩王信。其中除吴芮和韩王信外，其他 5 人在楚汉战争中协助汉王刘邦争夺封建统治权力都立有汗马功劳。异姓诸侯王的分封，除了当时实际的政治、军事需要外，还有着相当深远的历史背景。

秦始皇统一六国后，废除周代以来的分封制，在全国范围内确立了郡县制。诸子和功臣仅赐以爵禄，不封授土地。然而，分封制的社会基础并未因此而消除，割地封侯的思想还相当普遍地存在于人们的头脑中。秦末农民大起义爆发后，六国贵族的残余势力纷纷乘反秦之机割地称王。当时，齐国的田儋自立为齐王，魏咎立为魏王，韩广为燕王，武臣为赵王，等等。秦朝灭亡后，反秦武装中力量最强的项羽，为了巩固自己的盟主地位，不仅承认了六国贵族并立为王的局面，还自封为西楚霸王，并继续分封自己的亲信为王。于是，形成了所谓十八路诸侯。在楚汉战争过程中，汉王刘邦为了分化瓦解项羽的势力，一方面拉拢项羽分封的诸王，如张耳、英布、吴芮、臧荼等；另一方面也不得不满足其重要将领割地分封的要求，陆续封了一些诸侯王。如汉高祖四年（前203）春，韩信在平定齐地后，请求立为假齐王。刘邦当时处境狼狈，听到这一消息十分气愤，但为了笼络利用韩信，就听从张良的意见，索性封他为真齐王。随后，为了调动兵力围歼项羽，于同年七月封英布为淮南王；次年十月，又划睢阳以北至谷城封给彭越。这些诸侯王因为不是刘姓宗室，故史称异姓诸侯王。到汉高祖五年五月刘邦称帝时，这些异姓诸侯王大抵占据了战国时期东方六国的大部分疆域。

西汉初年，由于社会经济凋敝，封建统治秩序尚待重建，汉高祖不得不暂时维持现状。但是，对异姓王势力的膨胀也保持着高度的警惕。如垓下之战结束、项羽败死后，刘邦立即夺韩信的兵权，同时将他由齐王徙为楚王，都下邳。汉高祖五年（前202）七月，张耳病死。不久，燕王臧荼谋反，刘邦亲自领兵讨平。剩下的五人中，楚王韩信、梁王彭越、淮南王英布对西汉王朝的建立立有汗马功劳，且手握重兵，成为汉高祖的心腹之患。于是，刘邦在吕后的协助下，采取强硬的对策，一一翦除了异姓王的势力，甚至不惜采用肉体消灭的残酷手段。

汉高祖六年（前201），刘邦以韩王信壮武，封国北近巩、洛，南迫宛、叶，东有淮阳，皆天下劲兵处。于是，另以太原为韩国，徙信以王之，为防备匈奴的侵扰，原都晋阳，后徙治马邑。这年秋天，匈奴冒顿单于率大军包围马邑，韩王信多次派使者去匈奴求和。汉高祖怀疑韩王信有二心，赐书责备。韩王信心中恐慌，就索性投降匈奴，并与匈奴相约共同攻汉。次年，刘邦亲自领兵征讨，韩王信逃入匈奴，后来与匈奴联兵侵扰边郡，被汉军杀死。

楚王韩信刚到封国时，巡行县邑，经常陈兵出入，于是被告发谋反。汉高祖采用陈平的计策，借口巡游云梦，会诸侯于陈，乘机逮捕韩信，带至洛阳，贬为淮阴侯。刘邦仍不时与他讨论用兵之道。汉高祖十一年，陈豨谋反后，韩信与陈暗通声气，并于次年乘高祖率军平叛之机，图谋诈诏赦诸官徒奴，袭击吕后和太子，结果为人告发。吕后在萧何的策划下，将韩信骗至长乐宫钟室处死，夷三族。汉高祖听说这消息，且喜且哀之。

陈豨谋反，汉高祖亲自率兵平叛。他向梁王彭越征兵。彭称病，不愿前往，从而引起刘邦的不满。后梁太仆告发彭与其将扈辄谋反，遂逮捕彭越，废处蜀地。途中彭越遇见吕后，向吕后哭诉，自言无罪，请求改徙昌邑。吕后假意许诺，将彭越带到洛阳，对汉高祖说："彭越壮士也，今徙之蜀，此自遗患，不如遂诛之。"于是指使彭越的舍人出面告发彭越谋反，由廷尉审理后夷越宗族。又命人将彭越尸体剁成肉酱（"肉醢"），遍赐诸侯，于是更引起了其他异姓王的恐慌。

淮南王英布本来是项羽的部下，与刘邦并无渊源。他见韩信被诛，心中本已不安，收到彭越的"肉醢"后，更是惊恐万状，立即私下集合部队，加强警戒。结果被人告发谋反。汉高祖十一年七月，英布起兵谋反。刘邦发兵征讨，并于次年十月平定淮南。

取代臧荼立为燕王的卢绾，与刘邦的关系最为亲密。因为陈豨谋反的事受到怀疑，刘邦派使者召绾。卢绾称病不行。他对幸臣说的一番话倒很能说明问题："非刘氏而王者，独我与长沙耳。往年汉灭淮阴，诛彭越，皆吕后计，今上病，属任吕后。吕后妇人，专欲以事诛异姓王者及大功臣。"汉高祖得知报告，非常愤怒，认定卢绾谋反。高祖死后，卢绾遂率其众亡入匈奴。其实，卢绾的话并不全面，诛灭异姓王出自刘邦的本意，只是吕后更心狠手辣而已。

13. 谨防"反授权"

管理者在授权过程中和在授权以后，要注意防止"反授权"。所谓反授权，是指下级把自己所拥有的责权反授给上级，即把自己职权范围内的工作和问题推给上级，矛盾上交，"授权"上级为自己工作。这样，使理应授权的上级领导反被下级牵着鼻子走，处理一些本应由下级处理的问题，使上级领导在某些方面和某种程度上降为下级的下级。对此如不警惕，不仅使上级管理工作被动，忙于应付下级请示、汇报，而且还会养成下级的依赖心理，从而使上下级都失职。

作为管理者，要从根本上防止反授权，必须从自身做起，彻底根除造成反授权的种种原因。如果是由于自己过于揽权或对下级工作不放心而造成反授权，作为管理者应该自觉放权，放手让下级开展工作。如果反授权是由于下级水平不高、缺乏独立决策能力造成的，作为管理者应从提高下级领导能力入手，为下级指出解决问题的途径和办法，但不能包办代替。如果反授权是下级出于讨好上级的目的，作为上级应保持冷静的头脑，切不要为下级的一味"请示"、"汇报"所迷惑。同时，对下级的各种反授权行为给以中肯的批评，使之认识自己的问题，明确自己的职责，立足以能力和政绩赢得上级的信任和器重，而不能把心思和精力用偏了。如果是下级怕负责任，遇到棘手的矛盾就往上交，遇到能讨好别人、捞名捞利的事就往上钻，就应严肃批评，必要时收回权力。领导者如果以这种态度对待反授权，反授权现象就难存在了。

第四章

按制度办事与
讲究管理技巧不可或缺

一个单位里人多事杂，坚持原则是不可替代的管理手段，按原则办事，可以把手下人纳入到一个正确的工作轨道上来。但按原则办事不能过于机械，一些灵活的管人管事的技巧也是不可或缺的。

1. 建立健全组织机构

组织形式是公司赖以存在的骨架，是命令得以传布的渠道。组织形式不健全，管理者就无法使其指挥发生功效。

一个人受其能力所限，所能指挥的人员必定有一定的限度，直接管理 4~6 人为宜。

日本著名管理专家山本成二就提出，主管的要素有三：人为；目标的贯彻；各自的自发行动。

所谓"人为"，意思是指附加于人的行动，"为了有效地发挥组织的力量，必须适当地限制部下的自由意志"。

管理者必须明白，领导力就是建立在这种冷酷的事实之上，而且必须了解到，意志的自由不愿意受到限制，此乃人类的本能，所以应该尽可能减少这种限制，进而减少这种限制对部下产生的心理上的刺激。

因此，管理者应该多运用积极的刺激，而不能用消极的刺激。甚至要使人类生理上动物本能的部分也能均衡地运作，以使部下不至于产生意志的自由受到限制的不愉快感觉。

这一点，可以说是管理者领导成功与否的关键所在。

以平常人而论，如果桌上摆三四部电话，尚可以应付得来，如果超过了六部电话，连哪一个在响大概都分不清楚。

同样，如果要使数人同时运作，就得适当地加以分组。以一个2000 人的公司为例，可以分成 5 个部门，一个部门又可以分为 4 个科，一个科又可分 5 个股，每股之下再分 4 个组，这样最小的组织单元就仅有 5 个人。适当地把权责委任给各部门经理、科长、股长、组长，那么指挥 2000 人，就如同指挥 4~5 个人一般轻松。

军队的组织常采用三三制，这样的组织最容易指挥，办公室、工厂自不必像军队那么严谨，可以稍微放松些。

比如说，一个工长如果管理 20 名车床工的话，他可以把他们分为 3 个组，自己只需指挥 3 个组长即可。

指挥的人数与号令、命令、训令之间有很大的关系。体操的号令，只要通过麦克风，一个人就可以指挥几万人，因为集体操的动作都一样。

如果每个人的动作各不相同，也就是说对每个人都得下不同的号令时，那么能够指挥的人数顶多就是 3 人，而且 3 人就足以让管理者手忙脚乱了。

而训令的方式只在于表明意图，实行的方法采用放任为主，所以是一种能指挥最多的人数的方式。

至于编组中的个人，必须只接受一人的命令进行动作。如果有两位上司的话，他们同时下了不同的命令，就会使受令者难以适从。

因此当适当的组织形式健全之后，各级领导就必须尽量避免越级指挥，也不允许下级随意越权上报。

举例来说，厂长最好不要越过各车间主任而直接命令工长，而且还要避免同级的两个部门同时对一个下级单位发布命令，因为一旦这些命令是相互冲突的，那么组织的工作就会发生混乱。

2. 建立严格的用人制度

制度需要严格执行，已是不争的事实。企业在用人时更要如此。在用人方面日趋严格，这已经是大势所趋。松松垮垮的领导只会把一个团队搞成一盘散沙，无法协作工作。

著名企业马克西姆餐厅的用人制度十分讲究，对于员工严格任用、严格管理，使每个员工都素质很高。

　　严格任用就是用高标准来要求员工，以事择人，不能勉强。一旦发现用人上的失误和漏洞要及时修正，不能将就。马克西姆餐厅有着严格的等级制度，在提升和任用各级管理人员时，有着十分严格的标准。不够条件或条件不成熟的，绝不轻易迁升。没有达到领班水平的，绝不能提升为领班，即使在领班短缺的情况下，也不可改变这一原则。这样做的结果是最大程度地保证了每一级工作人员的水平，有利于提升整个餐厅的服务水准。

　　严格管理主要体现在各项规章制度上。马克西姆餐厅从卫生条件到服务，甚至到回答客人的各种问题，都有严格的规定。内容全面具体，任何员工都不得违反。例如有这样一条规定：对顾客提出的任何问题，永远不能回答不知道。如果遇到自己不清楚的问题，应向客人说明，马上去问，然后给顾客一个满意的答复。这在服务人员中已经形成了一种职业习惯，即必须尽力给顾客以满意的回答。

　　规章制度的建立并不困难，难的是长期有效的执行。马克西姆餐厅在这一点上，有它自己的独到之处。虽然它们也像其他企业一样有着严格的惩罚条例，但它们更注重调动工作人员的积极性，使他们能够比较自觉地遵守各项制度。

　　有章可循是用人的关键点，在管理中落实下去也同样重要。不能随意姑息迁就，否则就会使企业疏于管理而陷入混乱。只要全体工作人员都能认真主动地工作，就能够给企业带来财富。

3. 设计好薪酬制度

　　工资是企业付给员工的合理报酬。它应当是公正的，而且应尽可能使员工和企业管理者都感到满意。报酬率首先取决于不受领导的意愿和员工的价值观支配的环境，如生活费用、人员的余缺情况、一般经营条件、企业的经济地位等。其次取决于采用的支付方式。常见的工资支付方式有计时、计件、包工3种。这些方式各有利弊，其效果取决于环境和领导人的能力。支付方法和报酬率有赖于管理部门的能力和才智，工人的热忱和车间的平静气氛也在很大程度上依赖于它们，如果运用得好，便可激励员工的干劲。

既然薪酬在激励中具有重要作用，领导者在设计与管理正规化的薪酬制度时，应遵循以下原则：

（1）公平性原则。企业员工对工资分配的公平感，也就是对工资发放是否公正的判断与认识，是企业在设计工资制度和进行工资管理时首先需要考虑的因素。这里的公平性包括3个含义：本企业工资水平与其他同类企业工资水平相当；本企业中同类员工工资水平相当；员工工资与其所做贡献相当。

（2）激励性原则。企业在内部各类、各级员工的工资水准上，适当拉开差距，真正体现按贡献分配的原则。平均主义的"大锅饭"、分配制度的落后性及其奖懒罚勤的负面作用，人们分析得已经很多了，这里不再赘述。

（3）竞争性原则。在社会上和人才市场中，企业的工资标准要有吸引力，才足以战胜其他企业，招到所需人才。究竟应将本企业摆在市场价格范围的哪一段，当然要视本企业财力、所需人才可获得性的高低等具体条件而定。但要有竞争力，开价至少是不应低于市场平均水准的。

（4）经济性原则。提高企业的工资水准，固然可提高其竞争力与激励作用，但同时不可避免地会导致人力成本的上升。所以，工资制度不能不受经济性原则的制约。不过企业人力资源主管在考察人力成本时，不能仅看工资水平的高低，还要看员工所能取得的绩效的水平。事实上，后者对企业产品的竞争力的影响，远大于成本因素。也就是说，员工的工作热情与革新精神，对企业在市场中的生存与发展起着关键作用，若过多计较他们的工资给多给少，难免因小失大。

4. 建立竞争机制

我们正处在一个充满竞争的时代，管理者必须重新界定自己和企业的地位。无论你的企业是盈利的或非盈利的，都必须面对高利润企业的高效率竞争，若不及时反省管理原则，随时都有可能惨遭淘汰。

管理者应向下属说明企业竞争力的重要性。强有力的竞争，可以促使员工发挥高效能的作用。因此，在对下属的管理中，引入竞争的机制，让每个人都有竞争的意识并能投入到竞争之中，组织的活力就永远不会衰竭。

心理科学实验表明，竞争可以增加一个人50%或更多的创造力。每个人都有上进心、自尊心，耻于落后。竞争是刺激他们上进的最有效的方法，自然也是激励员工的最佳手段。没有竞争，就没有活力、没有压力，组织也好、个人也好，都不能发挥出全部的潜能。

美国企管专家认为，没有竞争的后果的主要原因有：一是自己决定唯一的标准；二是没有理由追求更高的目标；三是没有失败和被他人淘汰的顾虑。

当前，我们许多企业办事效率不高、效益低下，员工不求进取、懒散松懈，从根本上说，是缺乏竞争的结果。鉴于此，要千方百计将竞争机制引入企业管理中。只有竞争，企业才能生存下去，员工才能士气高昂。

竞争的形式多种多样，例如，进行各种竞赛，如销售竞赛、服务竞赛、技术竞赛等；公开招投标；进行各种职位竞选；用几组人员研究相同的课题，看谁的解决方式最好；等等。还有一些"隐形"的竞争，如定期公布员工工作成绩、定期评选先进分子等。你可以根据本企业的具体情况，不断推出新的竞争方法。

竞争中要注意的问题是竞争的规则要科学、合理，执行规则要公正；要防止不正当竞争，培养团队精神。有些竞争不但不能激励员工，反而挫伤了员工士气。如果优秀者受到揶揄，就是规则出了问题，不足以使人信服。

竞争中任何一点不公正都会使竞争的光环消失，如同一场裁判偏袒一方的足球赛。如竞选某一职位，员工知道领导早已内定，还会对竞选感兴趣吗？如进行销售比赛，对完不成任务的员工也给奖，能不挫伤先进员工的积极性吗？失去了公正，竞争就失去了意义，只有公正才能达到竞争的目的。

凡是竞争激烈的地方，经常发生不正当竞争，如：不再对同事工作给予支持，背后互相攻击、互相拆台；封锁消息、技术、资料；在任何事情上都成为水火不相容的"我们和你们"；采取损害公司整体利益的方法竞争；等等，这些竞争势必破坏团队精神。企业的成功依赖于全体员工的团结、目标一致，而不正当的竞争足以毫不含糊地毁掉一个组织。

为了避免不正当竞争的弊端，一是要进行团队精神塑造，让大家明白竞争的目标是团队的发展，"内耗"不是竞争的目标；二是创造一个附有奖励的共同目标，只有团结合作才能达到；三是对竞争的内容、形式进行改革，剔除能产生彼此对抗、直接影响对方利益的竞争项目；四是创造或找出一个共同的威胁或"敌人"，如另一家同行业的公司，以此淡化、转移员工间的对抗情绪；五是直接摊牌，立即召见相关方面把问题讲明白，批评彼此暗算、不合作的行为，指出从现在开始，只有合作才能受到奖励，或者批评不正当竞争者，表扬正当竞争者。

不可否认，竞争确有负面的影响，尤其在员工素质较差时，可能会出现一种无序的恶性竞争或不良竞争，影响企业的发展。但竞争的好处是显而易见的，利大于弊。领导者还是大胆地鼓励竞争吧！只有平庸的员工才害怕竞争。

5. 制度的建立和完善应始终放在首位

对于管理下属而言，哪怕是有缺陷的制度，也比没有制度好得多。管理者以制度说话永远比依靠个人的发号施令更有力度，也更有效率。古今中外制度的内容和角度多有不同，但紧握"制度"这柄尚方宝剑的出发点却是一致的。

有这样一件事可以说明制度的重要性。

18世纪末，英国人来到澳洲，随即宣布澳洲为它的领地。但是，怎么开发这个辽阔的大陆呢？当时英国没有人愿意到荒凉的澳洲去。英国政府想了一个绝妙的办法：把犯人统统发配到澳洲去。一些私人船主承包了运送犯人的工作。最初，政府以上船的人数支付船主费用，船主为了牟取暴利，尽可能多装人，却把生活标准降到最低，所以犯人的死亡率很高。英国政府因此遭受了巨大的经济和人力资源损失。英国政府想了很多办法都没有解决这个问题。后来一位议员想到了制度。那些私人船主利用了制度的漏洞，因为制度的缺陷在于政府付给船主的报酬是以上船人数来计算的！假如倒过来，政府以到澳洲上岸的人数来计算报酬呢？政府采纳了他的建议——不论你在英国装多少人上船，到澳洲上岸时再清点人数支付报酬。一段时间以后，英国政府又作了一个调查，发现犯人的死亡率大大降低了，有些运送几百人的船经过几个月的航行竟然没有一个人死亡。犯人还是同样的犯人，船主还是那些船主，制度的改变解决了所有的问题，这就是制度的力量。

在现代社会的企业管理中，制度的重要性更是不言而喻。

企业是关于人的组织，而人的复杂多样的价值取向和行为特质，要求企业必须营造出有利于共同理念和精神价值观形成的制度和文件环境，并约束、规范、整合人的行为，使其达成目的的一致性，最终有助于企业共同利益的实现。因为从根本上说，经济学关于人性本懒惰自私的假设在商品经济社会里从提高管理效率的角度来说，还是放之四海而皆准的。所以，在任何单位里，都需要规章制度。一套好的规章制度，甚至要比多用几个管理人员还顶用。

无论制定什么样的规章制度，事前都要详细了解实际情况，整理分析各类问题，再制定规则，这样才有意义。若徒有冠冕堂皇的条文，而与现实情形背道而驰，则无异于一纸空文。

另外，作为一套规章制度必须与时俱进，必须适应时代的变化，才能发挥管好人的作用。

因此，作为一个管理者，必须时刻注意本单位的规则，发现不切实际或不合情理的要及时纠正，不断改革。这一点很重要。可以这样说，一个好的规章制度，必然是不断发展不断改革着的。这样的规则是活的规则，只有活的规则才有意义。

6. 坚决抛弃法不责众的思维定式

有的管理者认为，只有照多数人的意见办事才不会把事情闹大，才能和平地收拾局面。其实不然，不讲原则，迁就多数，势必后患无穷。

现代社会讲民主，因此，少数服从多数成了理所当然的事。如果这个多数是由知识水准很高的人组成的，当然没有问题。但是，如果这个"多数"的组成分子都是些没知识的（我们这里所说的"知识"，不仅仅指文化知识），那多数人的意见就不一定是正确的。

重要的是对真理的判断，哪边有真理，哪边就是对的。

有些心怀叵测的人很会蒙骗群众，以"多数"做后盾而提出无理要求，这样的"多数"就无须服从。在这种情况下，管理者可能会显得孤立，但这并不可怕，这种孤立必定是暂时的。

某厂有个工人盗窃了厂里的木材，数量虽然不很大，但性质肯定是偷盗。因为这人是木工，平时上上下下找他敲敲打打的人很多，都与他有点交情，于是，便都为他求情，只有厂长坚持要依厂规处理。

有人就说："少数服从多数嘛。"厂长理直气壮地说："厂规是厂里最大多数的人通过的，要服从，就服从这个多数。"

一时间，厂长似乎有点孤立，但时间一长，理解和赞同他的人便越来越多，而偷盗厂内财物的情况也从此大为减少了。

像我们刚才所说的那件事，如果听了大多数人的意见，不加处理，或从轻处理，不仅厂里的偷盗之风会愈演愈烈，厂规厂纪也将成为一纸空文。届时，厂长威信扫地，这才是真正的孤立呢。

处理问题是如此，实施新规定也是如此。

新的意见和想法一经提出，必定会有反对者。其中有对新意见不甚了解的人，也有为反对而反对的人。一片反对声中，管理者犹如鹤立鸡群。这种时候，也要学会不怕孤立。

对于不了解的人，要怀着热忱，耐心地向他说明道理，使反对者变成赞成者。对于为反对而反对的人，任你怎么说，恐怕他也是不想接受的，那么就干脆不要寄希望于他的赞同。

真理在握，反对者越多，自信心就要越强，就要越发坚决地贯彻执行。

有家商店，店面虽然不大，地理位置却相当好，由于经营不善，连年亏本。新管理者一上任，便决意整顿。

他制定一系列规章制度，这样一来，就结束了营业员们逍遥自在的日子，因此遭到一片反对之声，新管理者被孤立了。但他坚持原则，说到做到。不到两年，小店转亏为盈。当年终颁发奖金的时候，一个平时最爱在店堂里打毛线、因而反对新规定也最坚决的女士说："嗯，还是这样好。过去结绒线，一个月顶多结一两件，现在这些奖金足可以买几件羊毛衫了。"

管理者以法不责众的做法求得一时的不孤立，最后只会更加孤立。

假若他当时不搞改革，弄到工资也发不出的地步，他还能不孤立吗？

管理者在管人的过程中一旦形成"法不责众"、"迁就大多数"的思维定式，就会束手束脚，就会丧失原则。管理者欲求大多数人的支持，创造积极的管人局面，就必须坚决抛弃这种思维定式才行。

7. 制度下以身作则

在一个公司中，管理者的行为是员工们的榜样。制度作为大家共同遵守的准则，对管理者的要求远胜普通员工。管理者只有在制度下身体力行，以身作则，才能维护自己在员工心目中的威信，才能让下属自觉地遵守制度。

许多员工眼中的管理者，都具有某种他人所没有的特质，若你不具备某种独特的风格，就很难获得员工的尊敬。在此特质中，最重要的即在于管理者的"自我要求"。你是否对自己的要求远甚于对员工的要求呢？偶尔，你会站在客观的立场，为对方设身处地地想想吗？这种态度与涵养是身为管理者所必备的。一天到晚只为自己打算的人，绝非优秀的管理者。

员工服从管理者的指导，其理由不外下列两点：一是因管理者地位既高，权力又大，不服从则将遭受制裁。二是因管理者对事情的想法、看法、知识、经验较自己更胜一筹。

这两个条件无论缺少哪一个，下属都将叛离而去，而其中第二点尤为重要。因此，作为一个管理者应当时刻不忘地如此反省自己："我的各方面能力比不比员工强？想法、看法以及做法是否比他们优秀？我应当怎样做才能更出色？""在要求员工做一些事情之前，我是否应先负起责任，做好领导工作呢？""我是否太放纵自己了？要求别人做到的，我自己有没有做到？"

优秀管理者对自己的要求远甚于员工，常会站在客观的立场设身处地为员工着想。一天到晚为自己打算的人，绝非一个优秀的管理者。

让人遗憾的是，多数管理者总是忽视或没有能力做到这个"自我要求"，发生错误总是喜欢归咎于他人。一些荒谬透顶的事，他们做起来会感到特别安心。譬如一个公司必须开发新产品了，赶紧召开员工大会，一个无能的管理者常为自己大脑空空而坦然，却在抱怨别人："这些家伙尽是窝囊废，竟然拿不出一个新构想！"其实，新构想不能全靠员工去构思，身为管理者应该先动动脑筋，先制定个框架，或先指明个方向，然后再要求员工全力筹划，这样靠着双方的努力才能顺利达成目标。如果只是把责任全部推给员工，即使事情成功了，也会失去员工对他的信任。要知道，如果员工在心里对一个管理者没有什么信任可言了，那么就别想让他们再很好地服从他的管理了。

有句老话是"善为人者能自为，善治人者能自治"。一个公司的业务能否在激烈竞争的环境中得到发展，关键之处还在于管理者是否有正确的自律意识。管理者只有身体力行，以身作则，才能建立起人人遵守的工作制度。比如说要求公司的员工遵守工作时间，管理者首先要做出榜样；要求员工对自己的行为负责，管理者也必须明白自己的职责，并对自己的行为负责。

培养良好的自律性、成为员工的表率，最好能参照以下几点建议身体力行。

（1）乐于接受监督。据说，日本"最佳"电器株式会社社长北田先生，为了培养自己员工的自我约束能力，自己创立了一套"金鱼缸"式的管理方法。他解释说，员工的眼睛是雪亮的，管理者的一举一动，员工们都看在眼里，如果谁以权谋私，员工们知道了就会瞧不起你。"金鱼缸"式管理就是明确提出要提高管理工作的透明度，管理的透明度一大，把每个人置于众人监督之下，每个人自然就会加强自我约束。

（2）保持清廉俭朴。作为一个公司管理者，应该清楚自己的节俭行为，不管大小都具有很强的导向作用。管理者的言行举止是员工关注的中心和模仿的样板。中国台湾塑胶集团董事长王永庆曾说："勤俭是我们最大的优势，放荡无度是最大的错误。"他是这样说的也是这样做的。在台塑内部，一个装文件的信封可以连续使用 30 次；肥皂剩一小块，还要粘在整块肥皂上继续使用。王永庆认为："虽是一分钱的东西，也要捡起来加以利用。这不是小气，而是一种精神，一种良好的习惯。"

只有不断地反省自己，高标准地要求自己，才能树立起被别人尊重的自我形象，并以其征服手下所有的员工，使他们产生尊敬、信赖、服从的信念，从而推动工作的发展。

8. 学会控制一下自己的形色

身居管理位置的人，最忌别人一看你的脸色、一听你的言辞就知阴晴寒暑、雨雪风霜。为什么？如兵法云：兵不厌诈，虚则实之，实则虚之；能而示之不能，战而示之不战。如果你不能推行诡道，不懂得心藏九天玄机，你就难以做到含而不露。如此，便会显现两大弊端：一是你的下属可洞悉你的心灵，使其可施展反操纵术，把你操纵于手心之中；二是你的观点、主张、决策、布置很容易被对手掌握，那样，你就只有等着葬送自己了。

要做到喜怒不形于色，最关键就是要含而不露。含而不露的优势在于，让对手充分暴露，并且让他无法搞清自己的意图。攻之，可乘其不备；击之，可自由安排。

喜怒不形于色的要点是：①在你欣喜或愤怒时，让别人看不出来，喜怒哀乐不露于形。②你的色或许是你内心的反面，又或许是你内心的表现，但都能达到你自己想达到的目的，都能为你的管理目的服务。

喜怒不形于色、含而不露，必须把握住迷惑对手的度，如果把握不好，过犹不及。在适当的时候也不妨"虚则虚之，实则实之"，以搅乱对方的判断思维。当然，这种手段必须是以不使自己受到严重损害为前提。喜怒不形于色、含而不露还应控制在让手下人能明白你的真实意图的度之中，否则，也会贻误时机。

当年刘备寄曹操篱下，青梅煮酒论英雄之际，难道一个雷鸣电闪果真能吓得刘皇叔酒杯掉落？这也不过是刘备藏锋隐芒的一种表演罢了。倘若此刻曹操看出端倪：此公日后将割据蜀国与我一争高低，那刘备就死到临头了。

但藏而不露的根本目的不在藏而在露，你必须看准时机，在该露的时候毫不犹豫，立刻脱颖而出。当然，在藏的时候，并非被动地四处躲藏，而是藏中有露，时藏时露，神龙见首不见尾，这样才能保证他日时机一到，你能一出必成。

9. 学会巧念紧箍咒

看过《西游记》的人都知道，孙猴子是众神中最难驯服的一个，但他为什么对唐僧俯首听命、唯命是从呢？因为唐僧会念紧箍咒。虽然唐僧既不会腾云驾雾，又不会什么变化，但他却掌握了管住孙猴子的法宝。

诸葛亮是中华民族杰出的政治家、军事家和外交家，他在民间一直被视为贤相的典范、智慧的化身。他在管人方面，不仅善于用人之长，还能巧妙地利用下属某一方面的缺点，让他们像戴上了金箍的孙悟空，本领再大，也得听他调遣。

早在刘备三顾茅庐时，诸葛亮就为他设计出一套成功的方案：占荆州，据蜀地，东和孙权，北拒曹操，以待时机统荆州之兵，进据宛洛；率益州之师，出击秦川，以兴汉室。诸葛亮出山之后，就是借此蓝图来辅佐刘备的。建安十三年，曹操基本平定北方后率大军南下，旨在消灭刘备、并吞江南。此时刘备兵少将寡，军事上连连失利。诸葛亮认为，刘备的唯一出路是联合孙权，打败曹操，先有立足之地，再图发展。于是他亲自出使东吴，舌战群儒，说服孙权，智激周瑜，促成了孙刘联盟。又从多方面帮助周瑜，为即将开始的赤壁之战的胜利打下了坚实的基础。根据诸葛亮的判断，曹操兵败赤壁后必经华容道出逃，届时生擒，如囊中取物。但捉后如何处置，倒成了一大问题。他反复分析后认为：如杀之，则中原群龙无首，势必四分五裂，你争我夺，东吴便会乘机向北发展。一旦时机成熟，将会掉过头来吞并刘备。如不杀，也已灭其主力，一时无力南侵，还能牵制孙吴。若如此，刘备则可乘机占领荆州，进军巴蜀，正符合他隆中对时的设想。鉴于此，诸葛亮便考虑起人员的调配。他认为，张飞坦率急躁，捉住曹操后是不会放走的。赵云忠贞不贰，捉住曹操是不敢放走的。而关羽，他不但义气如山，还曾受曹操厚恩，而且是主公二弟，捉曹后定会释放。何况关羽还有一大缺陷：素凭百战百胜的威名有时傲气太重，若抓住他"捉放曹"的小辫子，也可届时给他点限制。主意已定，诸葛亮便将张飞、赵云、刘封和刘琦一一派出，唯对身边的关羽置之不理。关羽忍耐不住，就高声斥问："我历次征战，从不落后，这次大战，却不用我，竟是何意？"诸葛亮故意激他："关将军莫怪！我本想派您把守一个最重要的关口，但又一想，并不合适。"关羽很不高兴地问："有什么不合适的呢？请明讲！"诸葛亮说："想当初您身居曹营，曹操对您多方关照。这次他惨败后必从华容道逃窜，若您前去把守，必会捉而放之！"关羽抱怨他未免多心，还说自己斩颜良、诛文丑，又解白马之围，早已报答了曹操。若再遇他，决不放行。诸葛亮仍以言相激，终于激得关羽立下了军令状，才领兵去华容道埋伏起来。

果然不出诸葛亮预料，曹操在赤壁不但被周瑜烧掉了他苦心经营的全部战船，还烧毁了一连串的江边大营。曹兵被火烧水溺、着枪中箭，死伤不计其数。曹操仓皇出逃，又一路遭到赵云、张飞的伏击，最后只剩27骑，且又人困马乏，狼狈不堪地来到华容道。突然，关羽横刀立马挡住了去路。曹操吓得浑身瘫软，不住地乞求关羽饶命。其随从也一个个跪地乞怜。关羽终于念及当初，遂起恻隐之心，不顾事先立下的军令状，高抬贵手放走了曹操，灰溜溜返回大营。诸葛亮又照事先设想，特地迎接关羽，更使关羽无地自容。当关羽有气无力地禀报了原委，诸葛亮装作恼怒的样子要对他处以军法，刘备一再求情，才免了关羽死刑，令他戴罪立功。

诸葛亮精心设计的"捉放曹"，完全达到了预期的目的。后人每谈及此事，都赞扬说："诸葛亮智绝，关羽义绝。"而诸葛亮之智正在于实现自己战略设想的同时，还顺便以"抓小辫"的方式制服了平常不大服从管理的关羽。

10. 掌握管理中的平衡术

在管理活动中，有时会遇到这种情况：你的下属分为不同的派别，每一个派别都拥有自己的力量。在这种情况下，如果你还没有实力将他们一一掌控，平衡各方力量以达到对全局的管理和控制就成了首要之选了。在这方面，东晋时期的政治家王导的确是个集大成的人物。

东晋是一个没有秩序的社会。当时，北方早就天下大乱，叛乱、夷侵，裂地为王者不计其数。南方的东晋朝廷也处于各种力量的冲突之中，如中原来的贵族力量、江南望族、皇亲国戚等。他们彼此之间的利害关系各不相同。王导意识到，国家根本就没有一个共同的奋斗目标，此时，稳定才是最为重要的。这样，王导就明确了自己的使命：平衡各方关系，极其务实地消除社会矛盾。总之，面对大风大浪和急流险滩，小舟不沉就是胜利。

为了团结南方望族，王导不顾北方人的蔑视，平时与人交往多用南方语气，还向南方的陆氏家族提亲。陆家是吴国名将陆逊之后，声望极高，他谢绝了王导的提亲，但是王导并不在意。平时处理政事时，出身南方望族的下属有冒犯之处，王导也多方体谅，不当回事。如果对方言之有理，还予以采纳。所以，傲气的南方望族感到与王导还合得来，与东晋王朝的关系也融洽多了。

南迁的中原贵族也是一支举足轻重的力量。王导本人是北方士族出身，自然有控制力。一次，这些北方名流在建康郊外欢宴，席间忽然有人叹息道："此地虽然风景美丽，但终非故国景色，洛阳真是令人怀念啊！"在座诸人无不相顾挥泪。这时，王导严厉呵斥道："正因为故国易色，我们更得团结一致，振兴晋室，哭有什么用呢？"众人于是纷纷拭泪，并发誓复国。

但是王导明白，在当时的情况下，复兴晋室只是内聚北方士人的公关手段，在他的内心，若能安定东晋已是极为不易的了。所以，主战派多次提出"北伐收复失地"的主张，均未得到王导的支持。对于北伐名将祖逖等人，东晋王朝的态度也是消极的，因为从稳定的角度考虑，以北伐为国策并不符合南方望族的意愿，而且，一旦大肆北伐，新形成的北方势力也可能危及东晋王朝。既团结北方士族又协调朝廷的关系，就此而论，王导的策略是成功的。

有一次，叛军攻打建康，将军温峤擅自将皇帝巡幸必往的朱雀桥烧掉了。皇上知道后暴跳如雷，但是温峤并不在意，连道歉的意思也没有。王导知道此事可能会造成的后果（或者它本身就是一种信号），于是匆忙赶来为温峤说情："皇威之下，温峤不敢说话，请皇上面察。"这既保住了皇上的面子，也给温峤一个台阶下。温峤也就势道歉，化解了一场可能产生的内乱。

平时，对于各地的叛乱，王导尽可能大而化小。如此做法自然令人不满，但是王导也有其苦衷。对于一个虚弱的王朝来说，不顾一切硬拼可能远不如忍耐一时、等待变化更为明智。当然，王导对军队力量也并不是毫无节制的。譬如，他极力强化贵族的威势。有时候，叛军甚至已经占领了都城，并想当皇帝，至少来个挟天子以令诸侯。但是，一掂量，感到军队的威势还远远不够，结果，还是得将王导抬出来，这不能不说是个奇迹。

对于东晋朝廷，王导的策略是极力推崇它的皇威，以此号召天下。同时限制皇族势力的发展，使政局不致失衡。在公开的场合，王导是诚惶诚恐，礼数周到；当他独自面对君王时，又敢于犯颜直谏，甚至直言无忌。一次，晋明帝问温峤，自己的司马氏祖先是如何统治天下的，温峤一时语塞，不知如何回答。王导道："温将军时值壮年，不熟这段历史，就由微臣代他回答吧！"于是，王导从司马懿如何清除异己开始，一直到司马昭是如何杀害魏王曹髦，诸般险事——道来，毫无隐瞒。明帝听了不禁为之叹服，说："如此看来，朝廷的命运也是在天之数了。"

当然，王导之所以能这样做，除了高超的平衡策略，还在于王氏家族有着巨大的力量，当时谚语曰："王与马，共天下。"但是王导也知道，对王姓家族的势力若不加以限制，也会破坏脆弱的平衡关系。

东晋的建立，王导与其堂兄王敦出力最大。后王导任宰相，而王敦任大将军，领重兵在外。如此局面，又使得皇帝有愧偪之感，便有意削弱二王之权。王导不动声色，颇令士大夫同情。王敦则不然，他本来就有野心，干脆借口除奸而率兵杀向建康。

以当时的客观力量而言，朝廷远不及王敦，而且宫中也有议论，认为王敦造反有理。但是王导心里丝毫不愿与王敦合谋，他认为唯有司马氏才是安定的象征，王氏家族在安定的情况下，不必因此而失衡，否则王氏家族同样遭到迫害。何况以王敦的个性，一旦大权在握必定酿成大祸。

于是，就出现了这样有趣的一幕：一面是王敦的造反；一面，王导却率领以四个族弟为首的20余位族人，每日清晨去中书省自请裁定。当时，朝廷虽然也有人上书要灭王门九族，王导也清楚，晋元帝不敢那么做。但是他仍通过各种渠道疏通关系，终于重新获得了元帝的信任，元帝赐其"大义灭亲，一代忠臣"的诏书，将国家大事重新委托给了王导。趁着王敦的叛乱，王导在朝廷中的地位反而变得更加稳固。两年以后，王导发兵灭了王敦，消除了危及平衡的大障碍。本来，王敦叛乱，王氏家族理应受罚，但是皇帝却作了非常处理："王导大义灭亲，应恕其罪至百代之后。"王氏家族从而得以延续。

公元339年，64岁的王导去世。他先后担任三任宰相，自身没有任何积蓄，然而却以其独特的平衡策略，团结了各种社会力量，在风雨飘摇之中维持了东晋王朝的存在和社会的安定。而这，又不能不说是战乱之世的一大奇迹。

我们现代的管理者，在企业处于内忧外患时，如何保证企业的稳定并求得发展，王导平衡各方势力的做法就很值得我们学习借鉴。

11. 平衡力量不要搬石头砸自己的脚

平衡术虽有效，但并不是谁都能用得好的，也不是对什么下属都能用的。管理中需要平衡术，但也讲究放手用人，如果将可靠的部下定为平衡的对象，用不可靠的人来"平衡"他，只会搬起石头砸自己的脚。

我们对三国时期蜀国的第二代君主、刘备的傻儿子阿斗都不陌生，但是对他于诸葛亮去世后竟也用平衡术管理臣下的故事恐怕知者甚少，只不过他的大脑实在被刘皇叔摔出了毛病，以至于他"平衡"的对象竟是忠心护国的姜维，其结果也就可想而知了。

建兴十二年（234年），诸葛亮去世后，姜维回成都，升右监军辅汉将军，统率诸路大军，加封平襄侯。与蒋琬、费祎一道总理军国要务。后来，蒋琬、费祎、董允相继去世，姜维成为蜀国的主要军事首领，带兵征战在外。

而此时，朝中后主刘禅不思进取，朝政被陈祗、黄皓一班人把持。黄皓为宦官，与陈祗内外勾结，挟持了后主。延熙五年，姜维率兵出汉中伐魏，但又被魏将邓艾打败。姜维拥兵讨敌，连年攻战，又没有取得突出的军事进展，于是黄皓等人便开始在朝中弄权，排挤姜维。

后主怕姜维力量过大会影响到自己的安全，就想限制他的权力。为了钳制姜维，他重用黄皓，黄皓又重用马忠的部下阎宇，擢升他为右大将军。他们内外呼应，黄皓要用阎宇代替姜维。姜维也觉察到此阴谋，就在延熙六年（243 年）上书后主并期望后主杀掉黄皓。后主答说："黄皓只不过是一个奔走小卒而已，以往董允也切齿痛恨，我常常心中过意不去，你何必介意！"姜维见黄皓的关系网盘根错节，便缄默不再多说。后主饬令黄皓到姜维住处谢罪。姜维为了避祸，佯称到关中屯垦，就引兵离开了成都。

由于黄皓的钳制、掣肘，蜀国前线一败涂地。姜维上疏后主说："据说钟会屯兵关中，准备进犯，我们应派大将张翼、廖化分别领兵护守阳平关口和阴平桥头，以防患于未然。"但是黄皓为了抑制姜维，居然诓骗后主，假托巫谶迷信之道，称敌军肯定不会到来，让后主放心享乐。由于失去必要的防备，魏军很快就攻陷成都，灭了蜀国。刘禅虽用了平衡术，但不得要义，乱加钳制，结果灭国亡身，自食其果。

12. 善用"以下制下"之法

当对自己的下属有所怀疑之时，下属的下属倒可以成为一个能够利用的力量。

帝王对于权臣，除用分、隔手段削弱其权势外，还扶植新的权力中心，以削减、抵消原有的权力中心。这是"以臣驭臣"的办法。从中国历代宰相权限的逐步缩小和权力中心的不断转移可以更清楚地理解这一办法的使用。

封建时代，宰相是帝王的副手，"相"字本身含义即有帮助、辅佐之意。君相合力，共治天下，宰相处于"一人之下，万人之上"的高位，为帝王处理大量政务，君、相之间难免龃龉。善相处者，从大局出发，相互让步；不善处者，君、相驭事，不免酿成冲突。贤明宰相要约制残暴、昏庸之君；英武君主，容不得能力太强的相臣，加之历代相臣篡位者时有发生，帝王总是设法削弱宰相权力，王权与相权之间的斗争几乎贯穿全部封建政治史。用牵制手段，以抑损相权，是帝王与宰相斗争的主要武器。

秦汉时期，丞相权力很大，用一语概括：丞相辅佐天子，协理万机，上至天时，下至人事，几乎无所不包，无所不管；丞相不但为国家最高官吏，还是辅佐皇帝补其缺失唯一人臣。秦汉时期，君主高高在上。君主若有差失，只有丞相能够谏阻，良相应当以此为己任。丞相对皇帝诏令如有不同意见，可以面折廷争，甚至拒绝执行。对此，皇帝很不放心。因此自西汉武帝以后，首先用尚书一职以分丞相拆读奏章的权力，继而提高太尉、御史大夫的地位，使之与丞相平级，并将此三职先后更名为大司徒（丞相）、大司马（太尉）与大司空，号称"三公"，从而改变丞相无所不统的局面，将一相变成三相。至东汉，原先由丞相执掌的政务，全归属尚书台，三公徒拥虚名。

唐代承上启下，在前朝官制基础上，正式设立"三省制"。即由中书省掌制令决策，起草诏令；门下省掌封驳审议，对中书省所制定诏令如有不同意见，有权批改复奏，然后下达尚书省；尚书省负责执行，其下分设六部（吏、礼、户、兵、刑、工）分管各部政务。三省长官都可参与国计，均为事实上的宰相。同时，皇帝还可以让级别较低的官员，戴上"同中书门下三品"、"同中书门下平章事"、"参知政事"头衔，参与三省长官联合办公，这些官员亦可视为宰相。这样，秦汉时一个丞相所承担的政务，已由三个机关与十数名官员分别担任，以期达到相互制约的目的。

三省分权，可以相互检查，起到制衡作用，有利于君权对相权的控制，这是皇帝建立三省制的真实意图。但施行起来，颇多不便，互相牵制、不易推行政事，其弊端连皇帝本人也很容易看出。所以，贞观元年，唐太宗任王珪为侍中时，有鉴于此，对王珪道："国本置中书、门下以相检查。中书诏敕或有差失，则门下当行驳正。人心所见互不相同，苟托难往来，务求正当，舍己从人，亦复何伤？比来或护己短，遂成怨隙；或苟避私心，知非不正。顺一人之颜情，为兆民之深患，此乃亡国之政也。卿曹各当循公忘私毋雷同也。"太宗此语，确实道出了三省共治的弊端。太宗用意，固在教育当官者，遇事"循公忘私"，既不苟公，又不固执，则国家政治可望清明。但皇帝此种教诲，还须从制度上予以落实，才能收到长久之效，因而有政事堂的设置。政事堂初置门下省，后迁中书省，为三省长官办公机关。

宋代将宰相所掌民政、军政、财政之权进一步分割开来，改由三个机构分别执掌，使之互相牵制：中央最高行政机构为中书门下，其长官同中书门下平章事（简称"同平章事"）、参知政事，一般被称为正、副宰相，但实际所理政务只限民政；总理军务最高机构为枢密院，类似后世国防部，其长官枢密使又有"枢相"之称；中央最高财政机构为三司，总揽各地贡赋，其长官三司使又称"计相"。三个机构彼此独立，互不相知。真宗咸平时期，田锡上书曾言："枢密公事，宰相不得预闻；中书政事，枢密不得预议；以致兵谋未精，国计未善。"三机构严格分职，是宋天子集权于一身，其余政事，遂产生流弊。例如景德四年，中书命秘书丞杨士元通判凤翔府，而枢密院也在此时命之掌内香药库，两府不通气，宣敕各下，互相抵触。杨士元之任命发生矛盾以后，诏令从此时起，中书所行事关军机及内职者，报枢密院；枢密院所行事关民政及在京朝官者，报中书。于是二府行事，相互有个招呼。但是，以后这种分职界限，渐被打破。

明仿元制，中央设有中书省，由左右丞相总理六部；地方设有行中书省，统管地方军事。这一制度就中央而言，大部分权力掌握在丞相手中，地方上行中书省权力也很大。皇帝朱元璋很快感到威胁，不能容忍。于是，他首先从地方开刀，将行中书省一分为三，互相牵制，以承宣布政司掌握民政与财政，以提刑按察司掌管刑法，以都指挥使司掌管军事，互不统属，直属中央。凡遇重大政事，须都、布、按三司会议，上报中央有关机构。并对中书省采取措施，即下令中书省、大都督府、御史台"同议军政要事"，以此牵制中书省。中书省内部，设有左、右丞相，互相制约。不久，朱元璋借处理丞相胡惟庸谋叛案件之名，废除中书省与丞相制，将其权力归属六部，提高六部职权与地位，由六部尚书直接对皇帝负责。至此，皇帝权力之大，几乎类似秦始皇，君主专制已发展至顶端。

明代仁宗以后，内阁大臣权力渐重，品级亦有提高。皇帝用内廷司礼监代替自己处理政务，使之凌驾于内阁之上，以制约阁臣。清代对军机处权力，亦有种种限制。军机处官印收藏于"大内"，凡有需用印信时，必须到奏事太监处"请印"，用毕即行归还；皇帝处理政事，除通过军机处外，还由皇帝与亲信密折往还。如有必要，皇帝可避开军机处，直接召见大臣"面为商酌，各交该衙门办理，不关军机大臣指示"。

当然，现代企业管理与封建专制制度下纯粹为了保住皇帝个人的权力的目的是完全不一样的。管理要以史为鉴，就是要从中汲取有益的养分，而不可良莠不分。

13. 不要轻视"推"的作用

在管理活动中,"推"是一项经常运用的管理艺术。其基本含义是:在推行既定目标或新的举措过程中,对所遇到的诸多障碍因素不采取直接的消除措施,而是运用时空的自然跨度,促使障碍因素自我化解或消除,从而促成与团队意志相一致的行动。

不要把"推"的艺术同优柔寡断等同起来,与当机立断、果断处置对立起来。

"推"的艺术既有明确的目标,又有实现目标的行为。"推"的艺术的产生和运用,在主观上不是管理者的主观冲动,也不是管理者的无能失控;恰恰相反,是管理者全盘把握、合理控制的高超策略和审时度势的能力在行为上的集中反映。

"推"的艺术运用范围十分广泛,大到战略问题,小至一次谈话,长到一个时期,短至几分钟,甚至几十秒钟都可以成为"推"的艺术运用的时空。

任何事物的发展都有一个产生、成长、暴露的过程,任何问题的解决都需要一定的主客观条件。

管理者判断一个事物可不可以"推",主要是看这一事物的发展规律是否得以显现,解决这一问题的主客观条件是否成熟。"推"就是选择最佳时机、最佳环境。

当有人提出某件事情要求处理时,你对这件事情一无所知,情况不明,难以作出正确的判断和处理,在这种情况下,不能简单地给予肯定或否定的回答。这时可以说:让我了解一下情况再答复你。

"推"的目的是为了把事情的来龙去脉搞清楚,然后再作决定。

　　遇到下属职权范围内的事情时，如果下属能够自行处理，管理者不要越俎代庖，取而代之，而应"推"给下属。下属没有把握或感到无力处理的事情，领导者也不应急于处理，可先让下属拿一个处理意见，在此基础上，对其进行指导和纠正。

　　当某人面临某个问题或某种情况，需要正确对待，思想认识也有待提高时，"推"就用于等待提高认识。

　　管理者使用"推"的艺术，有其自身内在需求和运用范围，不可不看条件和对象乱用。否则，会如守株待兔般得不偿失。

　　运用"推"的艺术要根据客观实际，灵活地采取适当的方法。管理者对推行意图过程中的问题不太了解，不熟悉，或是所遇到的矛盾非常尖锐，或是在讨论会上一时达不成一致意见，抑或通过的人数超不过半数，或是员工和下级对领导的管理意图暂时不能服从，诸如上述问题就要采取"悬球法"，把问题搁置起来，放一段时间，待眉目清晰，相异之处有了统一的基础，再行处理。

　　在管理团队或下属中，常常会遇到一些个性突出难与他人相处的人，或固执古板，或举止粗俗，或恶语伤人，或针锋相对，会使管理者陷入无谓的纠缠中去。在这种情况下，可以采取"推"的手段，让时间和事实说话。

　　管理者在工作中，首先要看事实，视事而定。一定要分清事情的轻重缓急，对急需处理的事情，就应立即处理，不可随便硬推；推了不仅要误事，还会影响你与当事人之间的关系，你把他推出去，他对你肯定会有意见。他去找别的管理者，别人又会认为你在推卸责任，进而影响管理者之间的关系。因此，该自己办的事，不要推给别人，该现在办的事，不应拖延时间。

　　"推"还要看对象，因人制宜。有些问题的处理，还要因人而异，要考虑到当事人的个性，看其接受程度如何，"推"能不能取得预期效果、达到"推"的目的。如果当事人接受不了，容易产生逆反心理或误解，加深矛盾，甚至会引发新的问题。比如，性急的人不到黄河心不死；鲁莽的人，自我控制能力比较差。遇到这种现象，最好不要推，推了会使矛盾加剧，甚至激化，产生难以想象的不良后果。

另外要看火候，适可而止。有的事情可以"推"下去，一推到底，不言自明，自生自灭。有的事情"推"到一定程度就要适可而止。因为事物随着时间的推移会不断发生变化。

因此，"推"不是放手不管，一推了之，而要密切注意观察其发展变化情况，把握好火候，适时进行处理，以期达到适时适度、恰到好处，妥善解决矛盾和问题的目的。

在管理工作中，"推"只是可以运用的工作方法之一，不可不分青红皂白，随便乱"推"，而要对具体问题作具体分析，而后选择"推"还是不"推"，"推"到何时何样，才能更好地解决矛盾处理问题，收到事半功倍的效果。

第五章

既要会夸又要敢批才
体现出管人管事方圆艺术的真谛

管人管事免不了要表扬人、奖赏人，同样也免不了要批评人、惩罚人。管人者手里有权，但如果在夸人、批人时随意而为，会把管人管事的局面搅浑，从而置自己于十分被动的地位。既会夸又敢批则体现出管人管事取舍之道的真谛。

1. 以恰当的激励手段激发骨干的能量

每个管理者手下都要有些骨干，来替自己顶大梁。如何调动呵护业务骨干的积极性是管理者必须具备的一种手段，管理者要巧妙地利用各种方法，来刺激业务骨干的积极性。否则，事倍功半，缺乏成效，还会使彼此之间关系恶化。

对于管理者来说，所用之人如能全力以赴，完成工作任务，甚至激发无限潜力，一个人能干三个人的活儿，是最理想不过的了。这不是不可能做到的，只要你善于激励，充分调动起业务骨干的热情和干劲，便能做到这一步。激发"尖兵"的积极性，手段多种多样：

（1）工作激励。工作激励主要指工作的丰富化。工作丰富化之所以能起到激励作用，是因为它可以使"尖兵"的潜能得到更大的发挥。工作丰富化的主要形式有：一是在工作中扩展个人成就，增加表彰机会，加入更多必须负责任和具有挑战性的活动，提供个人晋升或成长的机会。二是让"尖兵"执行更加有趣而困难的工作，这可让"尖兵"在做好日常工作的同时，学着做更难做的工作。可以鼓励业务骨干上夜校去提高自己的技能，从而能胜任更重要的工作。做更困难的工作，给他展示本领的机会，这会增强他的才能，使他成为一个有价值的"尖兵"。如果一位"尖兵"在工作中不断得到发展，那么他往往是一位奋发、愉快的下属，其创造力、聪明才智会得到充分发挥。三是给予真诚的表扬。当"尖兵"的工作完成得很出色时，要恰如其分地给予真诚的表扬，不要笼统地用"谢谢你做出了努力"这样的评语，而应具体、有针对性，"你管你那帮人的方法真妙，我真不明白你怎么能让那帮人干得这么出色，接着好好干吧！"这将有助于满足"尖兵"受人尊重的需要，增加干好本员工作的自信心。

（2）工资激励。所有"尖兵"都希望自己能从工作中获得满足。工资待遇是满足其生存需要的重要手段。有了工资收入，不仅感到生活有保障，而且又是社会地位、角色定位和个人成就的象征，具有重要的心理意义。

（3）奖金激励。奖金是超额劳动的报酬，设立奖金是为了激励"尖兵"超额劳动的积极性。在发挥奖金激励作用的实际操作中，应注意以下三点：①必须信守诺言，不能失信于"尖兵"。失信一次，会造成千百次重新激励的困难。②不能搞平均主义。奖金激励一定要使工作表现最好的"尖兵"成为最满意的人，这样会使其他人明白奖金的实际意义。③使奖金的增长与公司的发展紧密相连，让"尖兵"体会到，只有公司兴旺发达，才有自己奖金的不断提高，而"尖兵"的这种认识会收到同舟共济的效果。

（4）竞争激励。人们总有一种在竞争中成为优胜者的心理。组织各种形式的竞争比赛，可以激发人们的热情。比如，各技术工种之间的操作表演赛，各种考察业务骨干个人的技能、智能、专长的比赛，以及围绕业务骨干的学习、工作等开展的各项竞争比赛。这些竞争比赛，对业务骨干个体的发展有较大的激励作用，其表现在两方面：①能充分调动业务骨干个体的积极性，克服依赖心理。由于竞争以个体为单位，胜负完全取决于自己的努力和聪明才智，没有产生依赖心理的条件，因此，能激励业务骨干个人更加努力。②能充分发挥"尖兵"个体的聪明才智，促使"尖兵"个体充分发展。"尖兵"在竞争过程中，要完成各种任务，克服各种困难，这就促使他们努力学习、思考，千方百计地去提高和完善自己。

（5）强化激励。强化包括正强化和负强化两种方式。对于人们的某种行为给予肯定和奖赏，使这个行为巩固与保持，这就叫正强化。对"尖兵"正确的行为、有成绩的工作，就应表扬和奖励，表扬与奖励就是正强化。相反，对一些行为给予否定和惩罚，使它减弱、消退，这叫负强化。强化激励，可归纳为如下四字口诀：

奖罚有据，力戒平均；

目标明确，小步渐进；

标准合理，奖惩适量；

投其所好，有的放矢；

混合运用，奖励为主；

趁热打铁，反馈及时；

一视同仁，公允不偏；

言而有信，诺比千金。

（6）支持激励。在公司的人们可以明显地感觉到，对一个员工来说"我批准你怎样做"与"我支持你怎样去做"，两者的效果是不同的。一个好的公司管理者，应善于启发"尖兵"自己出主意、想办法，善于支持"尖兵"的创造性建议，善于集中"尖兵"的智慧，把"尖兵"头脑中蕴藏的聪明才智挖掘出来，使人人开动脑筋，勇于创造。管理者要爱护"尖兵"的进取精神和独特见解，爱护他们的积极性和创造性。创造一种宽松的环境，比如信任"尖兵"，让他们参与管理。没有什么能比参与作出一项决定更有助于满足人们对社交和受人尊重的需要。因此，出色的管理者应让"尖兵"参与制定目标和标准，这样他们会更加努力，发挥出最大潜能。

（7）关怀激励。得到关心和爱护，是人的精神需要。它可以沟通人们的心灵，增进人们的感情，激励人们奋发向上，挖掘人们的潜力。作为一个管理者，对全体员工应关怀备至，创造一个和睦、友爱、温馨的环境。管理者和下属生活在团结友爱的集体里，相互关心、理解、尊重，会产生兴奋、愉快的感情，有利于开展工作。

总之，激励的具体手段可以不拘一格，重要的是，要明白"拉"的目的和意义，拿捏好"拉"的分寸，这样，就能以四两之力拨动千钧，把一个个能力超强的骨干人才管得服服帖帖。

2. 给下属的优异表现以真诚的赞美

常言道："十句好话能成事，一句坏话事不成。"赞美、恭维的话人人都爱听，这是人们的共同心理。恰如其分的赞美肯定会让别人精神愉悦，赢得他们的信任和好感。

1921 年，当查尔斯·史考伯成为美国钢铁公司的第一任总裁时，他就得到了 100 万美元的年薪。钢铁大王卡耐基为什么肯给他如此高薪？史考伯说，他得到这么多的薪水，主要是因为他跟人相处的本领。"我认为，我那能把下属鼓舞起来的能力，是我拥有的最大资产，而使一个人发挥最大能力的方法，就是赞赏和鼓励！"他说："再没有比上司的批评更能抹杀一个人的雄心了。我从来不批评任何人。我赞成鼓励别人工作，因此我急于称赞，讨厌挑错。如果我喜欢什么的话，就是我诚于嘉许，宽于称道。"

管理者应当找出下属的优点，给他们诚实而真挚的赞美。他们必定会咀嚼你的话语，把它们视为珍宝，一辈子都在重述它们——即使你忘了他们之后，也许他们还在重复着。所以请记住这条原则：热情、真心地赞美下属、欣赏下属是管好下属的妙招。

年利润 10 亿美元的美国玛丽·凯化妆品公司经理玛丽·凯说过："有两件东西比金钱更为人们所需要——认可和赞美。"金钱可能是调动下属积极性的有力工具，但赞美可能更有力，因为它唤起了下属的荣誉感、责任感和自尊心；下属的价值得到了认可和重视，会产生"士为知己者死"的神圣感情，他们会更加努力地工作。然而它的"成本"却十分"低廉"，所以说赞美不但是一种最好的，而且是花费最少、收益最大的管人方法。

实际上，每个人都渴望得到别人的认可和赞美，无论是身居高位的人还是地位卑微的人，无论是刚进公司的年轻人还是即将退休的老员工，概莫能外。人们普遍地容易接受那些赞美他们优点的人。

知道了赞美的巨大力量，管理者就应该不必吝惜赞美，不妨自然大方地赞美下属。只要发现工作突出，立刻不失时机地给予赞美，不见得非是干出惊天动地的大事。对提批评意见的下属，即使提的不正确，也可以赞美他对公司的责任感。如果留心，就会发现每个下属都有优点，都值得赞美。

同时，管理者在赞美时，注意要以非常公开的方式对下属进行表扬。一位外国企业家说："如果我看到一位下属杰出的工作，就会冲进大厅，让所有其他下属都看到这个人的成果，并且告诉他们这种工作的杰出之处，这样也可以当做激励机会。"这是一个很好的导向，每个下属要想获得赞美，必须好好地工作。

另外，赞美下属要注意真诚和客观。要发自内心地赞美下属，语言、表情是很严肃认真的，不能给下属以造作之感。赞美本身虽是好意，但不着边际、不关痛痒的赞美不会产生积极的效果。只有下属应该得到赞美的时候才赞美，下属心中才会感到无限喜悦，当事人认为自己不值得赞美而被赞美时，其效果往往是相反的。

3. 重奖有功者是促动人心的好方法

业务骨干做出一些令管理者引以为荣的事情，这时管理者应及时给他们喝彩，调动业务骨干的积极性，让他们更加努力地干好每件工作。否则，业务骨干的努力得不到管理者的赞美、肯定，那么他们还会努力地为你工作吗？你还有什么成绩可谈？上司又会对你有什么样的看法呢？

美国有一家有限公司是发展迅速、生意兴隆的大公司，这个公司办有一份深受业务骨干欢迎的刊物《喝彩·喝彩》。《喝彩·喝彩》每月都要通过提名和刊登照片对工作出色的员工进行表扬。

这个公司每年的庆功会更是新颖别致：受表彰的业务骨干于每年8月来到科罗拉多州的维尔，在热烈的气氛中，100名受表彰的业务骨干坐着架空滑车来到山顶，颁奖仪式在山顶举行，庆功会简直就是一次狂欢庆典。然后，在整个公司播放摄影师从头到尾摄下的庆功会全过程。工作出色的业务骨干是这种欢迎、开心和热闹场面中的中心人物，他们受到大家的喝彩，从而也激励和鼓舞全体业务骨干奋发向上。

美国一家纺织厂激励业务骨干的方式也很独特。这家工厂原来准备给女工买些价钱较贵的椅子放在工作台旁休息用。后来，老板想出了一个新花样：规定如果有人超过了每小时的生产定额，则在一个月里她将赢得椅子。奖励椅子的方式也很别致：工厂老板将椅子拿到办公室，请赢得椅子的女工进来坐在椅子上，然后，在大家的掌声中，老板将她推回车间。

美国的一些公司，就是这样以多种形式的表扬和丰富多彩的庆祝活动，来激发业务骨干的积极性和创造精神。

这两家公司都能注重运用荣誉激励的方式，进一步激发业务骨干的工作热情、创造性和创新精神，从而大大提高了工作的绩效。荣誉激励，这是根据人们希望得到社会或集体尊重的心理需要，对于那些为社会、为集体、为公司做出突出贡献的人，给予一定的荣誉，并将这种荣誉以特定的形式固定下来。这既可以使荣誉获得者经常以这种荣誉鞭策自己，又可以为其他人树立学习的榜样和奋斗的目标。因而荣誉激励具有巨大的社会感召力和影响力，能使公司具有凝聚力、向心力。

凡是有作为的公司管理者无不善于运用这种手段激发其下属的工作热情和斗志，为实现特定的目标而作出自己的贡献。

业务骨干工作勤恳卖力，使老板的公司蒸蒸日上。业务骨干为你的事业做出了突出贡献，那么作为管理者，你千万不要吝惜自己的腰包，要不失时机地给他们以金钱奖励，大奖明奖，小奖暗奖，让他们感觉到，自己的努力没有白费，多付出一滴汗水就会多一分收获。

奖励可分明奖及暗奖。我国公司大多实行明奖，大家评奖，当众评奖。

明奖的好处在于可树立榜样，激发大多数人的上进心。但它也有缺点，由于大家评奖，面子上过不去，于是最后轮流得奖，奖金也成了"大锅饭"了。

同时，由于当众发奖容易产生嫉妒，为了平息嫉妒，得奖者就要按惯例请客，有时不但没有多得，反而倒贴，最后使奖金失去了吸引力。

外国公司大多实行暗奖：管理者认为谁工作积极，就在工资袋里加钱或另给"红包"，然后发一张纸说明奖励的理由。

暗奖对其他人不会产生刺激，但可以对受奖人产生刺激。没有受奖的人也不会嫉妒，因为谁也不知道谁得了奖励，得了多少。

其实有时候管理者在每个人的工资袋里都加了同样的钱，可是每个人都认为只有自己受了特殊的奖励，结果下个月大家都很努力，争取下个月的奖金。

鉴于明奖和暗奖各有优劣，所以不宜偏执一方，应两者兼用，各取所长。

比较好的方法是大奖用明奖，小奖用暗奖。例如年终奖金、发明建议奖等用明奖方式。因为这不宜轮流得奖，而且发明建议有据可查，无法吃"大锅饭"。月奖、季奖等宜用暗奖，可以真真实实地发挥刺激作用。

当每个员工都想成为业务骨干的时候，你就能管好手下这帮人了。

4. 建立一个高效的激励系统

在管理者的日常管理中，普通员工占大多数，他们同管理者一样肩负着重任。如果没有他们的辛勤工作，企业就不可能兴旺发展。调动他们的工作积极性可以说是管理工作的重中之重。

然而，在这些员工与管理者之间却存在着很深的隔阂。员工认为自己的工作吃力不讨好、单调乏味、毫无前途，自己又何必卖力干呢。而在上级眼里，这些员工的技能低、流失率高、职业道德差，所以根本不值得花精力培养他们。

在企业中，普通员工中普遍存在的消极行为共有七种类型：①未能达到最低的工作要求；②对别人和自己缺乏尊重；③不能界定自己的职责；④合作精神差；⑤沟通水平低；⑥行为情绪化；⑦对工作的承诺较低。

许多管理者和培训师最经常提到的一句话是"他们缺乏职业道德"。但是实际上并非如此，大多数普通员工非常渴望在工作中有所建树，并且希望其工作表现能有助于个人发展。虽然大家都表示希望通过工作来改善生活和发展事业，但受访人群却认为，就现有的工作而言，即便做得再好也是徒劳无益。

是什么原因使这些普通员工放弃自己的目标、工作表现较差甚至不达标呢？调查结果显示，原因大致有几种：①同事偷懒不出力；②上司压制；③不敢胜过同事；④员工流失率高；⑤同事间缺乏相互尊重；⑥缺乏上司的赏识；⑦缺乏自我控制。

那么，管理者怎样才能将员工内心的想法转换为工作动力呢？强化工作动机就可以诱发员工的工作热情与努力，改善工作绩效。这里要强调的是管理者所做的一切努力只是一个诱发的过程，能真正激励员工的还是他们自己。

要冲破员工们内心深处这道反锁的门，你就必须要好好地谋划一番，建立一个高效的激励系统。

（1）有效性的标志。一个有效激励系统至少要符合下列原则：①简明。激励系统的规则必须简明扼要，且容易被解释、理解和把握。②具体。仅仅说"多一点"或者说"别出事故"是根本不够的，员工们需要准确地知道到底希望他们做什么。③可以实现。每一个员工都应该有一个合理的机会去赢得某些他们希望得到的东西。④可估量。可估量的目标是制订激励计划的基础，如果具体的成就不能与所花费用联系起来，计划资金就会白白浪费。

（2）步骤与要旨。一个高效激励系统的建立，会为管理人员省下大量的时间。你再也用不着为员工低效率的工作而担心，也用不着费神向他们解释何谓"主人翁"。因为每个人心中都有一面明镜，成绩是铁的事实，耕耘必有收获。一个有效的激励系统的建立过程大致分为如下步骤：①制定高的工作绩效标准。平庸的人所定的标准是很难产生卓越的成就的，低标准往往会滋生出"自我满足"的不良倾向，高标准也并不意味着高不可攀，主要是要让所有的员工明白自己目前的工作不是最优秀的，没有什么了不起。②建立起准确、可行的工作绩效评价系统。工作绩效的评价，必须着重于工作规范与工作成果的评价标准。标准的制定一定要符合实际，依据工作目标，对员工进行考核。同时这种标准一定是针对团队而非特意为某个人订立的。当工作策略有变更时，注意要重新检查、核对绩效评价标准。而且，只要有必要，就必须一再作检查、核对。③训练对工作绩效的评价技巧以及与各级管理者上情下达的沟通艺术。绩效评价的效果是如何直接与员工的薪金、报酬挂钩的，这是个非常敏感的问题，所以你必须注意这里的艺术与技巧。管理者的行为举措的最终目标在于激励，而非激怒，所以绩效评价也应该是往积极的方向努力。对于优秀的工作绩效，除了对员工进行赞美、褒奖之外，更关键的是让他明白组织对他的重视与珍惜，从而使他产生一种神圣的使命感。对于低的工作绩效，必须给予批评，但应该是善意的、建设性的，是就工作而言，而非人身攻击。④制定一个范围较宽的提高工作绩效的指标，这会使激励系统更具有可行性。这些指标将会使所有的人立刻意识到存在的不足与改进的方向，学会自我绩效的管理。⑤将奖励与工作绩效紧密相联。管理者要使员工们深切体会到两者关系的密切。对员工绩效的评价最终都应在奖励上找到对应的坐标，哪怕奖励是微不足道的，也要"始终不渝"地进行。因为这样做，会使员工们认识到确实有什么东西值得自己去努力一番。

5. 调动员工们的积极性

员工工作积极性的高低，将直接影响到他们的工作结果。每位管理者都应想方设法来调动手下员工的积极性。

（1）激发员工的兴奋点。赢得员工合作的最佳方式之一，是为他们指明一个奋斗的目标和方向。如你能为他们激发一个兴奋点，他们将死心塌地追随你。下面就是一个在极端困难的状况下，如何激发人们的事例。在美国经济处于大萧条谷底的 20 世纪 30 年代，美国一个比较小的宗教组织为了摆脱困境，通过在密苏里州建总部大楼，在信徒中激起了一个兴奋点。结果不但完全由信徒捐募建成了这个大楼，组织也获得了很大发展。但是，总部建好之后，美国经济虽已复苏，教派却很快衰落了。为何会这样呢？因为"大楼"一建成，人们的兴奋点也消失了，他们不再有一个可见的目标去追求，教派领导人没能为追随者找到一个新的可实现的兴奋点。叙述这个非商业的激发兴奋点的例子，是出于两个原因：首先，在你激发的第一个兴奋点的目标已达到后，你必须立即激发起另一个新的兴奋点。其次，目标应是像"大楼"一样看得见的。无形的目标太抽象和不明确，普通的成员会视而不见。

（2）让 3 个人做 5 个人的事。最合理的管理是：3 个人做 5 个人的事，领 4 个人的薪水。这是一道最简单的数学题，连小学生都能告诉你正确答案。但这又并不简单：什么样的 3 个人才能做 5 个人的事？什么样的 5 个人做的事 3 个人就能完成？这 3 个人领的又是什么样的 4 个人的薪水？其中大有学问。一般的企业总是 5 个人做 5 个人的事，大家的工作分量不是很重，领的薪水也合乎所求，员工做起事来没什么精神；而管理差一点的企业，5 个人做 3 个人的事，领的却是 4 个人的薪水，一方面造成公司的损失；另一方面员工也会因为这样也是上 8 小时的班，领的薪水少而不开心。所以，如能仔细地规划，将工作分类，职责细分，让3个人能够做5个人的事，那么企业即使发4个人的薪水也划算得多，员工领的薪水多，也有激励作用。

（3）工资低会影响干劲，但工资高未必会提高干劲。许多管理者认为只要提高工资，员工就会认真工作，就会有干劲，受到激励。其实并没有这么简单。使人产生干劲的是促进因素与保障因素。前者有促进作用，令人提高工作成绩；后者虽然发挥不了直接作用，但它可以维持工作士气和效率。两者是地基和房屋的关系。保障因素是地基，它包括工资、雇用保障、工作条件等。如这些条件差，员工的欲望就会急剧下降。寄希望于待遇提高后员工就会努力工作，结果并不一定很好。好不容易将工资提高了，建立了完善的宿舍，工作条件大为改善，但员工干劲仍提不起来，哀叹这种情形的管理者委实不少。因为仅有保障因素而缺乏促进因素仍发挥不了作用。

（4）六分表扬四分批评。要切实履行一个管理者应尽的职责，工作成绩好就表扬，不好就批评。要做到该表扬的当面亲口表扬，该批评的明确给予批评，因为它表明了一个管理者对员工行为的评价尺度。假若员工干得出色，而管理者无动于衷，干得不好管理者也毫无反应，那么，这种麻木不仁的管理者是无法带领员工奔向成功之路的。只有当管理者对员工的所作所为作出明确反应，一个单位才能够有一个蓬勃向上的局面。至于表扬与批评的比例问题，一般认为六分表扬、四分批评效果会更好些。如果批评分量过大，很可能导致消极空气蔓延；而一味表扬，员工则会产生骄气，有时甚至会产生误解，认为管理者在给自己戴高帽，用吹捧的方法来满足大家的虚荣心，久而久之也会引起反感。当然，这还要看一个单位问题的多少、大家的成熟度如何。但是表扬多于批评不失为一条较理想的原则。

（5）"告一段落"之时，与员工共同庆贺成功。当工作告一段落时，如何充分利用新工作开始之前的时间激励士气，是做好管理工作的一门学问。当完成一项计划或工作时，一定要召开总结会，交流成功的经验，提出应该注意的问题，与员工共庆成功，相互激励，这是不可或缺的。这样做，一方面可以鼓励员工把下次工作搞得更加出色；另一方面通过相互交流，可以进一步强化同甘共苦的一体感，将成功的喜悦转化成干好新工作的积极性。对个人的工作也可采取同样的办法。例如，当委托一名员工去做某项工作时，或在他向未曾尝试过的工作挑战告一段落时，作为一名管理者，应和员工单独谈谈，以增强其迎接下一个挑战的信心。欲使员工充满信心，要充分利用好一项工作刚刚结束，人们正要喘口气时这个关键时机。因为只有这时，才能使一个管理者同员工共同分享成功的喜悦，完成一项工作的满足感，从而可以进一步加强自己同员工之间的信赖关系。

（6）反对者的意见才是珍贵的。一位著名的心理学家对多数与少数意见做过有趣的实验。他选出 8 名大学生做实验。先给大家看长短不同的三根线，再给他们看另一根线，问他们这一根线与三根线中的哪根线同样长？8 人之中 7 位事前商量好了一致答错误的答案，另一位却没有让他参加事前的协调。前 7 个人都照事前讲好的错误答案发言，而让未参与协调的那位最后发言。连续 16 次不同的实验表明，未参与协调的学生有 12 次跟前面 7 个人的错误答案相同或近似。按自己的观察提出正确答案的次数只占 25%，那么，要抵抗多数派，少数派最少要有两名。容易影响人的并不是"什么是正确的"，而是"什么是多数的"。

（7）舍得花时间指导员工。对很多管理者来说，放弃亲自做工作带来的满足感是很困难的事。但是一个好经理不应该只是自己会做什么，而应该是让众多员工都会做。一些管理者往往借口教员工做不如自己亲手做来得快，而放弃对员工的培养，这样做只会把你降低到普通员工的地位，而使你不能承担更大更多的责任。这是得不偿失的，一定要注意克服。

（8）让员工参与决策可以激发他们的积极性。经常发牢骚的人，当他刚加入组织时，不但不发牢骚，还会突然振作起来，很热心地照计划去做。如计划是别人制订的，只让他来实施的话，就很容易使他产生脱离组织的意识。如果不仅让其去实施，并让其参与计划的制订，就能激发其热情，提高生产效率。一些实验证明，参与计划的一方比不参与的一方，其生产效益和工作满足感高。如果自己一个人制订计划，而把员工视为手脚来使唤，虽然乍看效果不错，然而事实上却并非如此。至少要在计划的完成阶段，使员工参与计划。因为人是比较喜欢参与工作而不喜欢脱离工作的。

（9）成为台风眼。台风的中心通常称为台风眼，台风以台风眼为中心疾速旋转向前，席卷着一切。调动员工干劲，加强动机诱导，建立充满活力的环境，实际上就是一种气势。要造成这种气势，管理者要先使自己成为核心全速运转，以此带动大家，形成巨大的能量。这种方法并不难掌握，即使新担任管理工作的人也能做到。比如，早晨上班比其他人早一点为好。当看到有人来了，要大声问候"早上好"。工作时要精神饱满，干脆利落，在努力做好一项工作的同时，要考虑下段时间要做的工作，从而使工作不间断地进行。时间空余时，主动同员工打声招呼，问问"怎么样"，听听他们的意见，并到其他部门走走、转转。

6. 当众赞美下属必须慎重

管理者当众赞美下属，从某种意义上讲是手段而不是目的。

当着大家的面赞美下属，主要有两个目的：一是为了鼓励被称赞的下属，让他意识到管理者对他的肯定和赞赏；二是为了给其他人树立榜样，鞭策其他人努力工作，干出成绩。当众赞美某一位下属无疑是驾驭和控制下属的有效方法。

但是，如果当众赞美某一位下属的成绩和优点不恰当，就可能引起其他人的不满，不仅对被称赞的下属造成坏的影响，还会损害管理者的威信和形象，激化企业的内部矛盾。所以当众赞美下属必须慎重。

（1）当众赞美下属要有理有据。当众赞美一位下属必须说服大家，使其他人心服口服，这就要求管理者的话要有据有理。"有据"就是要有事实根据，确凿无疑，谁也说不出个不字来。"有理"就是要求管理者的话有道理，无可挑剔。"有据"和"有理"必须结合起来才能起到教育和激励的作用。

在一个单位的会议上，处长在总结工作时提到发表文章比较多的何某时表扬道："小何同志肯动脑子，好钻研，近来成果很多，发表了8篇文章，其他年轻同志要向人家学习，搞些成果出来。"话音未落，就有一位年轻的部下插话说："水平不能以文章来定，文章的好坏不能以发表的多少来定。发表文章多并不一定说明水平高，那有可能是文字垃圾多。有的人一辈子就发表一篇或几篇文章，影响却很大，难道能说水平低吗？"处长被问了个哑口无言，不得不解释一番。结果弄得谁也不高兴。

处长的尴尬不在于他没有根据，而是有据却无理，他的表扬也确实站不住脚，经不起推敲，所以其他人心里不痛快，把他的称赞给堵了回去。

曾国藩很善于当众赞美某一位下属以激励其他将士。有一次，曾国藩召集诸将议论军务，他先发言道："诸位都知道，洪秀全是从长江上游东下而占据江宁的，故江宁上游乃洪逆气运之所在，现湖北、江西均为我收复，江宁之上，仅存皖省，若皖省克复，江宁则早晚必成孤城。"此时，一贯沉默寡言的李续宾从曾国藩的话中意识到了下一步的用兵重点，就试探着插话问道："涤帅的意思，是要进兵安徽？""对！"曾国藩见李续宾猜出了自己的意图，以赏识的目光看了李续宾一眼接着说："迪庵说得好，看来你平日对此已有思考。为将者，踏营攻寨算路程等等尚在其次，重要的是胸有全局，规划宏远，这才是大将之才。迪庵在这点上，比诸位要略胜一筹。"其他将领也点头称是。

上面两个例子同样是当众赞美下属，一个很不成功，一个则很成功，主要原因有二：一是当众赞美某个下属不仅要有事实根据，更要有服人的道理。曾国藩抓住了李续宾的一句话就引申出大将之才的许多道理，事实清楚，道理深刻，谁能不服。二是要善于把握时机，赏不逾时。一旦发现下属值得表扬的地方，马上要发掘出表扬的道理当众表扬，不要拖拖拉拉，也不必要攒到一块表扬。因为"夜长梦多"，当其他人看到某人的成绩或优点时，嫉妒心可能萌发，为寻求心理平衡可能会攻击或者寻求达到攻击别人的目的的手段，如果赞美"滞后"，难度可能更大。曾国藩听完李续宾的发问后，立即予以大力赞扬，其他人是没有充分的心理准备的，也只能接受教诲。

（2）当众赞美某个下属，不能怀有心计，要有诚意。有的管理者在表扬下属时，只想着树立自己个人的威信，收买人心，实际上并没有表现出欣赏的诚意，无论是被表扬者还是其他人，都像被当猴耍一般，这样的做法根本不可能使管理者如愿。管理者赞美下属，必须首先自己表示欣赏、表示出诚意。

北魏时太武帝拓跋焘很赏识崔浩，聘他为顾问，并鼓励他集思广益、敢于进谏。太武帝还命令歌舞乐工作歌舞歌颂有功之臣，说："智如崔浩，廉如道生。"在一次数百人参加的酒宴上，太武帝指着旁边的崔浩，发自内心地赞扬道："你们看这个人纤瘦懦弱，手不能挽弓持矛，但他胸中所怀的却远远超过甲兵之能。朕开始时虽有征讨之意，但思虑犹豫不能决断，前后克敌获捷，都是这个人引导我至于今天这一步。"话中不无诚意。

富兰克林有句名言说："诚实是最好的政策。"聪明的管理者在赞美下属时，最好的方法就是要真诚。太武帝对崔浩的赞美没有半点虚伪，他平时就非常赏识崔浩，坦诚之情处处可见。

7. 充满诱惑力的"头衔"激励

管人者在给下属"甜头"时，千万不要忘了"头衔"这块"糖"。荣誉是很多人追求和向往的东西。对于荣誉感强的人，管理者可以根据他们各自的成就和需求给予相应的头衔，以此来激励他们。

头衔能刺激人，能鼓励人们更加努力地工作，也能赢得人们的忠心和热诚。

30 个不同行业的工会的倡导者、美国劳工协会的缔造者塞缪尔·冈珀斯，他在刚刚开始开展工作时，感觉到十分艰难。工人们大部分都是毫无组织的，而当时他既没有钱，又得不到足够的外界帮助。

有一天，他灵机一动想出了一个计划。他自己创立了一个"民间委任状"，这个委任状的主旨是授予那些愿意组织工会的人一个荣誉称号。在一年中，以这种方式被委任的人就有 80 人之多。美国劳工协会会员的数目从此开始激增。

没有几个领袖能比拿破仑更清楚头衔的价值了，也没有人比他更明了人类对于这种极具诱惑力的东西的渴望是多么迫切了。为了使那些拥护他的人都能牢固地团结在他新创的帝位之下，拿破仑对赏赐毫不吝惜，创立并封赐了许多崇高的头衔和荣誉。他创制了一种荣誉勋章，并且立刻将 1500 个以上的荣誉勋章授予他的臣民；他重新启用了法兰西陆军元帅的军衔，将这一高位封赐给了 18 位将官；同时给优异的士兵授予"大军"的光荣头衔。

头衔尽管是虚的，但它们仍然具有非常特殊的功效。当埃默里·斯托尔斯——一名芝加哥的律师，要求成为内阁成员的时候，这对总统阿瑟来说，确实是一个很棘手的问题。这个人是一个不可冒犯的实权政治家，但这个人同时又是一个"歪才"，绝不能委以重任。于是，阿瑟给了他一个"外交考察专员"的头衔，这是一个位置尊荣有加、而实际上却无事可做的职务。带着这个光荣的头衔，斯托尔斯得意洋洋地昂首阔步到欧洲观光去了。

在纽瓦克的路易斯·班伯格创建的著名商店中，从来没有用过"雇员"二字。他的每一个员工，都被相互尊称为"同事"。

很多实业界的巨头们，都为他们那些最得力的下属，设立了许多头衔和荣誉称号。正是基于这一精神，施瓦布创立了"伯利恒钢铁公司钻石十字勋章"，将它们分别授给那些有功于公司的助理，就像威廉大帝赐予德军将领以铁十字勋章一样。在伯利恒钢铁公司里，差不多有100多人都是施瓦布的勋章公会的会员。这个"钻石十字勋章"被公认为一种业绩优异的标准，长期以来，它是许多公司成员梦寐以求的东西，而那些勋章获得者则以此为荣。

由此来看，头衔对人的激励是非常大的。许多管理者认为，头衔只是个有名无实的东西，不会有多大的作用。事实上，这个小小的管理细节，却能给你的工作带来很大的动力，其作用是不可小视的。

8. 金钱激励与精神激励相结合

高薪是激励员工的有效手段，但显然，仅仅靠高薪不能解决一切问题，只有虚实相间，才能把激励的效用都发挥到最大。

在现实当中，管理者通过提高薪水来打消员工的不满或者期望给予激励的做法屡见不鲜。那么，在所有能够对员工产生激励的因素里，薪酬究竟处在怎样的位置？

不妨先来看一看金钱激励的几个特点。

（1）边际效果递减。边际效果递减是指：假设用同等数量的金钱不断对同一个人进行激励，那么它产生的效果会越来越小。反过来说，要得到同样的满足感，需要的金钱一次比一次多。看一个小例子：

月薪是 1000 元时，给你加薪 500 元，你的感觉是：超乎想象、受宠若惊、绝对满意。

月薪是 2000 元时，给你加薪 500 元，你的感觉是：超出预期、美滋滋的、比较满意。

月薪是 3000 元时，给你加薪 500 元，你的感觉是：我应得的、顺理成章、没有满意也不会不满。

月薪是 5000 元时，给你加薪 500 元，你的感觉是：少了点，我就这么不值钱吗？可能不会发牢骚，但肯定不会很满意。

月薪是 8000 元时，给你加薪 500 元，你的感觉是：才给我加 500 元，不是开我玩笑吗！？

不难看出，当一个人月薪 8000 元的时候，500 元的加薪已经没什么效果可言了。相反的，这时要想产生月薪 1000 元时 500 元的加薪带来的满足感，你可能要付出 3000 元、5000 元甚至更多的薪水。

（2）短时性。金钱激励（特别是小额激励）带来的效果通常难以持久，你很少看到有人在加薪半年后还像上紧的发条一样充满能量。别说半年，效果能持续两个月就很难能可贵了。加薪带来的激励总是在短时间内奏效，然后随着时间的推移趋于平淡，直到下一次加薪的来临，从这个角度来讲，金钱激励只能治标，难以治本。

（3）不经济性。这主要表现在两个方面：一方面，大幅度的金钱激励虽然可以获得所期待的激励效果，但如果付出的代价太大，以至于超过了激励所带来的回报，从企业的角度讲这种做法是不经济的。另一方面，由于工资刚性，薪水的提高很容易，但下降却很困难，如果给下属加薪后你发现没有达到预期效果转而给下属降薪，那会给下属的热情和士气带来极大的打击，相应的，下属的绩效也会跟着大受影响。所以，总体来说金钱激励的做法是不经济的。

（4）陷入恶性循环。通过上面的三点分析不难理解，如果仅有金钱激励一种手段，那么每一次的加薪都无法在长时间内取得预期的效果，并且会迫使下一次加薪更快来临，如此往复循环，整个企业的业绩难有质的改善，人工成本却越来越高，直到有一天入不敷出。所以，单纯的金钱激励是一种"自杀性"的恶性循环，是一条无休止的无间之路。

其实，赫茨伯格的双因素理论已经阐明了这一点。他认为，每个人都会在自己的工作中寻求满足自己特定的基本需要，从而不会引起自己的不满。这些基本需要被称为保障因素，包括工作条件、安全、薪酬、福利等等，缺少这些因素会引发对工作的不满，但它们的存在并不具备真正的激励作用；真正的激励因素包括成就、对成就的认可、工作本身、责任和晋升，这些精神激励才是真正驱动员工获得成功的动力所在，同时也是管理者应该追求的。

当你的大部分员工在享受你的激励而非无动于衷的时候，你就可以拿出更充足的资金使自己员工的薪酬待遇具有竞争力。如此一来，激励因素又巩固了保障因素，与金钱激励相比，"自杀"变成了"自救"，恶性循环变成了良性循环，这才是成功的管理之道。

9. 认真地对待批评员工的方式问题

批评是一种艺术。作为管理者，能以一种幽默的方式责备对方，这是最好不过的了。在玩笑中提醒了对方，也在玩笑中告诉了对方自己不在意。如果能在私下里提醒，而不是当着许多人的面，那就更巧妙了。

有些管理者总觉得批评、责备人是件严肃的事，于是总会下意识地找个正规的场合，用比较严肃的语气和表情进行批评。其实，批评与责备有很多讲究，对不同的对象要采取不同的技巧，也要选择不同的时机。

批评下属是一件不轻松也不容易的事情，有时会令那些缺乏管理知识和经验的领导者感到无所适从。但是，谁都会犯错误，如果管理者不懂得如何批评下属，就有可能降低部门的工作效率，甚至影响整个团队的工作情绪。有些管理者一时激动就不分青红皂白对下属进行批评，而忽略了对客观事件本身进行全方位的调查。所以在批评前要弄清事实真相。而且批评最好能单独进行，如果找上几个领导一起批评，那就成批斗会了，结果会让对方感到无地自容，甚至对生活都会失去信心。如果能在办公室单独进行，即使其他人也知道，但至少他会有一种侥幸心理："领导批评我好像没人知道。"领导在批评下属时应尽可能营造轻松一点的气氛，比如以关心问话开始，或者以聊家常开始，这都能让批评有一些人情味，也能体现你的关心。

虽说事情都是人做的，但在批评下属时，还是要尽量对事不对人。这样做也是为了防止让下属认为你对他有成见。"对事不对人"不仅容易使下属客观地评价自己的问题，让下属心服口服；它的重要意义还在于这样可以在部门内部形成一个公平竞争的环境，使下属不会产生为了自己的利益去溜须拍马的想法。

如果在批评时，下属有抵触情绪，在批评后的几天之内，管理者应该找下属再谈谈心，消除下属可能产生的误解；如果批评后，下属还没有改正错误，要认真地分析他继续犯错的原因，而不应盲目地再次批评。

实际上，大多数的错误不是由下属主观引起的，可能是多种因素的综合结果。当管理者在批评下属时，也要认真地反省自己应该承担的责任。

10. 批评所要注意的三要素

管理者要想达到让下属改正错误的目的，在批评中必须注意以下3点：

（1）批评贵有别。在批评的过程中，不同的人由于经历、文化程度、性格特征、年龄等的不同，接受批评的能力和方式也有很大的区别。同时，由于性格和修养上的不同，不同的人对同一批评也会产生不同的心理反应。因此，管理者在批评时就要根据被批评者的不同特点采取不同的批评方式，切忌批评方法单一，死搬教条。

一般来说，对于自尊心较强而缺点、错误又较多的人，应采取渐进式批评。由浅入深，一步一步地指出被批评者的缺点和错误，从而让被批评者从思想上逐步适应，逐渐地提高认识。不能一下子将被批评者的缺点"和盘托出"，使其背上沉重的思想包袱，这样反而达不到预期的目的。

对于性格内向、善于思考、各方面都比较成熟的人，应采取发问式批评。管理者将批评的内容通过提问的方式，传递给被批评者，从而使被批评者在回答问题的过程中来思索、认识自身的缺点、错误。

对于思想基础较好、性格开朗、乐于接受批评的人，则要采取直接式批评。管理者可以开门见山、一针见血地指出被批评者的缺点、错误。这样做，被批评者不但不会感到突然和言辞激烈，反而会认为你有诚意、直率，真心帮助他进步，因而乐意接受批评。

总之，批评要根据对象的不同特点采取不同的方法，从而有效地达到批评的目的。

（2）批评贵有度。人们常说"凡事得有度"，可见，做什么事情都得掌握一个度，要有"分寸"。在批评中也一样，"过"与"不及"都是应当避免的，要力争做到恰到好处，从而更好地达到使人奋发向上的目的。那如何才能做到恰到好处呢？

①管理者要在批评前告诫自己，批评的目的不是针对人而是要通过批评来帮助员工改正错误，进而使他奋发向上；要告诫自己只要达到了这个目的就不要再刻意去责备员工，只要员工认识到了自己的错误，诚心地表示要吸取教训，并提出了改进方案，这样批评的效果就已经达到了，这时就不应该再批评而应该多鼓励。②充分认识到与员工的关系是一种合作的、同志间的关系，认清彼此间并不存在根本的矛盾。因此，批评的目的是要把问题谈透，而不是把下属批臭。管理者在批评中应该

表现出一定的大家风范和君子气派，切不可小肚鸡肠、斤斤计较，必要时还可以适当选用具有一定模糊性的语言，暂为权宜之策。③下属员工所犯的错误，虽然不是一种根本对立的矛盾，但毕竟是犯了错误，需要的就是批评而不是褒奖。如果批评时语言没有分量，嘻嘻哈哈、轻描淡写，就会失去批评的意义，从而使得错误在组织中形成一种不良的影响，得不到有效的控制。应本着惩前毖后的原则，既要维护制度的威严，又不能放弃原则，以免赏罚不明、纪律松弛。④要仔细分析员工犯错误的原因和程度的轻重而给予不同程度的批评，切忌等量齐观、"一视同仁"、各打五十大板，其结果是让被批评者心里产生一种愤愤不平之感，引出一些不必要的麻烦。应当该轻则轻，不能揪着辫子不放；该重则重，切莫姑息迁就。

总的来说，适度批评就是要实事求是地分析员工的错误，根据不同情况采取适当的批评，做到批评能"适可而止"。

（3）批评贵有情。管理者的批评实质上是帮助员工认识错误，并协助其改正错误，诚意和关爱在这种帮助过程中起着极其重要的作用，毕竟人们不需要虚情假意的帮助。这里说的诚意就是指批评的形式、手段、方法要光明磊落，态度十分诚恳、友好。比如将心比心，不让对方下不了台，不把责任推给别人，不算老账，诚实做人，体谅员工的难处，等等。

爱心就是指批评的目的完全是为爱护员工、提高员工的素质。目的高尚纯洁，"一片冰心在玉壶"，不掺一点儿私心杂念。而这种诚意和爱心正是员工极为重视的。能感受到来自管理者的诚意和关爱，员工也就更为乐意地接受批评，进而认真地去认识和改正错误。

因而，管理者在批评时应采取一种诚恳的态度，多从员工的角度去考虑问题，对员工动之以情、晓之以理；不是一味地采取粗暴的方式批评，而是要客观地评价员工的过错，热心地帮助他们分析产生错误的原因，以宽容的批评去鼓励他们勇于面对错误，让他们感受到你的批评就是一种关爱，从而激发员工主动地去承认错误，并努力地去改正错误。

11. 带着爱心去批评

为了批评而批评，是批评下属时最忌讳的。或许你会减少一点怒火，但是被你批评的对象却会因为你的批评而惶恐不安，以致影响平时的正常工作。

为了避免类似的错误发生，每一位管理者应当从现在开始，改变一下批评和斥责的方式，三思而后行，在说出斥责的话语之前，提醒自己：批评是为了让员工认识错误、改正错误，并且以后不再犯类似的错误，而不是为了批评而批评，为了斥责而斥责。

管理大师松下幸之助认为，员工身上最宝贵的莫过于他们的羞耻心和责任心，所以，在管理中，为了调动员工的积极性，在批评员工的时候，一定要注意对员工自尊心的保护，不能让批评过了头；相反，要注意利用这种自尊心和羞耻心，在斥责员工的时候注意把握分寸，掌握火候。利用员工的这种心理，可以让斥责和批评达到目的，使员工能在批评下奋力一搏，最大限度地发挥自己的聪明才智。

俗话说："当局者迷，旁观者清。"这句话很有道理。当你的员工把完成的工作交给你的时候，可以肯定地说他此时并没意识到错误的存在，否则，他就会努力去改正。所以，在你批评你的员工的时候，你一定要指出他的错误所在，如果不能让他了解错误的所在而是一味地斥责的话，那么，这样的批评只会增加他心中的不满，永远不会达到批评的目的，下次他再犯同样的错误也就很正常了。所以，在批评之前告诉他到底错在什么地方很重要。

员工做错了事要受到惩罚，这是正常的，也是改正错误所必需的。但是，别忘了，批评仅仅是促进犯错者改正错误的一种手段和方式，而不是目的，如果被批评者在得到了这个教训之后不再犯同样或类似的错误，就可以说批评的目的达到了。因此，批评的同时最好能对其今后的行动加以指导。对犯错者提供指导也能使他更加容易接受批评意见，所以最好是双管齐下。

当你在批评你的孩子的时候，你大概不会仅仅为了批评而批评吧？如果你在批评你的员工的时候，能够像批评你的孩子一样怀着一颗关爱、仁慈的心，或许批评的效果会好一点。

12. 委婉地指出错误更容易让人接受

在一些特定条件下，批评他人、指出别人工作中的错误和疏漏，不能过于直接，因为那样容易造成对抗情绪，从而导致他错上加错。而委婉的批评、善意的指导则容易让人接受。

约翰·瓦纳梅克每天都要到自己的店里去一趟。有一次，有位顾客等在柜台前，没有人理会他。店员呢？他们正聚集在另一个角落里聊天嬉笑。瓦纳梅克不说一句话，静静走到柜台后，亲自帮那位女士结账。他把东西交给店员包装后，便走开了。

有许多人在真诚的赞美之后，喜欢拐弯抹角地加上"但是"两个字，然后开始一连串的批评。举例来说，有人想改变孩子漫不经心的学习态度，很可能会这样说："杰克，你这次成绩进步了，我们很高兴。但是，你如果能多加强一下代数，那就更好了。"

在这个例子里，原本受到鼓舞的杰克，在听到"但是"两个字之后，很可能会怀疑到原来的赞美之辞。对他来说，赞美通常是引向批评的前奏。如此，不但赞美的真实性大打折扣，对杰克的学习态度也不会有什么助益。

如果我们改变一两个字，情形将会大为改观。我们可以这么说："杰克，你这次成绩进步了，我们很高兴。如果你在数学方面继续努力下去的话，下次一定会跟其他科目一样好。"

这样，杰克一定会接受这番赞美了，因为后面没有附加转折。由于我们也间接提醒了应该改进的注意事项，他便懂得该如何改进，以达到我们的期望。

间接指出别人的错误，比直接说出口来要温和，且不会引起别人的强烈反感。玛姬·贾可布有一次谈到，她如何使懒散的建筑工人养成良好的事后清理的好习惯。

贾可布太太请了几位建筑工人加盖房屋。刚开始几天，每次她回家的时候，总发现院子里乱七八糟，到处是木屑。由于这些建筑工人们的技术比较好，贾可布太太不想让他们反感，便想了一个解决的办法。她等工人们离去之后，和孩子一起把木屑清理干净，堆到园子的角落里。第二天早上，她把领班叫到一旁，对他说："我很满意昨天你们把前院清理得那么干净，没有惹得邻居们说闲话。"从此以后，工人们每天完工之后，都把木屑堆到园子角落里，领班也每天检查前院有没有维持整洁。

许多后备军人在受训期间，最常抱怨的就是必须理发，因为他们认为自己仍算是普通老百姓。一级上士哈理·凯撒谈到这个问题时说道，他有一次奉命训练一群后备士官。按照旧时一般军人管理法，他大可对那群士官吼叫，或出言恫吓。但他并没有这么做，而是用迂回战术达到目的。

"诸位，"他这么说，"你们都是未来的领导者，你们现在如何被领导，将来也要如何去领导别人。诸位都知道军队中对头发的规定，我今天就要按照规定去理发，虽然我的头发比你们的还短得多。诸位等一下可以去照照镜子，如果觉得需要，我们可以安排时间到理发室去。"结果可以料想，许多人真的去照镜子，并且遵照规定理好了头发。

管教孩子的方法可分"限制"和"要求"两种。孩子在餐厅吵闹时，大人大声吼住是限制管教。这方法虽能吓阻孩子的行为，却会让孩子感到无所适从。相反，斥责后再指示该怎么做，便属于后者——要求管教。

美国的心理学家以 8 岁的孩子为对象，调查孩子的上进心与幼儿期的管教方式的关系。结果显示，有上进心的一组孩子，均是接受要求管教而成长的，而缺乏上进心的孩子，自小到大完全是接受限制管教。

为什么接受限制管教而长大的孩子干劲低落？因为行为受限制，自然会产生不满，使向上精神降低。行动被禁止或抑制，表示欲求遭受阻碍，这会使人失去意愿，也会缺乏去改变行动的积极精神。限制管教法用久了，孩子便会丧失上进心。

吸取这点教训，对提高批评效果会有所助益。因为大多数的领导都误以为批评就是管理，也以为不常常批评部下反而会被部下轻视，所以，为表示自己的地位高于部下，便以批评作为管理的重要手段。

像这样以批评来惩罚部下，到最后不免会削弱部下的干劲。因为人的大脑部分刺激，将会波及四周，而想起过去发生的许多事，且会无限扩大，使人感到犹如被绳子勒紧脖子一般。如此将会使部下的欲求不满，上进心也随之减弱。基于这点，批评人之际，首先要确定批评内容。在脑海中先演示批评的经过情形，才能增加批评效果。

下属的错误是管理者需要经常面对的问题，有时需要坦白指出来，有时则需要迂回一下，委婉一点。两者的区别和火候需要管理者用心揣摩才行。

13. 不要当众斥责下属

对于管理者来说，当众批评下属是不明智的。因为当众批评会刺伤对方的自尊心，可能引发强烈的抵触情绪，也许会因之产生"我偏不干好"的逆反心理，也可能使其为了维护"面子"而当众反驳。

不管发生哪种情况，批评的实际效果是十分差的，特别是引发被批评者的当众反驳。这种行为既影响管理者的威信，又可能由于被批评者不断的辩护而强化了自认为"正确"的心态。

当着众人的面批评一个人不仅是自己拆自己的台，而且会使受批评的人意志消沉，产生自卑感。有一个经理在现场检查产品质量时，对一名主管大声斥责："喂，你竟给生产劣质产品开绿灯！要知道，公司是不接受这种劣质产品的。你在这里表现得不好，你必须赶快把质量搞上去；否则，我会重新物色人选。"结果，除了他以外，在场的所有人都很气愤。

这样当众训斥人不但会使被斥责者十分气愤，而且还会使在场的每一个人都感到十分尴尬，感到自己有朝一日也会有同样下场，于是人人自危。同时，这样做还有可能导致员工怀疑其上级的能力。这样，他作为一名管理者所能发挥的作用就小了，其自尊心也会受挫伤，致使他从此疑虑重重。经理这样愚蠢地处理问题，只能使问题更加严重。经理不应该当众批评下级人员，而应私下同他研究质量问题，这样既能使产品质量问题得到正当的解决，又能保护下属员工旺盛的士气，对各方面都有好处。

人都是要面子的，尤其是在大庭广众之下。有一些管理者总喜欢不分场合地对手下的部门负责人指手画脚，当众呵斥，动辄发脾气，把下属人员置于难堪的境地。他以为这样做会激发员工发挥更大的能动性，通过羞辱行为教育下属人员，以为这样才能体现自己的威严。这样做虽然对下属人员一时会奏效，但却不能长久下去，因为它会造成人为的心理紧张，对人的自尊心是一种极大的伤害。即使下属人员当时被迫接受了管理者的责备，但内心深处却留下了一个阴影。不断地被斥责，阴影会越来越大，终于会有一天爆发出来，使管理者与下属人员矛盾激化。更有可能的是，下属人员产生的自卑心理会越来越强，意志会日益消沉，尤其是年轻人，还会自暴自弃。这对用人、激励人是没有任何好处的。

有的管理者知晓这种批评的危害，于是就尽可能多地采用表扬的方式。

称赞固然能够鼓舞士气，但当下属的确犯了错误，该责备的仍要责备。如果责备有方，犹如快马加鞭，下属会将此作为鞭策、作为动力，从而干劲十足。倘若下属在工作中出现失误，上司要斥责他、批评他时，一定不要当着众人的面批评他。因为如果当众斥责他，会使他觉得脸面无光，无地自容，会使他觉得上司太不赏识他，不尊重他。

一个成功的管理者，当他的下属犯了错误时，他会选择适当的方式，如私下里面对面对下属提出批评。这样，下属会感激万分，因为他清楚，上司不仅给了他面子，而且还给了他机会，知恩必报，以心换心，下属会更加努力，做出好成绩来报答上司。

14. 简短有力的批评更有效

人们常说："沉默是金，开口是银。"一句简简单单的话语却道出了人际交往中的一条重要规律。身为管理者，在与员工交流时你常常得多开口，但是你有没有想过，你的过于"健谈"已经引起了员工的不满呢？其实，适当的沉默，给员工留下一个宁静的空间，让他们想自己该做的事，这才是你处理与员工关系的智慧宝石，巧妙地运用它，你将会得到意想不到的收获。

言简意赅地传达你对员工们的要求和期望，如有必要，再把注意事项交代清楚即可，然后你就可以保持沉默，留一些时间给你的员工们好好考虑具体的步骤。当他们的想法不够准确圆满时，你才可以适当地给予补充，作一次适时的指导，但千万不要剥夺你的员工发言与思考的机会。

在你批评雇员时，适当的沉默、宁静可以起到"此时无声胜有声"的作用。通常来讲，当你批评员工时，他的情绪波动是很大的。每个人都有自尊心，成年后更是觉得面子是很重要的。也许你只是想苦口婆心地劝导他一番，并无他意，但是无形中你却伤了员工们的自尊心，让他们觉得颜面挂不住，产生了索性"破罐子破摔"的心理，那你的批评岂不是得不偿失？不要到处都充满你的斥责声，在适度批评之后保持一个沉默的空间，让他有时间冷静地想想自己的所作所为，相信这更是一种对当事人的威慑。一方面，员工会因为你的"点到为止"而感谢你为他们保留了颜面；另一方面，也显示出了你宽广的胸怀。你的默不作声并非是对错误的迁就，而是留给了对方一个自省的余地。

当内部员工发生争执时，适当的沉默、给他们时间冷静是你的缓兵之计。争执的双方为了寻求一个说法，也许会将你——他们心目中的权威者拉入其中，让你作个公断。在没有经过深思熟虑之前，你绝不可以表明自己的立场，滔滔不绝地发表自己的看法。即便你已经知道了谁对谁错，在双方还面红耳赤地争执、谁都不愿意让步时，你的公断也不会达到预期的效果，只可能会使一方的自尊心受挫，认为你是有意偏袒。此时适当的沉默才是你最好的选择，待到双方头脑冷静后，你再公正地作出评价，其效果必定会事半功倍。

搬弄是非的人似乎在哪里都能找到生存的环境。当你的组织中也存在着一小撮喜欢打"小报告"的人时，对待他们的最好办法就是保持沉默，给他们时间，让他们随意去说。这时沉默并不是对搬弄是非者的纵容，而是在一定程度上制止了是非的蔓延。试想，如果你对那些"人事秘书"们的小道消息表示出了兴趣，他们一定会更加肆无忌惮，必定会闹得满城风雨，良好的人际关系会被搅得一塌糊涂。而若是你选择了沉默，等到他们讲够了，必定会索然无味地从你身边走开，是非也就失去了传播的源头。

管理者对员工的批评关键是说在点子上。用适当的话语，留给员工更多自省的空间，以认识所犯的错误，又何乐而不为呢？

第六章

树立威信的同时
别忘了安抚下属的情绪

领导者没有威信办不成事，威信的树立需要你勇敢地挥起"杀威棒"，需要你与下属保持适当的距离。另一方面，又要洞察下属的情绪动态，给其以恰如其分的尊重与关心，给其一个舒散不满、缓解压力的渠道。

1. 威信是管理者的第一要素

威信几乎是每一个管理者刻意追求的东西。没有威信的管理者，比一个普通老百姓还要糟糕。因为，普通老百姓只要干好自己的事就行了，不用借助威信带领别人去做什么。而管理者不然，管理者不立威，就不可能有任何作为。

有人用"经理 = 实力 + 威信"来概括企业经理的特征，突出了实力与威信是构成经理能力的要素。许多人总是强调，作为一个管理者，能力比什么都重要，其实未必尽然。要成为一个优秀的管理者，除了拥有超群的实力，还需拥有非凡的领袖气质。这种领袖气质，我们通常称为威信。

威信，可以说是管理者头上的光环。失去了它，再有能力的经理在下属眼中也显得一无所有！

因此，要想成为一个优秀的管理者，获得高超的驾驭下属的能力，就必须静下心来仔细想想以下的经历，并从中找到真正的答案：

为什么有许多人在没有加班费的情况之下，仍然愿意辛勤加班？

为什么总有一批人为你所设定的目标全力冲刺？

为什么总有一批人为你毫不保留地奉献他所有的才智？

为什么有人心甘情愿，不顾性命，赴汤蹈火？

多年来，许多人一直不断思索这些问题，终于取得这样一个答案：

成功的管理者，是因为他具有99%的个人威信和1%的权力行使。

管理者，其实就是把威信发挥到极致，影响他人合作，从而实现目标的一种身份。

一个人之所以为他的上司或组织卖力工作，绝大多数的原因，是上司拥有个人威信，像磁铁般征服了大家的心，激励大家勇往直前。

有一位颇有见地的企业经理在研讨会上，曾单刀直入地告诉与会者："在现实世界里，众所皆知的一流管理者，无一例外地都具有一处罕见的人格特质，他们处处展现出威信领袖的风范。他们不但能激发下属们的工作意愿，又具有高超的沟通能力，动之以情，晓之以理，浑身散发出热情。尤其重要的是，他带领团队屡创佳绩，拥有一连串骄人的辉煌成就。运用奖赏力与强制力来管理，也许有效，但是如果你要提高自己的威信，赢得众人的尊重和喜爱，我建议你们要尽最大的努力以影响和争取下属的心。假如你们之中谁能做到这点，谁就能成为一位成功的经理人，而且也可能完成许多看似不可能完成的任务。"

优秀的管理才能，特别是个人的威信或影响力，比他的职位高低和薪资、福利的优劣重要得多。它才是真正促使人们发挥最大潜力，实现任何计划、目标的魔杖。

管理者需要的是令人慑服的威信，而不是令人生畏的权力。是否拥有这种威信，正是一个管理者能否成功的关键！

2. 树立威信要有战术

树立威信是摆在每一位管理者面前的头等大事。

管理者要树立起在员工中的威信，不能依靠外表吓唬人，而是需要动一番脑筋。《红楼梦》中的探春最初接管园中事务时，是以闺中的娇小姐身份来接替人见人惧的王熙凤，每个人都以嘲笑的心情来看她如何支撑局面，根本不把她放在眼中。

探春的"亮相"自然要不同凡响。她一上来就对王熙凤定下的种种不合理的规矩一一驳斥、废除，使在座者无不心服口服；大刀阔斧地改革还借助了李纨的地位、宝钗的心细，加上她自己的精于计算，形成了"三独坐"的局面；她对生母赵姨娘的无理要求更是不留情面，使她的"主贵奴贱"的架子自讨没趣了。探春的几把"火"烧对了地方，也"烧"出了威信。大观园在探春的管理下一度显得井井有条。

管理者立威就得"烧"几把火，但火不能烧得过度，树立权威也要掌握一定的技巧：

（1）对那些你无法接受的反应，立即且坚定地作出适当的回应：下达命令，要求改正。

（2）发布简短、明了的命令，并且表现为别人要毫无疑问地服从它们。

（3）把自己私人的生活和问题留给自己解决。

（4）不要询问你下属的私人生活，除非这些事情对工作有直接的影响。

（5）以平和的态度接受成功，但是表现出你所期待的成功是在你要求的工作能被放在第一位进行时。把成功归于命令被服从的事实。

（6）以比正常略为缓慢的速度，清晰地提问题，等候回答。

（7）当你和别人说话时，不要注意他们的眼睛，而看着他们前额的中央、眉毛上方半寸高的地方。这样他们就很难让你改变脸上的表情，这个表情通常就是你要让步的第一个迹象。事先准备好一个结束谈话的结尾，这样示意谈话结束，使你免于显出笨拙的样子。

（8）不要尝试强迫别人立即行动。大部分人会觉得受到压迫，需要一点时间整理一下思绪。如果你显露权威，他们还是会行动，但是最好让人有缓冲期。

（9）不要期待在那些你采取如此手段对待的人当中交到任何朋友，也不要试图想除去任何一人。

（10）当你出错时，不要承认这是个人的错误，比如，不要说："我错了。"而是说："问题可以处理得更好。"

以上的10条规则是为管理者提供表现权威的方法。在你必须对一个棘手的事情负责时，可能想要把它们全部用上，或者仅使用其中一个方法——当你不想屈服于推销员的压力之下时，就瞪着他的前额看。应该利用多大程度的权威全随情况和你的性格而定。如果对于使用这种方式感到不舒服，应该试着一次练习一个规则，直到觉得熟悉了为止。若对使用这些方法感到不安，就不要用！否则，不仅欠缺说服力，还会陷入比刚开始还要糟的境况。

一般而言，尽可能使用最少的权力来完成工作。假使用得太过，人们会很容易把你当做蛮横的人，而且会反叛，想要诋毁你。管理者利用权威的目的就是管理别人以达到自己的目标。如果人们已经达到你想要的程度，就不需要表现出还在负责的样子，虽然管理者有权力，但是这样即便树立了威信也会被人们所痛恨。

虽然听起来有点陈词滥调，但是仍然有必要强调：除非你有想以权威来争取的东西，否则总是表现出一副很有权力的样子并不明智。强迫别人毫无疑问地总是服从，只会显得荒谬。人们不会把你看得很重要，即使他们怕你。最糟的是，当真的需要他们时，他们又可能一点反应也没有，你就像那个经常叫"狼来了"的男孩，最后没有人理会你。

所以，管理者要把自己的权威树立在员工们的心中，让大家从潜意识中认同你，心甘情愿地做你的下属。

3. 慎重表态，说到就要做到

"取信于民"是每个管理者开展工作的基石。下属不信赖你，对你的话心存疑窦，你的要求、你的许诺，渐渐会失去应有的效用。时间久了，你的威信会一落千丈，你的管理者地位会失去基础。

有这样一位厂长，上任伊始，宣布要为员工们在一年内做5件实事，员工们自然干劲倍增，但大半年过去了，一件事也没有办成，大家渐渐就没了热情，这位厂长也因此威望扫地，企业效益急速滑坡。

厂长本是想用许诺来激励员工，没有想到全行业不景气，厂子也就没有钱办那些已经许诺的事，结果是"搬起石头砸了自己的脚"。这位厂长要从这件事中吸取教训，切忌瞎许诺。一些企业的领导也应该从这类事情中反思一下，没有绝对把握的事情，绝不要随便向员工们许诺，否则，届时不能兑现，后果不堪设想。

有些领导错把轻易许诺作为激励员工的手段，也许在短期内会起到作用，但从长远看，效果并不好——一旦许诺不能及时兑现，员工伤心失望，还不如事前不做任何许诺。在这样的情况下，还不如默默地为员工做一些实事，让员工落个实惠。也不可把话说得太早、太满，让人空欢喜一场。

有些许诺关系着员工的前途与未来，员工们对此极为敏感，在工作中牢牢记住管理者说过的每一句话。因此，管理者不能心情一高兴，忘乎所以，信口开河，更不可随意封官许愿，而在这些员工达到要求时却又根本不提，这只能削弱公司员工的战斗力。由此可见，管理者在日常管理中，千万不可随意许诺，若有许诺，应尽力兑现。

在我们身边的一些不受人欢迎的管理者，必然有他们招人讨厌的方面，但总结一下，都有一个小毛病——言行不一致，说的是一套，做的又是一套。

有的管理者高兴的时候，对员工随便作出承诺，不管结果能不能实现，只图一时的口头兴奋。不久后，食言反而装着若无其事，好像从来都没有说过那句话似的。

有的管理者以为自己的权力是自己不负责任的理由，只管要求员工做事卖力，自己则一毛不拔，整天无所事事，一张报纸一杯茶，至多作一些口头指示。

有的管理者"前言不对后语"。在作出某项承诺后，条件发生变化，或者受到来自其他方面的压力，为了维护自己的利益，或者明哲保身，不惜推翻自己所作的承诺。

只要能够说到做到，哪怕这位上司的能力差一些，员工们也会信任他，主动维护他的形象。即使他的话语与行动，不一定符合员工的要求，员工也会感到他做事有原则性，反而对他的工作要求较有信心，认为他不会有朝令夕改的情形发生，工作起来也较为投入。

4. 适当时候要"御驾亲证"

管理者要树立自己在员工中的威信，在很多时候，该出手时就要出手。

只会伏案工作的管理者，根本不可能率先示范给下属看；只会实际工作的管理者，同样也不能指挥下属。唯有伏案工作与实际工作双管齐下、平均分配，才是最佳的行动模范。

某些场合，管理者不能只负责业务管理，而叫下属从事实际工作。纵使身为主任、股长或是科长，有时也要亲自操作实际工作。

换句话说，管理者不但要指导下属、管理下属的行动，有时候更要站在下属的前头，以一副"看好，要按照我示范的方法做"的态度率先示范。也就是说，上司在某些情况下也要从事第一线的工作。

话虽如此，有些管理者似乎没有认清自己的立场与任务，只会在口头上堆砌一堆大道理，却从来不肯在行动上率先示范。这些管理者之所以有这些观念，大都是在讨论会或别的场合里听说"第一线的下属是靠流汗及实际的行动赚取薪资。管理者就不同了，他们要作价值判断，然后再依据判断结论操纵下属。各阶层负责各阶层的工作，这才是实事求是的态度。身为一个管理者，不可以只靠流汗来换取工资"。

可是，他们误解了这段话的真正含意，并且漏掉了很重要的一点，那就是，在某些时候或某些场合，管理者必须亲自行动。因此，他们就理直气壮地坐在自己的座位上专心从事管理工作。这些管理者为他们的短视所付出的代价，就是日渐与员工们疏远。

当管理者在某些时候"亲自上阵"，给员工们带来的震撼是巨大的。

东芝公司是世界上有名的大企业，它除了产品具有较强的竞争力外，在营销工作中也是高招迭出。所以，业务发展迅速。

有一次，该公司的董事长土光敏夫听业务员反映，公司有一笔生意怎么也做不成，主要是因为买方的课长经常外出，多次登门拜访他都扑了空。土光敏夫听了情况后，沉思了一会儿，然后说："啊！请不要泄气，待我上门试试。"

业务员听到董事长要"御驾亲征"，不觉吃了一惊。一是担心董事长不相信自己的真实反映；二是担心董事长亲自上门推销，万一又碰不上那企业的课长，岂不是太丢一家大企业董事长的脸！那业务员越想越怕，急忙劝说："董事长，不必您亲自为这些具体小事操心，我多跑几趟总会碰上那位课长的。"

业务员没有理解董事长的想法。土光敏夫第二天真的亲自来到那位课长的办公室，但仍没有见到课长。事实上，这是土光敏夫预料中之事。他没有因此而告辞，而是坐在那里等候，等了老半天，那位课长回来了。当他看了土光敏夫的名片后，慌忙说："对不起，对不起，让您久候了。"土光敏夫毫无不悦之色，反而微笑着说："贵公司生意兴隆，我应该等候。"

那位课长明知自己企业的交易额不算多，只不过几十万日元，而堂堂的东芝公司董事长亲自上门进行洽谈，觉得赏光不少，故很快就谈成了这笔交易。最后，这位课长热切地握着土光敏夫的手说："下次，本公司无论如何一定买东芝的产品，但唯一的条件是董事长不必亲自来。"随同土光敏夫前往洽谈的业务员，目睹此情此景，深受教育。

土光敏夫此举不仅做成了生意，更重要的是他在全体员工面前做了一个亲历亲为的榜样，提升了作为管理者的形象，无形中树立了自己的威信。

5. 不做假公济私有损个人形象的事

每一位管理者在员工的心目中，都有其独特的个人形象。管理者个人形象的好坏与其在员工心目中的威信息息相关。

对加班中的下属说："工作做完后我请大家到咖啡屋喝杯咖啡。"相信下属们一定心存感激。因为，这是上司自己掏腰包请客。相反地，上司要是以公费请客，大家的心情一定大大地打折扣。

有些上司在出差时吃一顿饭都要跟人家要发票，以便拿回公司向会计报账。在这个社会上你只要多留意一下，必会找到不少这一类型的人。

其实，要了解一个人的品性很容易，只要看看他使用金钱的方式就可一目了然。有些人乍见之下气度相当宏伟，可是一牵涉到钱，脑子里立刻盘算如何才能"报公账"。以上司的资格来说，这种人的品性及能力都够不上水准。

有一位相当吝啬的男子，一次，这位男子心不甘情不愿地汇一笔款子回老家，为的是双亲的三周年忌日，每个兄弟都须平摊一些。令人意想不到的是，这名男子竟把挂号收据连同现金汇票一起送到会计部门，并在上面注明"送给客户的汇款"。

这位只进不出的男子位居科长之职，可是从不曾开口请下属上咖啡屋喝杯咖啡。因此下属们为他取了一个"铁公鸡"的诨名。

这种上司很容易失去下属的信赖。

品性最低劣、最被下属瞧不起的管理者是用公司的钱挥霍无度，而自己的钱则一毛不拔的人。这种类型的管理者为数不少，而对公司更是有百害而无一利，严格说起来，他不但没有存在的价值，甚至会对公司造成危害。

所以，管理者在日常事务中要公私分明，切不可因贪图小便宜而使个人威信受损。

6. 坚决拆散小圈子

在很多的企业中，员工都有拉帮结派的现象。他们或以来自同一地方为区分标准，或以不同的工作部门为分界线，形成一个个小圈子。这些形形色色的小圈子是企业维持平衡局面的最大绊脚石。

部下拉帮结派，目的无外乎两个：一是形成自己的派系打击其他的同事，积累更大的力量进行内讧；二是经营自己的势力，培植自己的死党对抗领导，伺机取而代之。不论哪一种都会危害整个组织的团结，会威胁领导者的权威。所以，领导者绝不能容忍小圈子的发展，一定要坚决地把它砸烂！

对待小圈子，管理者绝不能听之任之，保留了他们的权威也就相当于削弱了自己的权威，无异于自杀行为。因此，对于结党营私的属下，明智的管理者一定会毫不留情地砸烂它。

双星集团总经理汪海在创业过程中就曾遇到过类似问题。

当时，企业的组织机构存在严重问题，27 个科室中，能干实事的寥寥无几，且大多效率低下，管理不善，因此，进行机构改革裁减冗员势在必行。

但改革的主张首先受到了来自安全科的挑战。安全科势力很大，一个科室就占用一层楼，科员们个个待遇优厚，其地位之所以如此，原因在于这里的 20 多个人大多是领导的子弟亲属，后台较硬，被人称为"特殊王国"。对此，其他员工的意见一直很大。

汪海知道安全科很有背景，但如果容忍安全科我行我素，目中无人，那么自己以后的工作将很难开展，其他员工也不会服气。于是他打算拆除安全科的小圈子，彻底击垮这个"特殊王国"。

汪海下令，限安全科于第二天下午6点前将其占用的四层楼腾空，搬到指定的三间房子里。他知道这道命令必然会招来安全科强力的抵制。

果然，安全科的诸位特权者连夜开会，商量对策，决定"集体上诉"，到上级部门去告汪海的状。到了第二天中午，他们仍然占住四层，不肯搬迁，与汪海保持着僵持状态。

汪海知道这小圈子的实力，也知道自己可能会因此而得罪某些上级领导，但为了企业利益，为了自身命令的有效性，他没有退却。

汪海马上召集党组会议，决定如果安全科再不搬迁，就罢免其领导。这一招果真灵验，谁都不愿丢了自己的乌纱帽，科长在即将宣布罢免令的最后一分钟终于屈服，开始搬迁。

从此，来自安全科的阻力被彻底破除了，其他科室在汪海改革之剑的寒光下也不敢再有任何抵制行为，规规矩矩地执行汪海的命令，机构改革的速度不断加快，为企业的生产创造了良好的条件。

管理者在砸烂小圈子、清除内部团伙势力时，必然会遇到来自外部和团体自身的抵制和压力，这时管理者不能手软，要一打到底，不给其留有生存机会，否则复苏后的小圈子势力将更加膨胀。汪海在机构改革中面对"特殊小王国"安全科的抵制并没有退却，而是采取更加有力的措施将其逐渐击破，维护了企业的利益，也树立了自身的权威。

"小圈子"中的"小"不是指其能量小，人数少，而是针对它只为少数人谋私利，在组织上排斥大部分人，只注重自己内部的利益，不管全局的利益而言的。有时候，"小"圈子实际上人数众多，其成员大多占据要位，活动能量颇大。管理者一旦纵容和漠视小圈子的发展，任其势力膨胀而不加干预的话，那它就会持续扩张，割据一方，搞独立王国，甚至藐视领导，公然向最高管理者挑战。这种势力一旦形成的话，就很难处理小圈子和整个组织之间的从属关系了。小圈子于组织就好像肿瘤之于人体，一旦肿瘤恶性膨胀，就有吞噬整个机体的危险，就会威胁人的生命，所以，领导者千万不能容忍和忽视小圈子的存在和扩张。

此外，要注意的一点是，即使在一个公司中，经理也不要允许中层干部相互串通勾结或编织自己的一套体系，要坚决杜绝任何影响自己威信的行为。

7. 适度地发发火

管理者在工作中，不免有生气发怒的时候，而所发之怒，足以显示管理者的威严和权势，对员工构成一种令人敬畏的风度和形象。应该说，对那种"吃硬不吃软"的员工，适时发火施威，常常胜于苦口婆心和千言万语。

上下级之间的感情交流，不怕波浪起伏，最忌平淡无味。数天的阴雨连绵，才能衬托出雨过天晴、大地如洗的美好。

老练的管理者在这个问题上，既敢于发火震怒，又有善后的本领；既能狂风暴雨，又能阳光明媚。当然，尽管发火施威有缘由，毕竟发火会伤人，甚至会坏事，管理者对此还是谨慎对待为好。

管理者适度发火，这是需要的，特别是涉及原则问题或在公开场合碰了钉子时，或对有过错者帮助教育无效时，必须以发火压住对方。况且，管理者确实为员工着想，而员工又固执不从时，管理者发多大火，员工也会明白理解的。当然，在发火的过程中应注意以下几点：

（1）发火不宜把话说过头，不能把事做绝，而要注意留下感情补偿的余地。管理者话语出口一言九鼎，在大庭广众之下，一言既出，驷马难追，而一旦把话说过头，则事后骑虎难下，难以收场。所以，发火不应当众揭短，伤人之心，导致事后费许多力也难挽回。

（2）发火宜虚实相间。对当众说服不了或不便当众劝导的人，不妨对他大动肝火，这既能防止和制止其错误行为，也能显示出管理者运用威慑的力量，设置了"防患于未然"的"第一道防线"。但对有些人则不宜真动肝火，而应以半开玩笑、半认真或半俏皮、半训诫的方式去进行，虚中有实、语意双关，使对方既不能翻脸又不敢轻视，内心往往有所顾忌——假如上司认真起来怎么办。

（3）发火时要注意树立一种被人理解的"热心"形象，要大事认真、小事随和，轻易不发火，发火就叫人服气、"拿住人"，时间长了，管理者才能在员工中树立起令人敬畏的形象。日常观察可见，令人服气的发火总是和热诚的关心帮助联系在一起的，管理者应在员工中形成"自己虽然脾气不好但心肠热"的形象，从而使发火得到人们的理解和赞同。

管理者发火的目的之一是显示威信，但要注意发火的程度。发火总是会伤人的，只是有轻有重而已。管理者对不同的下属要把握好度，发火伤人之后更要及时善后，以防施威未成反招下属怨恨。

8. 距离产生威严

作为一名管理者，有着自身应有的威严。我们常说要跟员工搞好关系，但并不是越平易近人，越和员工打成一片，甚至称兄道弟就越好。为了树立管理者的权威，管理好员工，也需要把握好尺度。如果你是管理者，请你回想一下，你是否经常与你的员工共同出入各种社交场所？你是否对你的某一位知心员工无话不谈？你的员工是否当着其他人的面与你称兄道弟？如果已经出现了上述几种情况，那么危险的信号灯已经亮了，你需要立即采取行动，与你的员工保持一定的距离，不可太过于亲密。

俗话说得好：有距离才有美。适度的距离对你是有好处的。即使你再"民主"，再"平易近人"，也需要有一定的威严。当众与员工称兄道弟只能降低你的威信，使人觉得你与他的关系已不再是上下级的关系，而是哥们儿了。于是，其他员工也开始对你的命令不当一回事。隐私对于每一个人来说都是必要的和重要的，让你的员工过多地了解你的隐私对你来说只能是一种潜在的危险。你敢肯定他哪天不会把你的秘密公之于众吗？你能确定他不会利用你的弱点来打倒你吗？这实在是太可怕了。你可以是员工事业上的伙伴，工作上的朋友，但你千万不要与他成为哥们儿。

在日常的管理中，你是否会听到员工这样议论你：王头儿这些天是怎么了，前天还与我们有说有笑地吃晚饭，今天又把我叫到办公室给训了一顿。一会儿把我们当朋友，一会儿又要做我们的主管，真没想到他在获得提拔后这样对待我们，太令人失望了。

管理者与普通员工等级还是有别的，扮演的角色更是截然不同。作为一名管理者，最不讨好的事情就是纠正员工的行为，尤其是在工作进展不顺利时。如果你一方面想当员工的好朋友，另一方面又想当好主管，同时想扮好这两个角色只会让你费力不讨好。你的员工会对你的"两面派"行为怀恨在心，而上司则会怪你办事不力，你只好两头受气。

在一个工作群体中，你由普通员工提升为主管，你就得管理过去的同事。这种处境确实令人尴尬，你会觉得压力不小。如何处理好这种微妙的关系呢？比较理想的做法是：

（1）召集所有的员工开一次会。用诚恳的语言表明你作为一名管理者所坚持的立场，在某些方面可能会作出令他们不乐意接受的规定和要求，也许你并不赞同，但你不得不去做，清楚地让员工们认识到你们之间的新关系。

（2）积极努力地表现自己，向员工们证明自己是有能力、有热情的。当你犯错误时也不要遮遮掩掩、不懂装懂，而是坦率承认，知错就改。

（3）不要再介入是非长短的闲聊，因为你现在的任务是支持团队中的每一个成员。

（4）不要将自己管理者的角色扮演得过火，与过去的同事产生不必要的疏远。一口官腔，一副高人一等的姿态，只会使你与员工之间产生不和，不利于工作的开展。

总之，如果你是一名管理者，不论是新上任的，还是干了多年的，你都应该摆正自己与员工的位置。无论如何，如果你要维护自己的权威，更好地管理好你的属下，你就应该跟他们适当地保持距离。

9. 对下属恩威并用

管理者在维护威信的过程中，不妨对下属恩威并用。

日本有位企业家总结他的经验说："打一巴掌给个甜枣吃。"意思是对部下施威、批评或者责罚，使他对自己的错误有所醒悟，待他的愧疚心平息下来，又要恰当地给他一点甜头，引导他朝正确的方向走。

我们既然把管理者的发威比喻为"火攻"，也可以把管理者的施恩视为"水疗"，水火并进，双管齐下，因人因事而采取相应措施。

管理者应当十分清楚，批评或责罚应该根据事实，就事论事，要有充分的理由，而不应胡乱地施威。施威之后，要给员工一段时间检讨自己的行为，真正地做到同错误说再见。然后，还要有计划地做收服人心的工作。这时不妨把自己认为有威信的部下找来，与他作深入长谈。谈话时态度要真诚自然，让他感受到你确实是器重他，倚仗他达到与员工的交流。

管理者只需通过这些中间人的传播作用来稳定民心，而不必直接出面。由有威信的中间人将管理者的意图代为转述，每个员工都会反应过来："原来上司也不是冷酷无情的。"他们也许会想到：好好干仍有升职加薪的机会。努力吧，管理者也许会因为我的工作能力对我另眼相看。

可见，管理者的"火攻"是强硬的一手，镇住了局面；再通过"水疗"把恩泽缓缓传递下来，浸润到每个员工心中。恩威并举，令员工不得不佩服你的手段。

权威并不是万能的，善于施威的管理者深知"威"虽对众人而发，但这对个别人而言，又有不同的做法。员工中确有出色的人才，这种"千里马"是不能重鞭的，对于好胜心特别强的人，对于能力非凡而又极富反抗精神的人，就不能再用权威压制他们了。

有的人用高压是无法使之屈服的，这时就要演示给他看：我对许多人是采取强硬态度的，但对你不同，因为你特别出色。讲义气、好胜心特别强的人也极敏感，一旦接受到这种信息，他们就会以"士为知己者死"的态度来回报你。

有威慑力的管理者一般决断力强，办事爽快果断，常常是一字千金，凭这一点就能使人折服。员工也会因为佩服你而不自觉地向你靠拢，感染上你的风格。

古今许多用人实践证明，刚柔相济远胜于刚柔偏废，如同人的身体构造，有坚硬的部分——手、脚、骨骼等，也有柔软的部分——肌肉、软组织等。二者的有机结合，人才能灵活自如地从事多种活动。南越王赵佗，原来是秦朝派到广东、广西管理南方的地方官，秦朝灭亡后，他自立为王。汉高祖平定天下后，不愿再动刀兵，对他实行了安抚政策，仍任命他管理南方，并给他一些赏赐，这种怀柔政策使汉朝的南疆及偏远地区长期得以安宁稳定。可是吕后执政后，却将南方视为蛮族，并制定一些民族歧视或压制的政策，激起赵佗起兵造反。吕后派兵征讨，结果因南方气候潮湿酷热，瘟疫流行，汉军作战屡屡失败。汉文帝即位后，重视恢复推行安抚政策，除给赵佗许多赏赐外，还给他的亲属加封官职，使赵佗深受感动，自动废除了王号，并上书请罪，发誓永远诚心向汉朝称臣。

当管理者硬的方法行不通时不妨用软的。两者交替使用达到维护自身威信的目的。

10. 营造让下属大胆开口的氛围

　　管理者是员工的上司，在一定程度上，员工对于管理者是敬畏有加的。所以，在管理者与下属沟通的时候，下属经常是唯唯诺诺，不敢多应声，或者是过于拘谨，不敢放开手脚表达自己的意见。如果管理者也很拘谨，气氛就会很沉闷，万一再有一些争执，很可能造成不良后果。管理者应该学会营造一种宽松、和谐的气氛来进行沟通。

　　管理者在与下属沟通中，听取下属的意见，把他们当成自己的"参谋"，是沟通的重要目的之一。在听取下属意见时要注意：

　　（1）不要心不在焉。管理者听取下属意见时的态度，对下属的情绪有着很大的影响。如果态度认真，精神专注，下属会感到上司是重视听他的意见的，从而把自己的想法无保留地说出来。如果管理者心不在焉，一会儿打个电话，一会儿向别人交代事情，一会儿插进与谈话内容不相干的问题，就会使下属感到管理者并不重视他的意见，不是真心诚意听他讲话，从而"偷工减料"，把一些准备谈的重要意见留下不讲了。所以，听取下属意见时，只要不是临时仓促决定的，谈话之前一定要把其他事情安排好，避免到时发生干扰。

　　（2）不要仓促表态。有的管理者在听取下属意见时，往往好当场仓促表态。这对下属充分发表意见是很不利的。对赞成的意见表了态，其他人有不同意见可能就不谈了；对不赞成的意见表了态，发言者就会受到影响，妨碍充分说明自己的想法，甚至话说到一半就草草结束。管理者在听取意见时，最好是多作启发、多提问题，不仅使下属把全部意见毫无保留地谈出来，还要引发他谈出事先没有考虑到的一些意见。

　　（3）不要只埋头记录，不注意思考。埋头记录，固然表示管理者重视，但不注意思索，往往会把下属意见中可取之处或蕴涵着的有价值的意见漏掉。所以，管理者在听取意见时，固然要用笔记下要点，但更重要的是要用脑思考，要善于从下属发言中捕捉和发现有意义的内容，并及时把它提炼出来，引发人们的进一步思考。

管理者征求下属意见时，经常会有人提出反面意见，这是正常现象。但能否正确对待反面意见，则是关系到下属能否充分发表意见、关系到能否从下属意见中汲取智慧的十分重要的问题。

通常所说的反面意见，就是指同管理者的意见或居主导地位的多数人的意见相反的意见。"反面意见"这个词并不包含内容是否正确的含义，它可能是错误的，也可能是正确的，因此，不能将它同错误意见混同起来。明确这一点，才有可能正确认识和对待反面意见。

管理者应鼓励和支持下属提出不同意见，注意发现反面意见。当讨论问题出现反面意见时，既不要断然拒绝，也不要急于解释。而应以热情欢迎的态度，认真耐心地听取，要让提出者详尽地阐明自己的意见和理由，然后对他们的意见进行认真分析。对其中合理的部分应肯定，并纳入到方案或决议之中。有的合理意见由于某种客观原因一时不便纳入的，也应明确说明，以便提意见者理解。对其中不合理的部分，则应通过讨论，从正面说明道理，帮助提意见者提高认识。

另外，要正确识别和对待错误意见。面对错误意见，管理者一定要冷静，仔细地分析，明确它们错在哪里，采取什么相应的方法，耐心地说明道理，使发言者从认识上得到提高，不影响方案和决策的制订。并且尽可能从这些错误意见中汲取有益的东西，使制订的方案和决策更加完善。

为了使下属发表意见的积极性不受挫伤，能够持久地保持下去，管理者需要对下属的意见，不管是正确的或错误的、正面的或反面的、重要的或不重要的、有价值的或没价值的，都应有所交代。对正确的和有价值的意见，不仅口头上接受，工作中采纳，还要给以表扬甚至奖励。一切意见中的可取之处，都应吸收到方案或工作中去，并且告知提意见者；对没有可取之处和错误的意见，也应对提意见的人表示感谢，说明提意见就是对企业的关心，而关心就值得感谢，鼓励他们以后继续关心企业的发展，发现了问题和有什么想法及时提出来，从而在企业内部形成下属敢说话的传统。

管理者与下属交流的时候，要注意使用各种方法。比如说谈论一些下属感兴趣的事，然后转入正题，或者在场面僵持的时候，来一个适当的幽默，整个谈话的气氛就会为之一变，员工的积极性也会被调动起来。

某单位王主任很善于创造氛围。在一次会议上，王主任想让大家畅所欲言，大家反而有些拘束。为了把气氛弄得活跃一些，王主任又发挥他的特长。他说："有个善于演讲的人总结了一条经验，要调节会场情绪，只要注意看两个人：一个是长得最漂亮的，看那个人可以让你的讲话更有色彩；另一个是会场上最不安分的那个听众，这样你会更有信心。我想学习这个方法，可我看了一下咱们的会场，发现长得漂亮的就有 100 个，可是没有不安分的听众，这可让我不好办了……"

员工们听完哈哈大笑，气氛一下子活跃起来。员工们也对这位主任有了更深的好感。

一个人长期生活在一种压抑的氛围里，很难想象他会把工作做得很好，更不要说让他主动发表自己的意见了。

管理者和员工沟通时的很多小细节往往会影响到员工对管理者、公司以及工作的看法。中国人心思细密，在交往中喜欢察言观色，一些员工常常会从管理者和他们的沟通中寻找蛛丝马迹。他们很注意管理者说什么、没说什么。他们也很在意管理者的聆听能力，以及他们关心员工的程度。如果管理者疏忽了一些小细节，会产生和员工沟通的障碍。

管理者要注意态度和控制情绪。成功的管理者不随波逐流或唯唯诺诺。他们有自己的想法与作风，但是很少对别人吼叫、谩骂或争辩。他们的共同点是自信，有自信的人常常是最会沟通的人。此外，管理者在沟通时也要注意情绪控制，过度兴奋和过度悲伤的情绪都会影响信息的传递与接受，尽可能在平静的情绪状态下与对方沟通，才能保证良好的沟通效果。

管理者在与员工沟通的过程中应尽量合理使用身体语言。身体语言在沟通过程中非常重要，有50%以上的信息可能是通过身体语言传递的。管理者的眼神、表情、手势、坐姿都可能影响沟通。管理者专注凝视对方，还是低着头或是左顾右盼，显然会造成不同的沟通效果。管理者坐姿过于后仰会给下属造成高高在上的感觉，而过于前倾又会对下属形成一种压力。因此，管理者要把握好身体语言的尺度，尽可能地让对方别感到紧张和不舒服。只有让对方尽可能地放松，才能让他说出真实的感受。

总之，管理者要想让下属敢说话，说真话，就要在沟通的过程中努力营造最佳的氛围。

11. 让员工了解实际情况

管理者要想赢得员工们的支持，要想使员工能充分地发表意见，首先必须获得员工的信任。不管企业经营状况是好是坏，员工都有知情权，而且只有知道了具体情况，才能针对问题进行有效沟通。

管理者不向自己的员工说明公司的实际情况，不让员工了解工作的背景，会有很多风险，但管理者也确实很容易忽视这项任务。因为一般来说，员工们不知道公司的实际情况并不会给员工的日常工作带来阻碍。只有当公司的危机迫在眉睫，员工们不得不当场作出关键的决策时，让员工了解公司的实际情况才显得举足轻重。

一个公司经理正在向一个员工表示不满："你知道，在半年前，我就宣布我们公司要进入鞋类产品市场。你难道不明白，试探零售商对我们新产品的接受程度有多重要？如果你不下工夫的话，我们怎么能完成这一工作？"

员工回答道："我知道在向零售商推销时，自己确实没有在新产品上下工夫，这我承认，可是它并不是我们公司的主要产品。我把精力集中在内衣和睡衣产品上，工作要好做得多。我确实不知道公司准备大规模进军鞋类市场。其实，经理你可能早就知道新产品是一条重要产品线的组成部分，可这事从来没有人对我讲起过。不用说，要是知道公司将全力进军制鞋业，我自然会采取完全不同的方式。但你不能说上一句'下点工夫'就指望我能明白你的意思。你应该把公司的整体规划告诉我。"

由此可见，如果公司员工不了解公司的实际情况，将会给公司带来多么大的影响。

管理者告诉员工公司的实际情况，至少有两个重要目的：

（1）员工们可以从中得到公司业务主次的信息。在上面案例中，如果那个员工认为新产品只不过是公司偶尔对新业务进行尝试的非主流产品，那么他对是否能推销出这个产品就会漫不经心；但要是他知道了这是公司为进入全新的产品领域而用来打头炮的产品，正如他自己所说，他就会"采取完全不同的方式"。在面对现有的顾客群时，他自然会更加强调这一产品，甚至会去发掘其他顾客。

（2）员工们可以从中了解到自己在公司整体规划中的职责，以及自己的工作对其他部门的影响。这一整体规划包含有公司的重要目标指向。员工们不仅需要知道公司的重要目标，也要知道自己在实现这些目标中所起的作用。

有了这些信息，员工们就会作出决策，以使公司内部摩擦降到最低程度。比如，要是上面那个案例中的员工知道自己每个月的销售预测都将成为决定各条产品线产量的直接依据的话，他会更加谨慎，以便准确及时地作出预测。如果由于认为某个产品没有销路，从而削减了该产品的产量，但事后却因开工不足，未能向顾客及时供货，当那个员工认识到自己糟糕的预测与怒气冲冲的顾客的电话之间的联系时，他会更加谨慎。要是对这些因果联系以及相关的信息一无所知，他会认为自己真正的工作是到顾客那里去推销产品,而预测工作只不过是"纸上谈兵"而已。

如果管理者没有将公司的信息告诉给员工们,就增加了他们陷入困境的可能。他们以为自己知道发生的事情,事实却并非如此。当员工们发现管理者一而再、再而三地不让他们知道公司的实际信息时,很快就会对管理者所说的任何话失去信任,继而对管理者本人产生不信任,从而对上下级之间的沟通产生严重的破坏。

因此,管理者在与员工的沟通中,必须对员工待之以诚,让员工知道企业真实的情况,为相互之间的沟通找到最佳的方法。

12. 识别员工的不满

如果员工工作情绪低落,管理者切莫掉以轻心,因为这种现象如同传染病一般,能够很快地让整个部门或企业陷于瘫痪。一般来说,可以从某个员工在言行举止方面的反常表现,来洞悉出其中所潜伏的危机。有情绪的员工通常具有以下几个迹象:①行为异常。小宋上班时总是爱吹口哨,他最近不吹了,这是怎么回事?②心不在焉。赵倩没有听见你在对她说话。她看上去像在云山雾罩之中。当你引起她的注意时,她说她刚才在做白日梦。有什么事严重地影响了她?③喜怒无常。老王这几天像头熊一样焦躁,甚至连他的老搭档都避着他。他以前可不是这样。④事故增加。小田今天上班时又挤了手指关节,这是不同往常的。直到上个月以前,他在过去5年内甚至都没擦伤过。⑤缺勤增多。许娜真令人头痛,她今天早上缺勤已不是初次了。过去她从来不是这样的,但现在你不得不为使她像以前一样出勤而费神了。⑥越来越疲劳。小张似乎生活朴实,但她总抱怨很累,是身体原因还是心有所虑?⑦酗酒。沈军今天下午在机器上工作时紧张不安,你都替他不安起来。他终于松了一口气，也让人虚惊一场，他平时不是个爱喝酒的人，今天为什么喝这么多酒呢？⑧产量减少。小李的工作进度莫名其妙地慢了下来。⑨浪费。小曾的工作经常返工。⑩不乐意接受培训。小樊拒绝领导安排的技术培训机会。

如果员工出现了以上情况中的一项或多项，这说明该员工内心产生了某种情绪。

出现这些征兆都不会毫无原因，必须引起管理者的注意。无须感到惊讶，因为一般人宁可被骂，也不愿受到冷落。因此，当察觉到某个员工原本非常敬业，最近却像是梦游般地频频出差错；或是某个人缘极佳的同事，连续几天都莫名其妙地把自己"关禁闭"，不屑跟别人聊上一句，那管理者得当心了，因为他们已经向领导亮起了红灯，发出了一道警讯。倘若未能防微杜渐，及时予以开导，他们的情绪便会越来越低迷，所传递的警讯也会越来越强烈。比如，在部门内制造恶毒谣言来弄得人心惶惶，或是在业务上故意捅个大娄子让人头痛一番。别忘了，既然是他们的主管，要是依旧坐视不理，让雪球越滚越大，那最后这个烫手山芋必然还是要留在自己手中。

对自己的公司、薪金、工作或人事作风存在不满，几乎是每个员工都有的。如果你遇到这种"消极抗争"的现象，首先要做的是从产生原因上认识员工的不满情绪，原因通常有以下几种：

（1）薪酬与付出不符。大部分人都是为了生计才工作，这是最实际的问题。倘若所付出的劳动，不能维持起码的生活水平，难免令人泄气。有些员工不得不做兼职，赚取外快，这样在工作时难免会精力不足，以致有所错漏，时间一长造成同事投诉、上司不满的恶性循环。

（2）管理者的态度专横。下属都是有自尊的，如果你的态度嚣张，或者他们称呼你时你却用鼻子哼一声作为回报，肯定会招来员工的不满或批评。

（3）没有工休时间。这不是明文规定的休息时间，只是员工在工作期间稍事休息，活动活动，聊聊天，借此松弛一下紧张的神经和肌肉。如果公司要求员工不停地工作，连午餐、上厕所的时间都严格控制，似乎不近人情，员工疲乏之余便会埋怨顿生。

（4）公司人手不足。因管理者的失策或疏忽，一时未能雇人将空缺填补，从而造成要其他员工分担额外的工作，令本来已忙碌的员工更感吃力。

（5）未能公平对待员工。特别优待表现卓越的员工是无可厚非的事，但完全不理会其他员工，甚至将他们一贯的努力抹杀，也是不公平的行为。

（6）未获重视。所有的决策过程都没有员工参与的份；所提出的建议或点子，上司都当成耳边风，根本没有被采纳的机会。

（7）应酬太多。有一些管理者喜欢与下属接触，甚至要求员工在工余时间，搞一些午餐、晚餐或例会一类的活动，直接影响员工的私人生活。

（8）必需品供应缺乏。在办公室中，文具是必需的办公用品，如行政部门有诸多限制，又要出示旧文具证明已不能用，又要签名作账等，好像乞讨般才能取得应用的物品，最令员工不满。

（9）工资发放不准时。对辛劳整月的员工来说，"发薪日"就是他们一个月的指望，在银行排了半天队，才知道公司未发薪金，那份愤怒可想而知。

（10）同事不合作。不是每个员工均具有互助精神，有些人专门喜欢将别人踏在脚下往高处爬。如果这时管理者不够精明，未能分辨是非善恶，又未加以引导，吃亏的一方一定会滋生对管理者的怨气。

（11）加班没有额外补偿。很多公司只派工作给员工，要求他们在指定时间内完成，至于是否需要超时工作，公司一般不予理会。遇有员工投诉工作太多，必须抽出私人时间完成，管理者反而批评他无能。

（12）职业倦怠。对目前的工作已经提不起兴趣了。

（13）前途无望。上司既吝于授权，也不曾提供任何职业训练。

（14）临时取消休假。许多管理者要求员工随传随到，不管员工是否在休假中，只要有事，就急电召其回公司上班。此举令员工非常反感，因为他们会有一种卖身的感觉。

此外，还有许许多多产生不满的原因。总而言之，作为管理者，一定要从实际工作出发，不断地积累经验，找出一套适合你和你的员工的管理办法。

13. 正确对待员工的不满

员工产生不满情绪的原因有很多，管理者在处理企业内部出现的相关问题之前，首先应当深入调查研究，找到员工产生不满情绪的真正原因。

管理者需要认真听取员工的意见，允许畅所欲言，并针对不同的情况给予解释和处理。如果能够认真负责、公正平等地对待员工的意见，在大多数情况下，员工的不满就可以消除在开诚布公的交流之中。

当有必要对员工违反纪律的现象采取纪律措施时，有关部门应有令必行，不可一味姑息。否则，企业的制度就会形同虚设，管理就会失去权威。对为企业做出贡献的员工，应当及时地给予奖励，以树立榜样，调动全体员工的积极性。

处理好员工的不满情绪能够提高员工工作满意度，加强员工之间的沟通和信任，提高组织凝聚力和士气，倾听是消除员工不满情绪的妙方。

在日常工作中，员工遇到不如意的事情容易对周围的人和环境产生不满。员工积累的不满需要发泄，最好的方法是"让他说"，让他把心中的怨恨发泄出来，以消除他心中的烦恼和不满。

用语言发泄不满时，还要有人"倾听"。摩托罗拉公司就用交谈、座谈会等方式来倾听员工的声音，并取得了惊人的效果。他们发现，不满和抱怨是一件积压很久的事，如果员工随时都有与管理者平等对话的机会，任何潜在的不满和抱怨，就都会在爆发之前被解决掉。

由此可见，管理者应当学会倾听，这是消除员工不满情绪的最佳润滑剂。作为管理者倾听员工意见时应该做到以下几点：

（1）诚恳、认真倾听的态度可以减少员工的不满。当你来不及倾听意见时应及时对下属表示歉意。

（2）要善于表示同情与理解。同情和理解会拉近彼此的距离，同时也是消除对方不满的最佳调和剂。

（3）适当地提问和做笔记可使对方真切地感受到你的关心，还可以引导员工对问题症结进行具体分析。

（4）得体手势、表情等形体语言的表达也会使对方感到受到尊重。

除了对员工的不满倾听外，还要对集中的意见采取改正措施。并以张贴布告或者集会宣布等形式广而告之，这样才能平息不满情绪。

总之，倾听是一门艺术，如果管理者善于倾听，那么企业内部的协调系统必能进入良性循环，一个和谐、有凝聚力的企业必能为每一个员工创造最好的工作环境，而发泄了不满情绪的员工依然会给企业带来回报。

人的积极情绪和消极情绪是同一个硬币的两面，如果不让消极者露面，积极者也就难以"浮出水面"，或者即使是显现出来，也难以长久。

但在现实的组织中，从上到下几乎已经达成高度的默契：积极地投入工作中，不要将负面的情绪带到工作中。对上级要笑脸相迎，对同事要随和相处。如果将不满表现出来，小心"吃不了兜着走"，至少也是幼稚和不成熟的表现。组织试图将一个完整的人分割开来，工作的时候，人最好只有理性，没有情感；更为苛刻的要求是对工作要充满热情，但不能有任何别的情绪。但事实是，情绪问题从来就没有真正从组织中消失。而且，由于组织有意无意地压抑或回避这个问题，从而没有为其提供正常的渠道，使得不满情绪一旦暴露就具有很大的破坏力。那些隐藏着的负面情绪并不会消失，而是悄悄地、慢慢地侵蚀着组织的机体。背后的发牢骚、说怪话、传谣言、暗中挖墙脚、使绊子等就成了这种"能量"发泄的主要方式。凡是在背后进行的东西，往往会在主观上被夸大，从而使误解丛生，相互间的信任感被破坏。最终是组织的凝聚力、士气和共有价值观遭到削弱和破坏。

14. 认真听取员工的怨言

当员工有不满情绪时，作为管理者应当认真听取员工的抱怨。因为抱怨是员工表达自己不满和宣泄情感的重要方式，听取员工的抱怨，有助于消除员工的不满情绪。

管理者在听取员工的抱怨时，一定要记住以下几点：

（1）不要忽视。不要认为如果对出现的困境不加理睬，它就会自行消失。不要认为如果你对员工奉承几句，他就会忘掉不满，会过得快快活活。事情并非如此，没有得到解决的不满将在员工心中不断发热，直至沸腾。他会向他的朋友和同事发牢骚，并且可能会得到这些人的赞同。这就是你遇到麻烦的时候——你忽视小问题，结果让它恶化成大问题。

（2）机智老练。不要对提建议（可能是好意的）的员工不加理睬，这样他或她可能就没有理由抱怨了。

（3）承认错误。消除产生抱怨的条件，承认自己的错误，并作出道歉。

（4）不要讥笑。不要对抱怨置之一笑，这样员工可能会从抱怨转变为愤恨不平，使生气的员工变得怒不可遏。

（5）严肃对待。绝不能以"那有什么呢"的态度加以漠视。即使你认为没有理由抱怨，但员工认为有。如果员工认为它是那样重要，应该引起你的注意，你就应该把它作为重要的问题去处理。

（6）认真倾听。认真地倾所员工的抱怨，不仅表明你尊重员工，而且还能使你有可能发现究竟是什么激怒了他。例如，一位打字员可能抱怨他的打字机不好，而他真正的抱怨是档案员打扰了他，使他经常出错。因此，要认真地听人家说些什么，要听弦外之音。

（7）不要发火。当你心绪烦乱的时候，会失去控制，无法清醒地思考，可能会轻率地作出反应。因此，要保持镇静。如果觉得自己要发火了，就把谈话推迟一会儿。

（8）掌握事实。即使感觉到必须要迅速作出决定的压力，也要在对事实进行充分调查之后再对抱怨作出答复。要掌握事实——全部事实，要把事实了解透了，再作出决定。只有这样，才能作出完善的决定。"急着决定，事后后悔。"记住，小小的抱怨加上匆忙决定可能变成大的冲突。

（9）别兜圈子。在答复一项抱怨时，要触及问题的核心，要正面回答抱怨。不要为了要避免不愉快而去绕过问题，要把问题明说出来。答复要具体而明确。这样做，谈话的真意才不会被人误解。

（10）解释原因。无论赞同员工与否，都要解释为什么会采取这样的立场。如果不能解释，在作出决定之前最好再考虑考虑。

（11）表示信任。并非所有抱怨都是对员工有利的。回答"是"时，不会遇到麻烦，回答"否"时，就需要利用所有管理技能，使员工能理解并且心情愉快地接受你的决定。

在向他们解释过你的决定之后，应该表示相信他们将会接受。求助于他们的推理能力、对公平处事的认识和同等对待的信任。努力使他们搞清你所做那个决定的理由，使他们同意试一试。

（12）不偏不倚。掌握事实，掂量事实，然后作出不偏不倚的公正的决定。做出决定前要弄清楚员工的观点。如果对抱怨有了真正的了解，或许能够作出支持员工的决定。在有事实依据，需要改变自己的看法时，不要犹豫，不要讨价还价，要爽快。

（13）敞开大门。不要怕听抱怨，"小洞不补，大洞吃苦"，这句话用于说明在萌芽阶段就阻止抱怨是再恰当不过了。要永远敞开大门，要让员工总能找得到你。

第七章

选人用人与团队建设
是提高管人管事效率的两大法宝

把优秀的人才选拔进来,放到合适的位置用好用活,是领导者义不容辞的责任,但一个团队当中需要的毕竟不止一个人,所以团队建设就成为同样需要关注的重要课题。选人用人时关注个体,总体把握上重视团队,这是管人管事方圆艺术中的两大法宝。

1. 选好人才能用好才

用人的前提是选人。现代企业的竞争，实质上是人才的竞争。企业要想成就一番事业，先要从人才的选择入手，须知，"选好人才能用好才"。

微软公司就以其严格的选才制度闻名于世。在微软公司成立初期，比尔·盖茨、保罗·艾伦以及其他的高级技术人员亲自对每一位候选人进行面试。现在，微软用同样的方法招聘程序经理、软件开发员、测试工程师、产品经理、客户支持工程师和用户培训人员。为了招聘人才，微软公司每年大约要走访 50 所美国高校。招聘人员既关注名牌大学，同时也留心地方院校以及国外的高校。1991 年，为了雇用 2000 名职员，微软公司人事部人员走访了 137 所大学，查阅了 2 万份履历，对7400 人进行了面试。在进入微软公司工作之前，大学生在校园内就要经过反复的考核。他们要花费一天的时间，接受至少 4 位来自不同部门职员的面试。而且在下一轮面试开始之前，前面一位主试人会把应试者的详细情况和自己的建议通过电子邮件传给下一位主试人。有希望的候选人还要到微软总部进行复试。通过这些手段，微软公司网罗了许多在技术、市场和管理方面的青年才俊，也因此在各大高校中树立了良好的形象、赢得了良好的声誉。

微软公司总部的面试工作全部由产品职能部门的职员承担：开发员负责招收开发员，测试员负责招收测试员，依此类推。面试交谈的目的在于抽象地判定一个人的智力水平，而不仅仅看候选人知道多少编码或测试的知识或者有没有市场营销等特殊专长。

微软面试中有不少有名的问题，比如，求职者会被问到美国有多少个加油站。其实，求职者无须说出具体的数字，只要联想到美国有 2.5

亿人口，每4个人拥有1辆汽车，每500辆汽车有1个加油站，他就能推算出美国大约有12.5万个加油站。当应聘者回答此类问题时，答案通常是不重要的，他们分析问题的方法和能力才是微软公司所看重的。

具体来说，总部的面试其实是通过"让各部门的专家自行定义其技能专长并负责人员招聘"的方法来进行的。比如说，程序部门中经验丰富的程序经理从以下两个方面来定义合格的程序经理人选：一方面，他们要完全热衷于软件产品的开发，一般应具有设计方面强烈的兴趣、熟练掌握计算机编程的专业知识；另一方面，他们能专心致志地自始至终关注产品制造的全过程，善于从所有能够想到的方面考虑存在的问题，并且帮助别人从他们没有想到的角度来考虑问题。又比如，对于开发员的招聘，经验丰富的开发员不但要寻找那些熟练的语言程序员，还要求候选人既要具备一般的逻辑思维能力，又要能在巨大的工作压力下保持良好的工作状态。

微软公司还要求每一个面试者对每个候选人做一次彻底的面试，并写出一份详细优质的书面报告。这样一来，能通过最后筛选的人员的比例相对来说就比较低了。例如，在大学招收开发员时，微软通常仅选其中的10%～15%去复试，而最后仅雇用复试人员的10%～15%，即从整体上讲，微软仅雇用参加复试人员的2%～3%。

正是这样一套严格的筛选程序，使得微软集中了比世界上任何地方都要多的高级计算机人才。他们以其才智、技能和商业头脑闻名，是公司长足发展的原动力。

日本企业在选人方面也可谓费尽心机，因为他们懂得选人的重要意义：只有选得严格，才能用得准确，提高管理能力，从而收到预期的效果。

日本企业的员工，之所以工作积极性高涨，首先就在于企业选人有道。日本一家拉链厂为了选一个车间主任，厂领导先后同应聘的十余位候选人交谈，初步选中一个之后，又把他放在好几个科室去分阶段试用，试用合格后才最终留下来。

在选人时，管理者要全面考察一个人的德才学识。德才学识是一个人的知识和技能统一的表现，在现代信息化的社会显得尤为重要。

日本住友银行在招考新行员时，总裁出了这样一道题："当住友银行与国家利益双方出现冲突时，你认为如何去办才恰当？"许多人答说："应该以住友的利益为重。"总裁的评语是："不能录用。"还有许多人回答说："应该以国家的利益为重。"总裁的评语是："答案合格，不足录取。"仅有少数人回答说："对于国家利益和住友利益不能兼顾的事，住友绝不染指。"总裁这才认可说："这几个人有远见卓识，可以录用。"

日本电产公司在招聘人才时标新立异。该公司招聘人才时主要测试以下三个方面：自信心测试、时间观念测试和工作责任心测试。

自信心测试的方法是让应试者轮流朗诵、讲演、打电话，根据声音的大小、谈话风度、语言运用能力来考核。他们认为，只有声音洪亮、表达自如、信心百倍的人，才具有工作能力和领导能力。

时间观念的测试方法是，在规定的应试时间内谁来得早就录取谁。另外，还要进行"用餐速度考试"。比如，通知面试后选出的60名应试者在某日进行正式考试，并说公司将在12点请各位吃午饭。考试前一天，主考官用最快的速度吃了一份生硬的饭菜，计算一下时间，他大概用5分钟吃完，于是和其他考官商定：在10分钟内吃完的复试者就算及格。次日12点，主考官向复试者宣布："正式考试1点钟在隔壁房间进行，请大家慢慢用餐，不必着急。"结果，复试者中吃饭速度最快的人不到3分钟就吃完那份生硬的饭菜。在10分钟之内，已有33人吃完了饭菜。于是，公司将这33人全部录取了。后来，他们大多成为公司的优秀人才。

责任心测试则是要求，新招的员工必须先扫一年的厕所，而且打扫时不能用抹布和刷子，必须全部用双手。结果，不愿干或敷衍塞责的人就被淘汰掉了，表里如一、诚实的人则被最后录用了。从质量管理的角度看，能够把别人看不到的地方打扫干净的人，往往不单单追求商品的外观和装潢，还能注意人们看不到的内部结构和细微部分，从而在提高产品质量上下工夫，养成不出废品的好习惯。这是一个优秀的质量管理者应该具备的美德。

日本电产公司正是采用了上述三招奇特的招聘术获得了适合自己的人才，使得公司生产的精密马达打入了国际市场，资本和销售额增长了几十倍。

从微软和几家日本公司的选才制度中我们可以看出，要选取适用的人才、充分发挥人才的作用，企业就必须根据自身的情况量身定制，通过各种途径招聘优秀人才。在招聘过程中，并不一定要遵循什么章法，但优秀的人才自然具备很多共有的出色能力，比如特别擅长某种技术工作等等。找到了具备多种优秀品质、优秀能力的人，你也就网罗到了出色的人才，为合理使用这些人才打下了坚实的基础。

2. 不遗余力地留住优秀的人才

人才是事业的根本，管理者要不遗余力地将优秀的人才留在自己的企业里为己所用，避免人才的流失。

有这样一个小寓言故事：一只母鸡无意中孵出了一只小仙鹤。小仙鹤和小鸡们一起玩耍，一起生活。慢慢地，小仙鹤长大了，它的个子足足比它的母鸡妈妈高出好几倍。因此，每当大家在一起觅食或者玩耍时，仙鹤都会自觉地承担起放哨的任务。而且，由于它的脖子很长，它总是能够帮助大家找到很多食物。

日子就这样一天天过去了。在仙鹤的保护下，小鸡们从来没有被猎狗掠走过。但让仙鹤感到不太舒服的是，无论自己怎么努力工作，都从来没有一只小鸡对它说过一句感激的话，母鸡妈妈也不曾为自己的出色表现赞扬过自己。郁闷的仙鹤终于在一天夜里悄悄飞走了。小鸡们这才发现，没有仙鹤照顾的日子，真的很难过。

鹤立鸡群，其作用无人能够替代，遗憾的是作为领导者的母鸡不懂得肯定仙鹤的价值，不懂得珍惜难得的人才，结果导致了人才的流失。

在企业中，20%的优秀人才创造了80%的价值，因此，如何挽留这些稀有的人才并发挥他们的作用，就成了管理者的一门学问。如果企业对所有的员工都一视同仁，那么这20%的关键人才迟早都会离开企业而去的。所以说，留住对企业来说至关重要的优秀人才、避免人才的流失是每一个管理者的责任。

那么，企业应该如何使优秀的员工在有效的管理下，留人、留心，发挥最大的潜力呢？

让我们先来看一看世界著名企业西门子是如何留住人才的吧！

西门子作为全球通信业的"巨鳄"，不仅没有时下流行的"大企业病"，而且在人才流动率上，也是同等规模的企业中最低的一个。

众所周知，在人才流动频繁的今天，让一个有才能的人守住一个企业是相当困难的事，更别说让很多有才能的人都聚集在一个企业里了。那么，西门子这个科技巨人是靠什么留住人才的呢？

从创始人维尔纳·冯·西门子开始，西门子就营造了尊重并重用人才的企业文化，对人才的重视已经为西门子在全球业界树立了良好的企业形象。这也是吸引优秀人才加盟的重要因素之一。

西门子用人以稳定著称，西门子的每一个员工都有很强的归属感。西门子认为，员工是公司最重要的财富，不管外部环境怎样，企业绝不能亏待员工。因此在全球经济不景气、裁员减薪之风四起的大环境下，西门子没有任何裁员或减薪的计划方案，由此树立了"西门子是值得员工信赖和依靠的"好形象。西门子为它的员工提供优越的薪资和福利，最为突出的是它为自己的员工提供高薪。

而西门子并不仅仅依赖于用高薪来留住人才。对员工来说，发展的机会才是最重要的。公司会为员工提供尽可能多的发展机会，帮助员工实现自己的职业目标。

作为全球最大的多元化跨国公司之一，西门子能为员工提供多种领域、性质各异的极其丰富的发展机会。西门子的业务遍及通信、自动化、机械、能源、医疗等各个领域，遍布世界190多个国家。公司通过对员工工作内容的扩充，通过内部轮换制度、内部调动等方式，为员工的发展提供了无限的机会。

西门子全球人力资源总部副总裁 Goth 先生认为："建立完善领导和员工发展的体制，是西门子成功的诀窍之一。西门子这么大的公司能凝聚在一起的原因，一是金钱，二是人力。我们的人力资源发展和领导体系建设是成功的关键因素之一。"

由此可见，要想留住优秀的人才，管理者要注意以下几个方面：

（1）培养。企业应该为关键人才提供更多的成长和发展的机会，通过频繁、全面的培训，扩展其知识面，拓宽其思路和视野，以满足其个人成长的需要。此外，企业还应选拔认同企业价值取向、素质高、有潜力的后备人员，有计划地给予重点培养，逐步形成关键员工队伍的阶梯式结构，从而持续有效地支持企业实现战略目标。

（2）重用。留人关键在于留"心"，创造良好和谐的企业文化氛围，追求企业与个人的共赢是留"心"的根本。创造有利条件，给予重要任务，把优秀员工的个人优势（比如员工所拥有的核心技术、经验积累、个人声誉、客户关系等）转化为企业优势是留住关键员工的重中之重。

（3）激励。关键员工对组织的忠诚度，受绩效管理、薪酬以及工作环境氛围三个方面的影响，所以激励工作应从这三个方面入手。

通过分析实现战略的成功因素，我们可以确定企业的关键绩效指标，并由此确定关键员工的牵引性绩效指标，从而把他们的主要活动和企业战略紧密结合，保证其绩效贡献直接支持企业战略。

员工的回报包括经济和非经济两种，又有短期、中期和长期之分，对关键员工的薪酬管理要重点考虑中长期薪酬方案。现在很多公司实施员工持股计划和期权计划正是基于这种考虑。

营造适当的环境氛围，是关键员工发挥高绩效的基础，也是留住关键人才的重要因素。

《财富》周刊说："人们一旦在物质满足上达到了一定程度，他们更多关心的是自我价值的实现，总而言之，就是只对自己整天做的事情感兴趣。"

以瑞恩·韦熏尔为例——这个丹麦人是吉列刀片公司国际业务部的执行总裁。他说："我确实常常接到一些'猎头'公司的电话，他们愿意提供更高的薪水。但是，我在这里工作的兴奋感相当于其他公司给我增加30%的薪水。"

肯·阿尔西斯是美国加州太阳微电子公司的世界人力资源负责人。他说过："现在挣到一笔钱非常容易。但我们的目标是让人们每天忙得有乐趣，当猎头公司给他们打电话时，他们甚至根本就不想去听电话。"这些方法很奏效，该公司人员的"跳槽"率只有5%。正如该公司的一个高级员工所说的："在目前的工作中，我感到很满意，只要我在学习和成长，我就无意离开。"

作为一个明智的管理者，对于关键人才，要采取"特殊人才，特殊对待"的原则和方法，才能让他们在自己的企业里安营扎寨。人才也是人，只要领导者能够从心里认可、尊重关键人才，并辅以优厚的激励措施，就能留住他们，并使他们发挥出自己的全部力量。

人才的重要性已经成为共识，在人才流动日益频繁的今天，留住人才、防止本企业的人力资源流失已经成为管理者日常工作的重要一环。

（1）以诚信留住人才。现在利用围追堵截的办法留住人才是非常愚蠢可笑的，而同员工保持相对开放的联系更有利于企业的稳定性。

（2）建立防护屏障。对于一些至关重要的人才，要有特别的措施。现在的"猎头"公司无孔不入，管理者要特别注意保护公司中下层管理者和技术人员等中坚力量。

（3）要加强本公司人力信息的安全。将内部组织结构和人员分布图限制在一个极小的范围内，可以有效地防止信息流失，还可以防止

"猎头"顺藤摸瓜,"抓"走人才。

不管如何努力,管理者还是不可能留住所有的人才。

出现这种现象的原因有很多种,有些是你力所不能及的。你想留住的某些人才最终还是要离开的,你不得不接受这一事实。

人才离去的原因很多:有的是因为对管理者指派给自己的任务不满意;有的是因为管理者没有给他们提供发展的机会;有的是其价值观使然,即使对自己的工作很满意,但在任何企业中他们都不想待太长的时间,内在的驱动力促使他们离开并尝试新的人生经历,"积累点经验,然后就走"是他们的内心想法,他们就像是现代社会的游牧部落一样。

当这些人想要离开时,管理者只需祝他们好运并为他们让开道路就是了。这时,苦苦哀求他们留下是不合适的,不但会被别的员工所鄙视,还会扰乱你寻找继任人选的思路。要知道,即使你把整个世界都给他,有些人才还是要离开的。要记住,你不可能满足所有员工的要求,不可能留住所有的人才。

综上所述,管理者必须不遗余力地留住企业的优秀人才,防止人才的流失,但也不要指望留住所有的人才。

3. 要挖人就要舍得付出

古语云:"得人者昌,失人者亡。"古往今来,凡成就事业者,必是善于挖人才之人。

赵胜养士千人、刘备三顾茅庐、曹操倒屣迎客等例子自不必说,现代管理者,也没有一个愚蠢到怀疑人才作用的地步。但真正求得可用之才,对管理者来说也并非易事,关键是要舍得付出。

一家私营公司的管理者决定以每月15万元的高薪聘请两位优秀的管理者担任公司的要职。

但公司里有不少人对他的这种做法持怀疑的态度："这值得吗？一年要支出360万元！"

"很值得！"管理者满意地说："这还是因为我比较幸运才能请到的呢！

"公司发展到现在，虽然已经达到一定的规模，但是要想使目前的销售额提高到一个新的高度却很困难，公司的发展似乎遇到了瓶颈。原因何在？依我分析，就是缺少优秀的人才。

"现在，'人才战'打得十分激烈，不出高价怎能吸引到'金凤凰'呢？"这位管理者的话，说得大气又不盲目。

众所周知，员工的薪酬是公司成本的一部分，员工薪酬的增加就意味着公司负担的加重。而高级人才的聘用，更会使人工成本迅速攀升。一个高级管理者的薪酬往往相当于几十个普通员工的薪酬。如此高额的投资究竟能不能带来更大的回报？

两名新聘的经理到任之后，不到两年的时间，公司的状况起了脱胎换骨的变化，业务范围拓宽了，实现了理想的多元化经营，公司的规模迅速扩大。管理者的计划实现了。

如果面临同样的状况，你是否能像该公司的管理者一样"挥金如土"？

公司的发展要靠人才，而人才的获得需要支付高薪，这是不言而喻的。可是，有些公司的管理者就是舍不得支付高薪聘请优秀的人才，他们过多地把注意力集中在公司的成本上，一切使成本有所提高的措施或计划他们都表示反对。他们既希望员工为公司做出巨大贡献，又以公司需要发展为由拒绝支付足以留住人才的薪酬。在市场经济条件下，依靠权力强迫员工为公司努力工作的做法已经不会起到什么作用了。而掌握在公司管理者手中的薪酬这个"指挥棒"则具有超人的"魔力"，作为公司的管理者，就要灵活地运用这个"指挥棒"，不断地激励员工创造出更佳的业绩。

当然，在决定高薪挖人时，管理者要注意以下几点：

（1）要确保所聘之人是公司真正急需的高级人才。倘若公司支付高薪聘到的员工能力不足，无法为公司的发展贡献力量，难以胜任所担任的职位，那么公司将为此付出沉重的代价。因此，在作出重大决策之前，一定要考察清楚，公司需要哪方面的人才，而将聘用的人才是否具备这方面的素质。这就要求分析公司的现状，以及该人员详细的工作履历和业绩，通过对比分析，再决定是否聘用。

（2）确保公司有足够的资金实力支付高薪。作为公司的管理者，你应该清楚，聘用高级人才将大大增加公司的人工成本，使公司的利润下降。如果没有足够的资金支持的话，高额的人工成本将加重公司的负担。因为公司经营状况的好转、盈利的增加毕竟有一个过程，如果在这个过程尚未结束之前，公司已经无法负担高额的人工成本，那么一方面会使公司的状况变得更坏；另一方面会因推迟支付或降低薪酬水平而引起员工的不满，使员工的士气降低。

（3）对聘用的人才要给予充分的信任，并为其提供用武之地。高薪聘得人才之后，要给其以充分用武的空间，为其提供必要的条件，使他能够施展才华，为企业的发展开拓更广阔的天地。挥金如土为哪般？为的是在市场上挖得最优秀的人才，为的是使企业的经济效益跃上新的高度，为的是以较大的投入取得更大的产出。要想成功地挖到理想的人才，不光要舍得支付高薪，还应舍得用真心以及出奇制胜的办法去打动人才的心。

克·雷诺是美国硅谷一家小型软件公司的老板，颇有远见卓识。在激烈的竞争中，他认识到，企业的后劲在于人才，企业无法估量的资本是人才，知识是企业的无形资产。身处当今瞬息万变的信息时代，应用最新的科技知识越多、越快，对人才的渴求就显得越为迫切。对中小企业来说，重要的职位必须争取最棒的人才。雷诺深有体会地说，"重要职位所提供的既是难得的机会，又是足够刺激的挑战。如果企业随便找一个人担任重要职位，就等于帮了竞争对手一个大忙。"

一次，雷诺看中了一个人，想聘请他担任业务主管。不料，他一次又一次的人情攻势都没有奏效。他甚至还托了很多重要人物出面，但同样没有什么效果。最后，这个人不耐烦地调侃道："先生，全世界大概只有您妈妈还没有给我打电话吧！"第二天，雷诺真的让自己远在以色列的犹太母亲给他打了电话。老太太动情地说："您放心好了，我的雷诺是个好人，您一定会愿意和他共事的。"对方果然没有招架住这一招，"投诚"到雷诺的公司。

不久之后，雷诺又物色到一个可以担任他公司的财务主任这个关键职位的人选。然而，那个人正在一家大公司担任要职，待遇优厚，根本不把雷诺的小公司放在眼里。雷诺没有泄气。在打听到对方的穿鞋尺码之后，他买了一双"耐克"牌运动鞋放在那个人的家门口，还在鞋旁边附了一张纸条，上面写着"JUST DO IT"（"放手去干"之意）这句著名的"耐克"广告语。对方终于被感动了，很快"跳槽"过来。

所谓"千军易得，一将难求"，优秀的管理人才是企业中的无形资产。会挖人是管理者必须具备的能力。能挖掘到出类拔萃的人才为我所用，就能为自己的公司获取更大的利润。因此，对于自己看中的人才，管理者一定要舍得付出，该出手时就出手。

4. 用人不妨适时"中庸"

一般来说，管理者在主观上都希望自己企业的员工团队是由最出色的人才组成的。但实际上，一个完全由优秀的人才所组成的企业，倒不一定能够成为一个优秀的企业。所以，在用人方面，适时地选择中庸之道也未尝不可。

比如说，现在每年毕业生的就业压力非常大，常常会出现有许多人竞争一个普通职位的现象，其中不乏高学历、高素质的毕业生。为了成功地进入知名的大企业，很多高学历、高素质的毕业生往往降低标准，应聘一些和自己水平很不相称的职位。而在人才汇集的招聘现场，企业往往倾向于将优秀人才"尽入囊中"。比如说，如果一家大公司要招聘一个打字员，其职责是录入、处理各种稿件。实际上，一位职业中专毕业的女孩完全就能胜任这份工作，而且她会非常热爱这份工作，甚至会高兴地向亲戚朋友炫耀自己在一家著名的大企业工作。但如果该企业招聘一位计算机专业的毕业生来做这份工作，可能用不了多长时间，他就会感到乏味无聊，失去工作的兴趣，甚至还不如一个普通的中专生做得好。大多数企业愿意用那些优秀的员工，这是人之常情。但一个完全由优秀人才组成的企业，未必能成为一个优秀的企业。

松下幸之助就主张雇用中等人才，提倡"70% 的求才法"。

1910 年松下公司创业伊始，人们的受教育程度普遍较低，拥有初小文化程度的人占大多数，高小毕业的人很少，初中、高中毕业生更是凤毛麟角。因此，松下公司所能雇用的员工大多文化水平不高。但是，松下公司总是能够找到合适的人才，而这些人往往不是在学校里名列前茅的好学生。直到在 1934 年，松下才雇了两名专科毕业生。当然，现在的松下，人才济济一堂，与当初不可同日而语。

松下在创业初期雇用学历低的人才，一方面，是当时的教育状况使然；另一方面，则是源自松下的用人理念，那就是用中等人才，用 70% 的人才。也就是说，对某一个职位，松下从不选择任用顶尖的人才，而取中等的、可以打 70 分的人才来用。

很多人对此不以为然。哪家企业不想招最优秀的人才为自己所用呢？哪一家公司的管理者不以自己拥有的顶尖人才而自豪呢？而松下认为，问题往往出在这些顶尖人才。这些人一般比较自负，因此，他们很容易抱怨自己的公司和自己的职位："在这种烂公司工作真倒霉"，"这么无聊的工作，一点意思都没有"，等等。抱有这种心态的人，必然缺乏工作热忱和责任心，工作起来也未必出色。相反，那些中等的、70% 的人才，自视不那么高，也比较容易满足。他们会很重视公司给予的职位，会努力地把自己的工作做好。相比顶尖的员工，这些人反倒比较可取。

松下说："世上没有完满的事情，公司能雇用 70 分的中等人才，说不定反而是公司的福气呢，何必非找 100 分的人才呢？"

在此，我们并不是要否定优秀人才的作用，而是从一个侧面说明，让优秀的人才扎堆儿未必是件好事。

优秀人才的调配不是一件容易的事。因为每个人都有自己的意见和观点，互相排斥和对立的现象时时会发生。虽然企业需要大批的精英，但雇用太多的高级工程技术人员、管理人员，不一定对企业有利。因为在企业中，与他们地位相称的职位往往很少，一旦没有合适的职位，这些优秀的人才很可能就会因不满意而辞职。所以，用人时不妨选择"中庸之道"。为了企业高效地运转，最有效的办法，就是在事前进行合理的调配，别让优秀的人才扎堆儿。

5. 管理者要区别对待新老员工

在企业中，新老员工并存。对于企业里的年轻员工，管理者要妙用手段，挖掘他们的潜力；对于企业的老员工，管理者要对他们善加利用。

在现代企业中，年轻人往往占企业员工的大多数。他们年富力强，有工作热情，是企业的中坚力量。管理者如果能把握员工的特点，善加引导，妙用手段，就可以使他们焕发无穷的创造力，从而使企业一日千里地发展。

一般来说，年轻人分为 3 种类型：充满事业野心；做事得过且过，常想着要自立门户；随波逐流、唯命是从，只要求有份工作，不知道理想为何物。

无论属于哪个类型，他们都有一股干劲，只是不懂得如何自我表现、发挥，或根本不愿意发挥。作为他们的上司，引导他们发挥干劲，责无旁贷。那么，应该如何帮助下属发挥干劲呢？

（1）给他们安排一些比较重要的工作。许多上司习惯于给某些下属安排重要的工作，却从不了解其他下属能否也能担当同类的工作。长此以往，造成有些员工忙得不可开交，而有些员工则被闲置。

（2）给予下属适当的指导。有些下属过分急进，误把冲动当做干劲。针对这样的年轻人，管理者应该教给他们一些办事技巧，让他们知道凡事要按部就班，不应乱冲乱撞、坏了大事。

（3）少贬多褒。年轻人的自尊心极强，被上司称赞时，就会喜不自胜；被上司批评了，则会没精打采。管理者应当多对员工进行褒扬，他们才敢于更进一步。

对事业有野心的下属，都会积极地向管理者提出自己的建议，盼望得到上司的认同，肯定自己的才能。

聪明的管理者，会把这种类型的下属当成一个宝藏，并且懂得善加开采。

愚蠢的管理者，会肆意驳回下属的建议，或者干脆置之不理。对于积极上进的下属来说，这无异于一种侮辱，他会觉得在上司心目中，自己只是个隐形人。

当下属主动向你提出工作建议时，管理者应该欣然倾听，眼神要落在对方的脸上，不应左顾右盼。

不管他的创意是否有用，管理者都要对他的上进予以鼓励，尽管不可能立刻将之转化为现实，也应先将他的建议收在档案中。倘若决定采纳他的建议，就要和他一起研究实际操作时要注意的细节。切忌采纳了甲的建议，却拿出来和乙谈论操作事宜，然后再将它交给丙去执行。如此一来，甲将不愿再提出建设性意见，乙也没多大心思去分析事情的利弊，丙则成为不懂思考而只懂执行的一部机器。

年轻人虽然在各方面都占优势，但如果缺乏适当的指导，以至于误入歧途，结果不但公司得不到益处，而且会使自己受害更深。

因此，管理者应该对年轻下属进行有步骤的指导，鼓励他们多学、多想、多实践。鼓励下属学习当然不是光凭嘴说，管理者还要采取实际行动，例如亲自向下属传授一些心得，开办一些短期课程，聘请专业人士前来授课，举办定期或不定期的演讲，等等。下属也能因此了解到上司是一个言行一致的人。

对年轻下属，管理者切忌滥用高压政策。因为，对下属采用高压政策，只会培养出以下两种性格的人：反叛性的下属或奴隶性下属。

反叛性的下属对公司会造成或多或少的破坏，除了表面的可见的破坏，还会造成相当多的后遗症。例如，下属阳奉阴违，表面替公司工作，实则替其他公司工作，并对本公司作出不利宣传。奴隶性的下属则唯命是从，没有主见，欠缺主动，久而久之，会失去对工作的敏感度，赶不上工作进度。

因为年轻的下属具有未知的潜力，所以管理者往往比较重视他们的价值；然而，管理者常常因此而忽略了中老年下属对公司的价值。忽略了他们，就等于放着眼前的宝藏不用，却费劲去发掘未知的资源。

一般来说，由于害怕失去职位，年长的职员往往对工作非常重视，并且具有年轻人不可比拟的责任感。但由于部分工作已经超乎了老职员的能力所及，所以他们的工作效率往往很低，有时无法顺利完成工作，只求对每件事情有个交代。所以，管理者应该从整个公司的利益着眼，及时对老职员做出一些调整，并在调整过程中注意以下几点：

（1）最重要的是领导干部（管理人员）本身的观念。企业的组织是达到目的的一种手段，因此，讲究"效率至上"，所以，上司绝不能有如下观念："我真不愿意和他一起工作。""最好把他调到其他部门。"

（2）坦诚相对。直截了当地向年长的下属表示："在工作上我们不能夹杂任何私情。我必须以上司的立场贯彻我的原则，请你们也以下属的立场，跟我好好配合。"上司这种毅然决然的态度是至关重要的。不妨为此和下属进行坦诚的交谈。年长的下属当然知道在工作中不能夹杂任何私情，但是他会因此在心中产生一种和比自己年轻的上司进行"沟通"的感觉。

因此，把双方的关系说个明白，就有助于化解不同年龄阶段的人之间那种"生涩的关系"。你可以诚意十足地告诉他："上班时间，我们不要顾虑年龄的问题，只要在各自的岗位上全力以赴地工作；下了班之后我们可以对等的社会人这个立场进行交往。"

交流沟通之后，上司就要用实际行动来表现自己的决心。时日一久，这种上司、下属关系分明的习惯，就会定了型。

（3）上司要有真正的实力。管理者如果在新进职员之中发现有特殊才能的人（如拥有发明专利者、精通数国语言者），必定会对他刮目相看。同样的道理，如果领导者本身拥有某种特殊的技能，年长的下属就不得不承认："在那方面，我实在是望尘莫及。"

领导者拥有这种实力，下属就容易信服，在管理上就更加顺畅了。

从上面的分析，管理者能够很清楚地认识到，应该如何处理自己所面临的问题了。

（1）反省自己在组织中的地位。对于上下级之间的关系，你是不是有明确的认识？上司就是上司，绝不能因为下属比你年长，你就得对他有所顾忌。有的管理者会说："我也知道这个道理，可是每次看到他，我就不得不让他三分……"你是不是也如此"胆怯"，不敢站在上司的立场上，把年长的下属视为一般的下属？

（2）与下属沟通。对上述有所反省之后，你应该胸有成竹地对他说："站在管理人员的立场，我认为我应该明确：虽然你比我年长，但我还是把你看成与其他下属一般无二……"然后，听取下属对这件事的意见，与他彻底地沟通。

（3）将适当的工作分配给年长的下属。要注意分配给他的工作必须能够满足下属的自尊心、同时活用了其能力。

（4）一旦离开了工作岗位（下班之后），相对年轻的管理者就应该像尊敬其他长辈一样尊敬年长的下属。

只要管理者对年轻的和年长的员工加以区别对待，使他们发挥各自的优势和长处，就能使自己的企业更有活力。

6. 有了内部支持才能站稳脚跟

　　管理者不应总把自己置于居高临下、控制一切的地位。下属，尤其是众多下属的全力支持，是你理顺管理工作的必要条件，对于一个初掌管理权的领导更是如此。比如一位新任总经理，如果公司的财务、业务、行政等部门，甚至连清洁员都不配合你的工作，恐怕就很难打开工作局面。在中国古代，正反两方面的很多例子都为我们提供了佐证。

　　东晋司马睿移镇建邺后，对于能否在江东站住脚，还没有十分把握。因为江东士族对这位东南最高军政长官十分冷淡。在相当长的一段时间里，居然没有一位名流拜会司马睿。

　　东吴灭亡后，江东士族的经济利益虽然没有受到多大打击，政治地位却一落千丈。西晋朝廷看不起他们，被任用的人士极少。有鉴于此，陆机的疏议讲得十分清楚：

　　"至于荆、扬二州，户各数十万，今扬州无郎，而荆州江南乃无一人为京城职者，诚非圣朝待四方之本心。"

　　即便个别人被征到中央为官，也受到百般猜忌，所以晋末战乱，便纷纷挂冠而归了。这绝不是说他们想就此归老林下，而是在窥度时机，准备东山再起，恢复昔日权势。绝大部分江东士族能为陈敏网罗、不少江东士族参与钱铔的叛乱，原因就在于此。

　　江东士族的态度使司马睿和王导焦虑万分，若得不到他们的支持，就极难站住脚。为此，王导和王敦决定在三月初三拥司马睿出巡，借以观察江东士族的动态，再决定下一步的行动。这一天，司马睿乘肩舆出游，北来名流摆出全部仪仗追随其后，故意从顾荣、纪瞻等宅第绕行，终于引来了他们的拜见。王导乘机献策：

　　"古之王者，莫不宾礼故老，存问风俗，虚己倾心，心招俊嶔。况天下丧乱，九州分裂，大业草创，急于得人者乎！顾荣、贺循，此士之望，未若引之以结人心。二子既至，则无不来矣。"

司马睿心领神会，请王导代表他拜会顾荣和贺循，请他们出来相助。这是政治待遇，也是一个信号，它表明司马睿有意借重江东士族。顾、贺二人欣然应命。司马睿终于和江东士族搭上了线。在顾、贺的影响和推荐下，其他南士相继而至。司马睿任命顾荣为安东大将军府司马、纪瞻为军谘祭酒、周能为仓曹掾、贺循为吴国内史，这些都是司马睿幕府中重要的职位，有的则是江东腹心地区的地方长官。对于顾荣，司马睿更为器重，事无巨细，都找顾荣谋议。对于江东士族来说，这实在是东吴灭亡以后少有的光辉时日。为了搞好与江东士族的关系，王导还学说吴语，提出与吴郡陆氏联姻的要求。不久，散骑常侍朱嵩和尚书郎顾球死，鉴于吴郡朱氏和顾氏都是江东名门望族，司马睿为再次表达他借重的心意，突破仪制，亲自为他们举哀，哭之甚恸。接二连三的举动，终于感动了江东士族，"由是吴会风靡，百姓归心焉。自此以后，渐相崇奉，君臣之礼始定。"司马睿被江东士族确认为自己利益的最高代表了。

7. 要建立稳固的管理团队

一位领导者想要成功，必须建立一个作为核心的忠诚工作班子，他们分担他对工作的考虑，提前向他提出警告，有敏锐的政治意识，并有能力使他少犯错误。

尼克松曾问艾森豪威尔，在工作人员中他最重视哪种品格。艾氏回答说："无私。"毫无疑问，谁能将针对公务的责任感置于他们的私利之上，谁就是理想的工作人员，但是这种人很难找到。尼克松认为大多数人跳不出个人利益的小圈子，所以他选择工作人员的宗旨是，必须考虑三个条件——智力、思想品质和魄力，他要求他的下属既忠诚又有能力。在择用人员时他遵循的基本原则是，工作人员同自己的见解愈一致，便愈能为自己所重用。尤其是当国会为反对党所控制时，他需要一个精干、忠诚的白宫工作班子，来对付比前一代更为专横的国会和官僚机构的争执不休的议事日程及他们扩张权势的奢望。因此，不想成为国会和官僚部门傀儡的尼克松，把任命高级白宫官员看得比任命内阁成员更困难也更重要。

尼克松当选美国总统后，在原有竞选班子的基础上组建他的白宫新班底。在他设置的四个高级职务中，就有两个由其心腹担任：鲍勃·霍尔德曼任白宫办公厅主任，约翰·埃利希曼任总统国内事务助理。尼克松愿意用旧人的倾向特别明显，这与他重视强化总统行政大权直接有关。对追随自己多年的部下，他知根知底，可以委托他们以重任而无须担心他们会越权或者滥用权力。另外，这些老部下为他登上总统宝座立下了汗马功劳，如以高官厚禄犒劳他们，将会增强他们对他的忠诚。尼克松最为倚重的内臣当属霍尔德曼，他们的关系在埃利希曼的笔下得到了形象的描述：他（霍尔德曼）深信尼克松有朝一日将成为这个国家的领导人。尽管后来他认识到自己所崇拜的政治偶像远非完美无缺，但他心甘情愿地运用自己的才智来补偿尼克松的缺陷。当尼克松优柔寡断、犹豫不决的时候，霍尔德曼就成了他的主心骨，为他雇用和解雇人员，果断行事，要求工作人员沉得住气。当尼克松沉默寡言、深居简出的时候，霍尔德曼就说服他办些必要的抛头露面的事情。当尼克松感到精力不支的时候，霍尔德曼保护着他，使他免受一些不必要的干扰，以免伤神。他们两人相互依赖，难解难分，很难区分哪些是尼克松办的事，哪些是霍尔德曼办的事。

在筹组白宫班子时，尼克松不只是任人唯亲，他还毫不犹豫地选用曾反对过自己的有才华的人，他对基辛格的启用便是典型的为取其谋而用其人。听说尼克松要任命基辛格为国家安全事务助理，一些最忠诚的尼克松分子纷纷提出异议，因为基辛格在刚刚过去的大选中还以洛克菲勒派的身份严厉地批评尼克松，这种任命似乎不合情理。但尼克松不计前嫌坚持用基辛格，理由很简单，基辛格最适合做这个工作，而且他和自己在重要问题上意见相同。事实证明，把基辛格拉进白宫为自己出谋划策，是尼克松出奇制胜的一招。

基辛格接受尼克松的任命，无疑表明了以洛克菲勒为首的东部财团对当选总统的认可，尼克松新政府的基础因此而得到了扩大和巩固。同时，基辛格的哈佛教授身份是尼克松白宫班子的最好点缀。自约翰·肯尼迪以来，延请学者教授入白宫任职已蔚然成一股政治风气，尼克松的亲信、至交虽然都出自美国各大学，但因多年活跃于政界，已与学界无甚联系，所以在许多人眼中，他们不是标准的文人学士，更配不上"智囊"人物的称号，《纽约时报》公开讥讽尼克松是"庸人领着一帮碌碌之辈"。当然，尼克松重用基辛格不光是为了装点门面，更重要的是，他从一开始组织政府就打算由白宫指导对外政策，他希望找到一位高明的搭档来辅佐自己掌管外交大权。因此，他认为国家安全事务助理的人选很关键，如果选一个二流水平的助手，他会对其工作总是放心不下。尼克松向来持有这样的看法，即一个强有力的领袖的标志是他愿意挑选一批比他精明的人，他们会以他们的理想和各自的才智向他挑战并激励他，反过来他又影响他们的意见，使之适合自己战略上和政治上的见解和直觉。尼克松正是依照这一理想模式选择建立他与基辛格的合作关系的，他对基辛格有着强烈的直觉感，认为后者是国家安全事务助理的最佳人选。

由于尼克松执意要把内政外交大权转到白宫、进而集于他之手，所以组建白宫工作班子只是走完了第一步，接下来便是如何调控和发挥该班子的功能。

每个总统都得有一个自己的"S. O. B."。尼克松牢记着艾森豪威尔的这一忠告。"S. O. B."原意为"狗娘养的"，艾氏所言是指专门替总统干得罪人的事的人。尼克松在他的随从中找来找去，最后决定由霍尔德曼来充当这一角色。名义上，霍尔德曼负责大量的非实质性活动，类似一名打杂人员，实际上他是一个总助理，从邮件收发室到政治活动的一切事务都归他管。在他忠实地履行其职责的过程中，满足了尼克松的一种特殊需要，这就是如同媒介所描绘的，他在尼克松周围建筑了一堵"柏林墙"。通过霍尔德曼，尼克松得以挡住那群没完没了"非见总统不可"的政府官员，在尼克松的意识里，内阁官员都不可信用，不给他们抓到实权的最好办法是对他们避而不见，所以他要求这些人把问题写成书面的东西交上来，或是找能比总统更好地处理他们的问题的某些办公厅人员去进行交涉。于是霍尔德曼就专门负责对他们说"不行"，而且不是以委婉的口气。

其实，被尼克松启用的"S.O.B."远不只霍尔德曼一人。尼克松的政治哲学是，有时为了一个伟大目标，可以使用令人不愉快的手段。正如自己所信奉的那样，他为了达到巩固权力的目的而不择手段。把政府官员挡出白宫、监视政敌、搞对手的情报，诸如此类的特殊需要又造就了更多的"S.O.B."，霍尔德曼后来承认："时至1971年，尼克松使用着三个下级——霍尔德曼、埃利希曼和科尔森，为的是在某些问题上，能够采取三种不同的对待方法。我扮演的角色是使用直截了当、当头一棒的战略，诡谲多端的埃利希曼做耍花招之用，科尔森则留着干那些见不得人的勾当。"

乍看起来，白宫班子的四位人物霍尔德曼、埃利希曼、基辛格和舒尔茨权倾朝野，他们各自独当一面，与总统单线联系，对美国政策的制定和执行起着无法估量的影响，但实际上一切权力的终端都在尼克松处。尼克松分权给他的四位幕僚，目的有二：一是经他们之手把本该归属于内阁各部的权力收回到他这里；二是借此调动他们的积极性，发挥各系统的功能，保证白宫班子的正常运转，从而达到治理国家的目的。

8. 团队精神是团队稳定的保证

如果管理者想塑造一个忠诚的团队，他们就必须为团队创造清楚的使命感。现代人偏好独立作业，喜欢在他们自己的时间和空间里，追求有创意的最后成果，而只有特别的公司才能赢得现代人的全心奉献。评估一个公司时，首先会看看这个公司是否有清楚的使命，因为一个没有使命感的团队不可能生产出有价值的最后成果。许多人不可能把创意自主性浪费在可能虚掷他们才华的团队上，为了将自我的目标与团队的目标合而为一，团队的目标必须一致、定义明确才可能成功。

团队目标以组织为导向，现代人对团队目标的清楚定义有更高标准的要求。团队目标如果是在没有职员参与的情况下所制定的，而又被断然宣布，强加在他们身上，那么这个团队目标最好制定得非常完美。团队目标最好能提供职员成长和学习的空间，让他们有机会对宝贵的最后成果有所贡献。因为团队目标是他们工作价值的唯一参考点。

有的员工指出："我们毫无团队精神可言，因为我们根本没有教练，因此也没有统一的使命感及目标。如果大家可以一起为共同目标努力，感觉一定很棒。可是没有人领导我们，所以大家要不就放弃，要不就是只为自己努力。在这样的情况下，成果永远只是差强人意。"

有的员工指出："真正的转折点是我开始觉得我只是为公司工作，却不是公司的一分子。管理阶层完全未征询我们的看法，没有问我们的意见，没有解释发生了什么事或是变动的原因，便把每个人的工作做了一番重组。我们完全不被当做公司的一员，这对士气打击很大，每个人的生产力也大为降低。以我为例，我本来非常地卖命，常常加班，为工作付出许多心力。但是现在，我们对工作完全无法控制，使想把工作做好的希望破灭，而工作的成功与否也不再是我的问题了。"

对于许多下属员工来说，坚持制定工作议程和工作目标，却不提供必要领导以支援这些工作和目标的管理者，令他们感到挫折失望。他们的创造自主性受到压抑，大量精力平白浪费在没有方向感的团队里，最终他们只好失望地离开。那么，如何培养团队精神呢？

传统的组织管理模式和团队协作模式最大的区别在于，团队更加强调团队中个人的创造性发挥和团队整体的协同工作。如何协调个人成长与团队成长的关系，使他们能够相互作用、共同发展是一个值得讨论的话题。

团队精神主要包含以下几方面内容：

（1）员工对团队的高度忠诚。团队成员对团队有着强烈的归属感、一体感，强烈地感受到自己是团队的一员，绝不允许有损害团队利益的事情发生，并且极具团队荣誉感。

（2）团队成员相互尊重。这包括两方面的意思：一是特定团队内部的每个成员间能够相互尊重，彼此理解；二是团队的领袖或团队的管理者能够为团队创造一种相互尊重的氛围，确保团队成员有一种完成工作的自信心。人们只有相互尊重，尊重彼此的技术和能力，尊重彼此的意见和观点，尊重彼此对团队的全部贡献，团队共同的工作才能比这些人单独工作更有效率。

（3）团队充满活力。一个团队是否充满活力，可以从三个方面看出来，这三个方面也是管理者要注意的地方：①主动精神。团队是否有创造性的想法？是否积极思考，寻求问题的解决方案？能否发现机会，敢冒风险？团队是否能提供团队成员挑战自我、实现自我的机会？②热情。大家对共同工作满意的程度如何？是否受工作的鼓舞？想干出成就吗？成功对大家有无激励？③关系。团队成员能愉悦相处并享受着作为团队一员的乐趣吗？团队内有幽默的氛围吗？成员之间是否能共担风险？

那么，作为团队中的一员，我们应该从哪几个方面来培养自己的团队合作能力呢？

（1）寻找团队积极的品质。在一个团队中，每个成员的优缺点都不尽相同。你应该去积极寻找团队成员积极的品质，并且学习他。让你自己的缺点和消极品质在团队合作中被消灭。团队强调的是协同工作，较少有命令指示，所以团队的工作气氛很重要，它直接影响团队的工作效率。如果团队的每位成员，都去积极寻找其他成员的积极品质，那么团队的协作就会变得很顺畅，团队整体的工作效率就会提高。

（2）对别人寄予希望。每个人都有被别人重视的需要，特别是那些具有创造性思维的知识型员工更是如此。有时一句小小的鼓励和赞许就可以使他释放出无限的工作热情。并且，当你对别人寄予希望时，别人也同样会对你寄予希望。

（3）时常检查自己的缺点。你应该时常地检查一下自己的缺点，比如自己是不是还是那么对人冷漠，或者还是那么言辞锋利。这些缺点在单兵作战时还可能被人忍受，但在团队合作中就会成为你进一步成长的障碍。团队工作中需要成员一起不断地讨论，如果你固执己见，无法听取他人的意见，或无法和他人达成一致，团队的工作就无法进展下去。团队的效率在于配合的默契，如果达不成这种默契，团队合作可能是不成功的。如果你意识到了自己的缺点，不妨就在某次讨论中将它坦诚地讲出来，承认自己的缺点，让大家共同帮助你改进。当然，承认自己的缺点可能会让人尴尬，你不必担心别人的嘲笑，你只会得到同伴的理解和帮助。

（4）让别人喜欢你。你的工作需要大家的支持和认可，而不是反对，所以你必须让大家喜欢你。除了和大家一起工作外，还应该尽量和大家一起去参加各种活动，或者礼貌地关心一下大家的生活。总之，你要使大家觉得，你不仅是他们的好同事，还是他们的好朋友。

（5）保持足够的谦虚。团队中的任何一位成员都可能是某个领域的专家，所以你必须保持足够的谦虚。任何人都不喜欢骄傲自大的人，这种人在团队合作中也不会被大家认可。你可能会觉得某个方面他人不如你，但你更应该将自己的注意力放在他人的强项上，只有这样你才能看到自己的肤浅和无知。谦虚会让你看到自己的短处，这种压力会促使你自己在团队中不断地进步。

9. 员工的团结是塑造团队精神的前提

好的企业里人们的工作关系融洽，各部门分工明确，各司其职，企业员工对企业福利和业绩十分满意，并且愿意为之努力工作。但这样一个好的机制并不是每个公司都能够做到的，它需要公司老板、主管和每个员工的协作。

（1）老板的努力。作为一个公司的最高主管，你必须了解公司员工，你可以直截了当地来打破层层障碍，以了解员工工作进度，看看他们是否遵循正确的作业程序。你需要了解的是：管理部门是否采用能达成公司理念的政策？管理部门对消除障碍是否有明确的对策？今年的对策够不够积极？是不是已完成？管理部门所管理、考核的事务是否正确？管理部门是否把资料公开、透明化？如此一来，最高主管就可以发掘出隐藏于公司内部的问题，而每一名员工也都会知道公司对它所定的目标是认真的。英航顾客服务部门资深总经理柯来说："我们告诉公司的柜台员工：'你有使顾客快乐的责任。如果你有问题，赶快想办法解决。如果你不能解决，去找你的组长，如果组长也不能解决，他就会往上报。'"这是好方法，英航基层员工所不能解决的问题，最后都会送到董事长马歇尔桌上，让其去解决。这种方法颇为有效。它导致了各部门之间、上下级之间的健康合作关系。只有打破日常的管理障碍，公司员工才能真正服务顾客，才能得胜。

（2）员工的努力。作为一个普通员工，要把自己的利益与整体利益联系在一起，他必须遵守下列原则：工作应该自己去寻找，不要依靠和等待；要主动地去工作，而不是被别人所推动；要认识到：只有做艰难的工作才能锻炼自己，而专拣容易的工作会使自己没出息；要选择并努力解决复杂的工作，争取在每项工作之后都能有所进步；尽量要把周围的人团结好，以此来作为动力，同心协力把工作出色地完成；对待自己的工作，要有充分的计划，如果长期性的计划已被确定，就要为达目的而忍耐，为希望而努力；对于自己的工作要有信心，如果失去信心，工作便不会有魄力，也不会持久，更不可能使工作有内容；头脑要保持灵敏，要随时留心周围的一切，不可有丝毫的漏洞，这是我们服务人群的精神；不要害怕工作中的摩擦，因为矛盾是进步之母，是积极之肥料，否则不会使人很快成熟。

（3）老板与员工的共同努力。年仅 52 岁的日本企业家江和浩正就是这样一个善于将员工团结起来的人才管理高手，他貌不惊人，但为人随和、表里一致，有一种不可思议的魅力。日本国税局调查厅的有关人员曾到人才开发中心连续调查了两个星期，发现该公司人气很旺。问其缘故，江和浩正说："是因为我们给员工的福利费比其他公司多了一位数。此外，我们公司经常为员工举行告别会和宴会等，还组织员工外出旅行。我这样做，是想为员工们创造一个较好的工作气氛。口头上的空喊是不行的，更重要的是要拿出实际措施，向员工提供大量相互交流、沟通的机会。"

在公司里，员工人人努力工作。到夜晚 10 点、11 点钟，仍有办公室亮着灯。在工作忙的月份，女员工们加班 120 小时不足为奇。而江和浩正本人每天基本上要工作 12 小时。

"怎么样，身体好吗？"他经常亲切地向员工问候。他每年要出席 30 多次员工的婚礼。过去他能报出全公司所有员工的名字，现在也能认出上千名员工。员工的小孩上小学，他送纪念品；员工过生日和有喜事，他去祝贺。总之，他把公司看做是个大家庭。这也是员工们乐于加班工作的原因之一。

江和浩正说："我的经营目标，就是要使员工感到值得在这里工作。为此，我在鹿儿岛开办了农场，又在岩手县的安比买下了铁路线旁的一块土地，在那里开办了旅馆、高尔夫球场和滑雪场地，但目的不是为了盈利，目前这部分经营仍是赤字。那么，安比开发的真正目的是什么呢？是使员工能有一个自己的'基地'。我生在战时，经受过战争带来的饥饿。今后如果万一发生大地震，出现粮食危机，我就把员工和他们的家属安排到安比基地，让他们自己养活自己。"

10. 让团队中的合作与独立相平衡

对工作类型和工作方式，每个人都有个人的需求和喜好，这些喜好可以是环境方面的、任务方面的，也可以是关系方面的。

医生大多建议人们与他人共同工作，但是也有些人更愿意独立工作，也许与他人很少或根本没有接触，会让他的工作更出色。

尽量让任务及完成任务的方式符合个人喜好，如果不能使某项工作符合下属的需求和需要，就要考虑把该下属换到其他类型的工作上。

下属与工作搭配得越好，业绩也就越好。

每个人都有独特的知识、技能、能力、态度和才能，每个优秀的下属都是一个特殊的组合，为了最充分地利用这些资源，要允许下属按自己的喜好改变工作方式。

在设计或重新设计一项工作时，要考虑正在此岗位上工作的下属，应该充分利用该下属的长处，以最有效的方式分配公司的各种职责。

通过分配不同的任务给团队成员，能够大大提高生产力和下属的满意程度，他们对任务安排方式，尤其是安排给自己的任务越发满意，就越有可能留下来。

一个可由单人完成的工作，如果是由两人或多人合作来完成，可以带来更多的乐趣，而且完成得更迅速，更有效率，也更有效果。

工作环境应该在空间上、职责上和心理上有利于下属共同工作，如果不是，则应作适当的调整以利于团队工作模式。

如果不给下属提供足够的空间、设备和适当的布置（如独处的空间，可翻动的卡片，摆放纸张的桌子），就等于向下属表明：管理者并不希望他们相互协作。如果他们因缺乏交流而使得生产力下降，就应该仔细检查一下管理者是怎样鼓励或阻止下属共同工作的。

管理者通常都能够很好地协调和支持下属群体构建有利于生产力的一对一的关系，却不太擅长建设团队。

要让下属知道管理者喜欢他们一起工作，告诉他们管理者非常希望他们更多地与同事一起工作以提高解决问题的能力，并提供半固定的机会让下属交流、合作，并做出更好的业绩。

进取的下属是极富有价值性、积极性的资产。有时，他们不受约束的热情会导致不适当的行为，**给进取的下属和公司造成麻烦。**

所以就要建立合理的规范，**使下属在其规定的范围内行事。**

最好的方式就是放宽限制，**可以有许多灵活性，给下属尽可能多的**空间以发挥其能力。

有两种层次的"限制"似乎最有效。首先是下属在哪些领域可以不受约束地履行职责；其次是当**超越规定**的范围时，要求下属在继续进行之前获得管理层的许可。

下属确实很想知道对他们的限制。这更坚定了其对自己所享有的自由的信心，同时也希望了解到组织控制是存在的。

11. 鼓励主动工作

主动精神可被定义为团队成员在被告知或被指定做什么事情之前主动地做事，它意味着主动去做什么而不是告诉什么才做什么。

多数管理者都喜欢看到自己的下属更具有主动精神，有些经理担心下属会做得过火，但多数人宁愿到时候再介入并规定一些限制，也不事先制定一些规范。

优秀的下属希望采取主动，但他们经常受到经理或主管的束缚，而这些束缚下属的人却又希望下属采取主动，这是因为经理在自己未意识到的情况下，向下属传递了不许采取主动的信息。

在下属采取主动之前，一定要相信自己有职责、有权利、有责任去采取主动，缺少这些信念，就不会采取主动。所以，经理必须告诉每一团队成员他有采取主动的职责，并向其解释清楚这种职责。

如果下属采取某种主动，却招致经理的干预，其继续采取主动的可能性就会大大减少。对下属采取主动给予积极支持是非常关键的，要让他们知道经理希望他们对需要做的事情承担职责，并且很欣赏这种行为。

经理需要对下属在工作的哪些方面享有主动权给予明确的说明，如果权力的界限模糊，有些人就倾向于选择较为保险的方式，有些人则会超越自己的权限并有可能为自身或为工作带来一些麻烦。

让团队成员理解他们在何种情况下可采取主动而无须征得经理的同意，告诉他们如果因为需要在某些领域采取主动而来找经理商谈，经理会给他们某种特殊的权力使工作得以继续进行。

一个关键的问题是责任，太多的下属没有认识到自己有责任在工作中采取主动。作为管理者，此时可以直截了当地告诉下属，如果觉得有什么事情该做，他们有责任采取主动。

12. 激发创造性，鼓励创新

优秀的团队成员在鼓励其创造性、鼓励其寻找新方式的环境中能够更好地成长，当这些人有在工作中进行创新的自由并得到支持时，就会更加愿意留在能够提供此种机会的公司里。

但有很多下属的观点是管理人员并不认为他们有创造性，应该尝试用新方法来做事情。那些希望在任何时间都要用同种方式来处理事情的管理人员并不赞同创新，把程序看得比结果更重要。虽然观念如此，但可以改变它。

让下属知道经理是鼓励新想法的，让那些处于一线的下属发表更多的建议。许多公司有积极进取的计划来为提出建议并得到实施的下属提供现金奖励、赞扬以及其他激励方式。积极地寻找更好的方法已成为企业文化的一部分。

建议计划至少应有一个反映制度以便让下属知道经理确实对听取建议感兴趣。提出的建议和管理人员的反映可以张贴在公告栏上，解释清楚为什么有些建议不能被接受，无法实行，这是非常重要的。没有这种反馈，下属会认为根本就没人在意他们的建议。

只要有可能，就允许并支持下属去尝试他的新想法，可以是正式的，并做好计划和预算，也可以是非正式的，只是传达给下属允许他去尝试的信息。

尝试新设想总有失败的风险，尽量允许尝试新事物的下属可能遭到的失败。当然，下属也不希望失败，但得到支持时，会主动、大胆地尝试新事物。

　　如果管理者不清楚自己的下属是否认为自己鼓励他们进行新方法的尝试，可以问问下属，然后根据了解到的信息，进行适当的沟通以传递或加强这种观点。

第八章

调控好下属精神面貌
的同时也要注意自我调控

领导者不务实不行，但仅务实不务虚也会走进管人管事的死胡同，其中，调控好下属的精神面貌就是必须做的一件事，从一定意义上说，这也是体现管人管事水平高低的分界点。同时，领导者还要做好自我调控，注意自己的言行。

1. 把团队的管理目标与员工个人目标有机的统一

目标管理是企业管理的重要内容，目标是一个企业的努力方向，在实现之前，它只是一盏可望而不可即的明灯。但是，这个目标制定得**越**合理，要实现它，使之由虚转实的可能性就越大，而如果把一个企业、一个团队的目标与员工的个人目标有机地统一在一起，目标则成了虚与实的完美结合体。

管理大师彼得·德鲁克发现，一项既定的目标，即使是十分科学的，要他人来认知和认同也是十分困难的。然而，如果一项管理目标不能被下属所接受，并转化为下属自己的目标，那么这项目标的实施就会遇到障碍。只有那些实现了"上下同欲"的目标，才能充分调动执行者的积极性、主动性和创造性，使管理目标得到切实有效的贯彻和执行。怎样才能做到这一点呢？德鲁克认为，请下属参与目标的制定是有效的手段之一。

目前，在西方的许多企业中都实现了目标管理。德鲁克指出，目标管理的精髓就在于实现了组织目标和个人目标的完美结合，而其中最关键的一环就是：请下属参与目标的制定。这种原则在管理学中是至为重要的。在一起制定目标的过程中，因为各个下属部门或个人都会根据自己的需要，从自己的利益出发，提出对即将制定的目标的种种建议或见解，争论是不可避免的。但就在这一过程中，管理者却可以洞察到目标的确立应遵循什么样的原则才能更为下属所认同，而不至于使提出的目标高高在上，不合民意。另外，在这一过程中，正确的意见得到阐述，偏执的意见也会得到自我修正，实质上也是一个教育、说服和发动的过程。美国通用汽车公司总裁斯隆曾提出过表面似乎自相矛盾的"协调式分权"原则。他强调提出，决策的协调是通过各种委员会的会议达成的，一项决策是要在会议的讨论与争论中形成的。虽然他的目的是要对分权体制进行必要的协调控制，但当我们把它作为"共同制定目标"的一种借鉴时，它却产生了一种有悖初衷的新的意义。

对于下属来讲，他们需要的是一种实在的"主人翁"的感觉。请下属参与目标的制定，亲身的体验使他们认识到了自己主人翁的地位，认识到目标决策的科学性，从而自然而然地产生了与管理者一致的看法，相应地，主人翁的责任感也就油然而生了，促使目标的付诸实施也就会成为他们的自觉行动。特别是在一些大型的组织中，因为不可能每个人都能参与目标的制定，所以派代表参与成为最切实可行的办法。如果代表们对决策目标产生了认同，那么他们就不仅会身体力行，而且会以极大的热情对目标进行宣传，使目标得到更深层面的认同，以至得到衷心拥护。此时，因为这项决策目标在情感上得到了下属的认同，下属就会自觉地把它化成自己的目标，那么，目标的实现就不仅仅是依靠其科学的内容对下属的感召，更重要的是下属为实现目标而做自觉的努力。

请下属参与目标的制定，无疑会有许多问题产生，如浪费时间、议而不决、与管理者初衷背道而驰的意见占了上风等。但这些问题不是原则本身的错误，而是操作上的不当造成的。管理者与下属一起制定目标时，一定要注意以下几个方面：

（1）限定主题。在共同确立目标的开始，管理者要提出自己对目标的设想，为参与者指明方向，提供思路，防止参与者将一些无关紧要的事情也扯进来，分不清主次，或扯到另外的问题上去，导致浪费时间，偏离决策目标。但管理者提出的对目标的设想又不宜十全十美，有时即使管理者有能力把目标设计得十全十美，也要在提出目标最初的设计方案中有所疏漏。因为只有下属觉得一个十全十美的目标，是在自己的批评和建议下形成的，才会对目标产生更强烈的认同感。如果宣布的目标已经无可挑剔，参与变成了上传下达，那么共同制定目标就没有什么意义可言了。

（2）协调纷争。在共同制定目标的过程中，因为各部门和个人都是从不同的利益角度出发而提议的，因此，争论是不可避免的。两军对垒、三足鼎立、吵得不可开交的事情会时常发生。如果此时管理者缺少统揽全局的艺术，就会导致议而不决，甚至矛盾激化。管理者在完善目标，对各方达成一定程度的妥协，使目标在更为广大的范围内得到接受时，一定要清楚：即使强行执行的正确目标也比自愿执行的错误目标更行之有效。

（3）信息共享。共同参与目标的制定是要创造一种广开言路、百花齐放的氛围。但管理者常常会发现在这些观点中有些明显的不合时宜、漏洞百出或没有见地与深度，不是纠缠于鸡毛蒜皮和枝梢末节，就是在下属中形成一种占上风的错误倾向，结果就只能是时间的浪费或管理者与下属间的尴尬和僵局。解决这个问题的方法在于，给下属提供充分的事实资料，以使其制定目标时有所依据。这就是信息共享。信息共享应该成为一种体制以纠正仅在猜想或推测上打圈圈的争论，以及只根据一些表面的证据和极不充分的情报便做出决定等现象。

没有什么比员工把企业目标作为个人目标能产生更大的生产力的了，这等于抓住了提高管人成效的"七寸"，在这个虚与实的结合点上，一切问题都变得容易解决了。

2. 最需要培育的是员工的信念和精神

信念和精神的力量是巨大的。就拿一个球队来说，技术最好、个人收入最高的球队不一定能取得胜利。竞技场上的最后赢家往往是那些有着强烈的求胜欲望和坚定的取胜信念的球队。

因此，对于大多数管理者而言，信念管理都是一个当务之急。

信念管理是基于彼此信任的基础上建立的一种领导模式。何谓信念？信就是相信，念就是观念，你一定要相信自己的观念。但现在的人已不容易去相信一件事或一个人了，更不要说相信一个观念一辈子的事。什么是相信？相信应是内在、没有根据的，就因为想要达成，才会有一个动能出来，而观念就是激励你朝目标、理想迈进的原动力。

一位西方哲人说："每天我们看到的事都是我们相信的事，我们听到的事也都是我们相信的事；我们看不到我们不相信的事，我们也听不到我们不相信的事。"

虽然这几句话有点绕口，但却很有意思。当我们看到一件我们不相信的事，我们不会相信那是真的；同理，当我们听到一件我们不愿意相信的事，等于我们没听到。真正的相信、信念来自于我们要去相信那样的观念。同样，理解信念管理也是这个道理。

（1）了解自信。真正的自信是：你相信你要完成的每一件事都是可以完成的。大部分的人都以为自己很有自信，其实那是自负，自负的人坚持自己所想的都是对的；但真正的自信却是对未来的一份肯定、对于可能达到的部分的相信。换言之，每个人在生命中都有一些目标、理想，你必须相信这些目标、理想是可以达到的，而不必去管这些目标、理想在过去是否被完成，或你现在有没有能力去完成，这就叫自信。

（2）学习自信。从想要完成你相信自己可以完成的事开始，在这个过程中，你可能会遭受许多批评、委屈和嘲笑，但那份自信是了然于心的努力与企图，是必须经过学习才能真正产生的，所以，你要有心理准备。

（3）具备自信。一个真正有自信的人，他会非常清楚自己的未来，他也知道每一个决定和事情到最后的结果是什么。要到这种层次，一定要经过认识信念、了解自信、学习自信三个阶段，最后，你就会具备自信了。只有具备自信，在生活和工作中遇到任何困难和挑战时，你都可以克服并安然度过。同时因为有这样的过程，你才能达到自己想要的生活、工作品质。

（4）回归生活的实践与达成。谈了这么多信念方面的东西，最后还是要回归到现实生活中，只有通过实践的过程，你才知道问题出在哪里。有人说，成功是一门验证的科学，它必须通过不断地做的过程，才会真正知道。自信也是一样，当你拥有信念后，最好的方式就是在生活中去实践。

美国加州有一个人叫罗克，创业之初就发誓要建立一所中学，因为这样的信念，使他坚持到今天，即使公司曾危急到差点儿倒闭、员工只剩他一人在独撑大局，他还是咬着牙熬过来了。因为他心中有一个很大的愿望，那个愿望需要他相信，通过这样的相信，在任何困难中他都不会放弃！

20多年前，日本电视剧《阿信》在我国播放，吸引了不少观众，人们被阿信的那种坚忍不拔的与命运抗争的信念所感动、所激励。虽然现在与阿信的时代大不一样，但阿信的信念在任何时代都是一个非常成功的要素。

与信念管理相对应，管理者还应下大力气培育员工的挑战精神。

在企业中往往会要求员工实现似乎无法完成的工作。这对于拥有若干下属的管理者而言是非常头痛的事。

人对没有自信的工作往往踌躇不前。如果无条件的委托交付，组织的业务必然遭到拖延。如何说服下属，不会遭到"我没有办法达成此项任务"、"是否能交给其他人处理"、"这超出我能力范围之内"等拒绝反应，是管理者的职责。

让下属养成一开始就勇于挑战困难的态度，仔细构思可利用何种帮助、何种方法、花费多少经费，在多少时间内可完成工作的习惯，是非常重要的。

"由于上级所交付的任务完全失败……"

"他已丧失了自信……"

但如果以上述理由不敢交付下属新的工作，则下属根本不可能成长。

人不可能生下来就是圣贤，也没有一个人一开始就能圆满地完成工作，唯有经过重重失败、反省、训练，才能超越他人，获得成功。无论是运动员还是艺术家，不经过反复苦练，是不可能成功的。

日常的工作亦同。唯有不畏失败，勇敢挑战，最后才能获得成功。无论是下属或是管理者，都需要有此种积极精神与挑战精神。

3. 把管理道德的建立作为提高管理能力的重中之重

就管理而谈道德似乎是个很过时的话题，时尚的管理理念是重才不重德，对于管理者的要求更是只要达成目标，管理有效率就万事大吉，管理者自身道德要求这个务虚之举似乎成了多余。事实并非如此，管理道德不是可有可无的，而已成为管理者切实提高管理能力的重要内容。

（1）正直与道德是管理者不可或缺的。美国管理协会曾邀请一组学术人士和专家描述 20 世纪 90 年代商界最完美的领导形象。"正直"成为最重要的要素。"正直"源于价值观。正直的领导们致力于自己认为是正确的事情。当有瑕疵的产品送到客户处时，公司领导不要故意不承认。"正直"是紧紧依附于道德伦理准则上的，非常正直的人被认为是可以信赖的。

研究反复证实这样一种常识，就是人们需要他们能够信赖的领导。同样，他们也希望领导能信任他们。正直能够补充信赖，因为很正直的领导是值得信赖的。

培养自己的道德观能帮助你变得更可信。表现出良好的道德表示你是可信赖和诚实的。假如人们觉得在所有的日常活动中都应该讲道德，那么就有必要在很多人不讲道德的情况下也讲道德。即使别人还没有指出你不道德，也应花代价确保自己讲道德。如果他人认为你有道德问题，那就会有碍于获得自己想得到的领导职位或是有碍于成为一名有效率的管理者。提高你所创造的道德风度的第一步便是制定一个个人道德准则。

道德准则是根据价值观决定什么是正确的或错误的（或好的或坏的）。在写自己的道德准则时可以从公司制度手册上找到一些行为规范。公司的道德规范一般包括如下这些项目：遵守安全、健康和保安规定；对人礼貌、尊重、诚实和公正；上班不迟到不缺勤；不骂人；不行贿；要保守秘密；遵守财会制度和限制；不挪用公物；不传播虚假或错误的消息；不要对下级、同事、上级、供货者或顾客进行性骚扰；作决定时不计个人得失；提供高质量的产品及服务。

在学习一个职业或公司的行为规范之后，你可能会把其中的一些想法写在自己的职业道德规范上。在个人规范中还应包括为了继续前进，在多大程度上可以违反哪些规定？对哪些自己不能做的事情要有规范？能否把别人的想法归为己有？背后中伤他人是否妥当？为了取悦某个关键人物而对无趣的笑话能否发笑？

多数有正义感的人已经知道像接受贿赂、说谎和对他人进行性骚扰这类行为是不对的。道德规范能帮助你巩固认识，还能帮助你成为一名地道的合法公民。结果，你的领导形象就会得以提高。

（2）养成言行一致的管理习惯。从长远看，信任领导的员工更易获得满足并且表现良好。获得员工信任的首要因素便是表现出你的意图与行为的一致性。

假如一位总裁说："别担心，这次合并不会导致工作机会减少。"如果随之而来的是裁员，那么这位管理者将不会再得到信任，裁员本身并不会有损于信任，但虚假的许诺会丧失信誉。

管理者们可以通过下面几种方式来培养言行一致的习惯：①告诉员工们说你信任他们，然后采取公开化的管理使员工能了解到有关公司的财务信息。告诉员工公司如何赚钱，什么是利润以及其他财务信息也很重要。这样可以减少员工对公司财务的猜疑和忽视，提高可信度和士气。②避免混淆的消息。传播一贯性信息的领导最受信任。③获取有关你的意图和行为是否一致的反馈。问一些集中的问题，如"我有没有什么许诺没有兑现"。④记录你对员工的许诺，自己证实是否言行一致。⑤用你要求别人的方式来要求自己。如果你对他人说要保持良好的人际关系，那么你自己也要保持良好的人际关系。⑥减少虚伪。例如，如果你指责他人浪费集体资源，那么就不要为自己精心安排工作旅行或过分装饰自己的办公室。在麦克尔·欧维茨担任迪斯尼集团老总时，他为自己雇用了六位秘书却大喊节俭。结果，许多迪斯尼的员工就不信任他。⑦要说实话。如果你不必自圆其说来弥补先前的谎言，你会更容易保持一致性。

4. 通过企业文化建设提升员工、团队的战斗力

无疑，表面上看来，企业文化是十分虚化的东西，它不能直接产生效率和效益，而是通过对员工施加价值观和思维方式的影响，间接地提高生产力。但在现代管理中，相信没有人再怀疑企业文化对员工工作态度和企业发展前景的影响力。

在新经济时代中，决定企业兴衰成败的，不是资本的竞争力，而是文化的竞争力。优秀的企业文化是指导和约束企业行为以及员工行为的价值理念，是企业管理的灵魂，是企业发展到一定时期，在企业管理水平不断提高基础上的必然产物，是企业向更高层次发展的内在要求，是推动企业发展的内驱动力。它不是游离于企业体制之外的，其本身就是企业体制的重要组成部分，更是企业领导者经营理念的直接反映。

不可否认，很多企业都认识到了企业文化对于企业发展的重要意义，但仍然有相当多的领导者对于企业文化的认识存在误区。他们认为企业的文化就是自己的文化，自己设定一个什么样的文化、什么样的制度，员工就应该照葫芦画瓢。不管这个瓢是圆是扁，作为下属只管照样

子画就对了。如果有什么疑义那就是对领导的不忠、对企业的不忠，就该受到惩罚，甚至应该走人下课。

保住饭碗、保住薪水是企业里每一个员工的共同愿望，因此，对于这种强制性的企业文化，人们都是敢怒不敢言，长此以往，企业就形成了以老板文化为核心的奴化式的企业文化。在这样的企业里，把大家"凝聚"在一起的共同基础不是真正的精神内核，不是共同的远景目标和价值观，而仅仅是薪水而已。

很难想象这样的企业文化能给企业带来多少凝聚力和创造力。没有了凝聚力的企业还能坚持多久？还能走多远？

优秀的企业文化应该得到全体员工的认同。而每个员工都应是企业文化的创造者、完善者和体现者，而不是被动的承受者。

若企业文化仅仅停留在口头或者纸上，仅仅依靠严格的规章制度来强制员工遵守，是不能称其为企业文化的。

文化与制度的区别在于，制度往往是员工的对立之物，而文化则超越了制度的对立，成为员工的自觉之物。制度是一种强制力，而文化是一种更为强大的自然整合力。

文化的根本标志在于它的自动整合功能，它强大得无须再强调或者强制，它不知不觉地影响着每个人的思想和精神，从而最终成为一种自觉的群体意识。只有达到这种程度，一个企业的价值理念体系才可能被称之为企业文化。

教官向一班学员讲授领导与管理的不同，他给学员出了一道题目："现在由你来领导本班，让大家全部自动走出室外，切记！要大家心甘情愿！"

第一位学员不知道怎么办才好，回到座位。

第二位学员对全班的学员说："教官要我命令你们都出去，听到没有？！"全班没有一个人走出室外。

第三位是这么做的："大家都听好了，现在教室要打扫，请各位离开！"但仍然还有一部分人留在教室内，值日生在待命扫地。

第四位看了纸片上的题目一眼后，微笑着对大家说："好了，各位，午餐时间到了，现在下课！"不出数秒，全教室的人都走光了。

让别人为自己做事，而且是心甘情愿，该怎么说、如何说，都是一门艺术。用权威来压人或者讲大道理来说服，都不会收到好的效果。只有将自己的目的和对方的意愿或者切身利益结合起来，才能得到双赢的结果。

一个企业如果没有和员工建立起共同的远景目标，而且缺乏共同的信念，谈何利益相关？但凡优秀的企业，都是通过确立共同的远景目标，整合各类资源，牵引整个组织不断发展和壮大，引导成员通过组织目标的实现，实现个体目标的。

对于一个企业而言，要想让员工全心全意地热爱、信仰、遵从企业文化，最好的办法不是强制其全盘被动地接受，而是让他们参与进来。只有员工自己参与了，有关员工的切身利益、自身目标和企业的利益、远景目标达成一致了，员工才会从心底到行动都接受，认同企业文化。

既然洗脑是权宜之计，是短线，那么什么才是建立好的企业文化的正途呢？其实，建立有凝聚力的企业文化的真经就 10 个字：平等、尊重、信任、合作、分享。

那么，企业领导者怎样做才能让员工认同企业文化，并愿意全心全意为企业奉献自己呢？

首先，努力在企业和员工之间建立起一种长期的相互信任和相互依赖的关系。以长期雇佣为出发点，以外部劳动力市场为依托，强调对员工个人能力的培养与开发，重视客观公正的绩效考核，注意保持报酬水平和报酬差别的公平合理性，强化企业与员工之间的互利合作意识以及一般员工的参与意识，才能得到员工的信任并最终留住员工。

其次，在各项具体的人力资源管理政策与实践上，注意积极推动企业的文化建设。主要包括：①企业在制定每一项人力资源管理政策和制度的时候，都必须树立"人高于一切"的价值观，并坚持将这一观念贯穿企业的所有人力资源管理活动之中。企业及其管理人员必须承认，员工是企业最为重要的资产，他们不仅值得信任、需要被尊重和公平对待、能够参与决策，而且每个人都有自我成长和发挥全部潜力的内在动力。②努力贯彻以价值观为基础的雇佣政策。企业在招募和挑选新员工时就应当注意执行以价值观（即符合企业文化要求的价值观）为标准的雇佣政策。利用精心组织的面谈等手段判断和确定求职者的价值观（如追求卓越、合作精神等）与企业的主导价值观是否一致。③为员工提供就业保障和相对公平合理的报酬。首先，企业尽量避免因外部原因随意解雇员工，从而为员工提供一种长期的工作机会。其次，企业为员工提供包括高于市场一般水平的工资奖金和额外福利在内的一整套报酬，并且使员工有机会分享企业的利润。这两个方面的内容都是要促使员工将自己看成是企业共同体中的一员。④通过工作组织形式的调整和参与管理，在员工中创造一种团结合作和共同奋斗的价值观。这包括：建立企业与员工进行双向沟通的正式渠道和员工参与管理的办法，确保员工受到公平对待，并切实保障雇员享有参与管理的机会。⑤制订各种人力资源开发计划，努力满足员工的各种自我实现需要。不仅保证员工有机会在工作中充分发挥自己的技艺和能力，而且为员工个人提供长期发展的机会，注意从长期职业生涯的角度来帮助他们设计、实践个人的职业目标。为此，企业应致力于广泛运用工作轮换、在职以及脱产培训、内部晋升、组织团队、绩效评价以及职业生涯设计等各种手段来帮助员工进行自我提高和自我发展。

通过企业文化建设，构筑全体员工共同的价值观，进而改变落后的、消极的思维方式和工作模式。于是，虚转化成了实，转化成了无往不胜的战斗力。

5. 领导工作不能忽略下属的个性

有的管理者崇尚制度，把制度建设深入到管理工作的每一个角落。但随之一个不良的管理倾向出现了：认为制度可以包办一切。而事实并非如此，管理工作如果忽略员工个性，只是简单地把员工看做流水线上的一环，就不可能有好的效果。

管人要以踏踏实实的心态，从细处入手，关注下属的个性。

比如，我们的内心常会随着工作和身体状况而改变，如果能够敏锐地掌握下属内心的微妙变化，就可以适时说出合适的话或者是采取合适的行动。

管理人的工作也许是最难办好的事情了，这大概是每一个管理者的苦衷。哲学家说："在天底下没有两片完全相同的树叶"，人也是，人的个性就是那千差万别的树叶。所以，一位资深的领导就有了这样的感言："人能聚到一起是个开始，能在一起相处是个进步，能在一起工作就是成功了！"

个性相近者一般来讲便于搞好关系，例如两个热情、易冲动的人在一块儿做事，会彼此对对方办事感到满意；如果是两个同样抑郁寡欢的人在一起会感到加倍的烦闷。个性相反者大多不易搞好关系，出现类似"水火难容"的个性冲突。但也有许多性格不同的人能够取长补短，很好地相互配合。因此，可以得出这样的结论：个性相同与否无关紧要，关键在于个性是否能够相容。

现代化的管理艺术要求每一个管理者对自己下属的个性都有充分的了解，并根据这种了解得出结论：某人与某人，或某几个人与另外几个人性格可以相容，这时就可以考虑应该把他们安排在一起工作。

在国外，许多人事经理给每一个下属建立"个性卡片"，有个别公司还有独具特色的"个性申报制度"，即由员工自己申明自己的个性，这种做法是非常明智的。

人事档案在我国恐怕是最为复杂繁多的材料了，然而并没有哪一个人事部门的档案里有关于个性方面的调查，也从来没有哪个用人部门在交给新录取者填写的厚厚的、一式三份的表格里有"性格"一栏，如果有，那也只占用有限的篇幅。

事实上，这是非常重要的，让被管理者"坦白"自己的个性，是对该人人际知觉的最好的调查，这种调查是任何客观观察所不可能取代的，因为它至少可以告诉我们两个问题："我认为我是个什么样的人"，"我希望别人怎样与我共事"。

现在有的管理者不做这样的卡片或表格，并不是他们对每个下属的个性了如指掌，而是对此项工作的重要性缺乏认识或懒于做这项细致的工作。

管人最忌心态浮躁，对于制度的过分依赖显然助长了这一浮躁心态。但请千万记住，只要是关于人的工作，细致入微地关注人的方方面面永远是不可缺少的。

第九章

公平原则与
特殊人才特殊对待并不矛盾

管人管事要讲公平。没有公平难以服众；没有公平，一个单位、一个部门必定乌烟瘴气、歪门邪道盛行。但仅仅讲公平是不够的，管人管事的方圆艺术要求我们在对待特殊人才上要有特殊对待的魄力和胸怀。

1. 公正比公平更重要

公平是处理冲突的最佳境界。但在实际操作中，管理者很难做到公平，因为不同的人有不同的公平标准，有时对很多人来说是公平的事，对部分人来说却意味着不公平。

有7个人住在一起，他们每天都要分一大桶粥。麻烦的是：粥每天都是不够的。最初，他们抓阄决定谁来分粥，每天轮一个。结果每周下来，他们只有一天是饱的，那就是自己分粥的那一天。后来，他们推选出一个道德高尚的人来分粥。强权就会产生腐败，大家开始想尽办法去讨好他、贿赂他，搞得整个小团体乌烟瘴气。再后来，大家决定组成3人的分粥委员会及4人的评选委员会，但他们常常互相攻击，等粥吃到嘴里时全是凉的。最后，有人出了个主意：大家轮流分粥，但分粥的人要等其他人都挑完后拿最后的那一碗。为了不让自己吃到最少的，每个人都努力将粥分得平均。最后，大家快快乐乐，和和气气，日子过得越来越好。同样的7个人，不同的分配制度就产生不同的风气。所以，一个单位如果有不良的工作习气，一定是机制问题，一定是没有做到完全公平、公正。

公正，即"公正地评价员工"。共同的价值观是对员工作出公正评价的基础。为每个员工提出明确的、具有挑战性的目标和任务，是对员工绩效作出公正评价的依据。

公平，即"公平地对待员工"。对每位员工的劳动给予能够体现"内部公平和外部公平"原则的回报，为每位员工的发展提供公平的机会和条件，在真诚合作与责任承诺的基础上展开公平竞争。

公正是公平的前提，公平是公正的体现。但是，公正了不一定就能公平。例如，管理者为实施激励，出台了一些相应的规定以配合奖惩。但很多人为了达到奖励标准，会根据考核办法，全力作到符合规定，这时真的、假的、半真半假的、亦真亦假的情况都会出现。弄得考核的人头昏脑涨，很不容易分辨清楚，以致每次公布结果，员工都觉得不公平。

激励的用意，原本在改善组织的气氛，鞭策员工积极向上，保持团队稳定的工作步伐。然而，不公平，就可能导致员工互相猜忌，甚至怨声载道，消极怠工，破坏生产计划，反而得不偿失。

得到奖赏的人是少数，但是，一旦他们认为奖赏不公平，自己获得的东西少于自己应得的回报，感激心理就会荡然无存。得不到奖赏的人居多数，他们可能认为遭受了不公平的待遇，心里不服气。这些反应，往往抵消了激励的功能。

激励不好，不激励也不好，这是个两难问题。人性既不像有些人所描述的"天生懒惰，讨厌工作"，也不像有些人所寄望的"经过适当激励，人人均能自我领导，并且具有一定限度的创造性"。人性只是具有可塑性，不激励不足以调动员工的行为，而激励也无法完全改变员工的行为，不公平的心理，更是激励的一大阻碍。

最好的办法，便是根本改变公平的观念。管理者坦诚说明"我只能够公正，却很难保证公平"，如果管理者自己强调"公平"，员工就会用不公平来批评他。得到奖赏不感激，未得奖赏不服气，完全是管理者自认为公平所招致的恶果。坚持公正但承认不公平的存在，是解开两难选择的突破口。

2. 处理员工之间的矛盾要先给矛盾分类

从管理者心理角度来讲，可以把冲突看成是两种目标的互不相容或互相排斥。而员工冲突，就是由于员工与员工之间、员工与组织之间的目标、认识或情感互不相容或相互排斥而产生的结果。

管理者在处理员工冲突之前，首先来认识一下员工冲突的 3 种类型：

（1）目标冲突。当与员工所希望获得的终极状态互不相容时，就会产生目标冲突。比如，一位员工希望有一个安定的工作环境（以便能够继续复习上学），而企业准备派他经常出差去跑销售，这时就会产生目标冲突。这种冲突是最常见的冲突类型，由于涉及冲突双方的利益问题，该类型的冲突也是最难处理的。

（2）认识冲突。当员工的认识（建议、意见和想法等）与他人或组织的认识产生矛盾时，会产生认识冲突。比如，员工认为公司的工作考评方式不太合理，而管理者认为这种考评方式是适用的，这就产生了认识冲突。比较好的处理方式是在不严重影响团体利益的情况下，求同存异，相互包容，尊重个人的价值观和信仰。

（3）情感冲突。当员工在情感或情绪上无法与他人或组织相一致时，会产生情感冲突。情感冲突一定有产生的背景事件，有时找到了背景事件，能够很好地解决就能缓解情感冲突。但当情感已经成为一种定式时，单靠具体问题的解决是无能为力的。这就需要冲突双方（或借助第三者）进行充分的沟通，使相互之间取得信任，从而解决情感冲突。

并非所有的冲突都是不利的。有时，一些意见上的分歧是十分必要的。如果员工认为持异议或不赞同是一种很自然的事情，并且把争论看做一种很自然的事情，看做一种健康的行为，那么企业会因此而受益匪浅。因为，如果我们什么都保持一致，就不会有挑战，不会有创造性，也不会有相互的学习和提高。比如：如果你的两名下属就某一问题的最佳解决方案争得面红耳赤，这时你要表现出对他们这种认真态度和敬业精神的赞许，你可以得出一个切实可行的折中办法，或者从一个特殊的角度来发现解决问题的最佳方法。

倘若管理者遇到那种个人之间的冲突，最好是私下里单独听听双方的陈词，但不要急于表态，立刻肯定谁或否定谁。人在生气时可能会说出诸如"我再也不会跟你反映任何事情了"的话，当然，他不可能做得到。你要避免火上浇油的正面冲突，因为下属向你谈及他的感觉，能够消除他的怒气。等情绪冷静下来后，你再就此作出决定，看如何使他们更好地相处，来共同实现公司的目标。

不要指望分歧的双方能够和好如初。但你要告诫他们必须相互谅解，不论感觉如何都应当充满理智地以礼相待。这时候，你便有权威来定出一些条例。例如说：不准直呼其名；不得故意破坏或扰乱他人工作；不得对同事持不合作态度；不准因任何理由而动用暴力；等等。

在这种情况下，你可能遇到的问题是其他下属会对此表明他们的态度。因此，你可能会看到一半的人与另一半的人形成对峙。这时，除非你有绝对的把握判定谁是谁非，否则不要表态。你首先要强调的是工作第一。只有当你对自己的调查能力、分辨能力以及自己的公正无私有绝对的信心和把握时，你才能让当事人双方对质，而且对质的场合最好选在你的私人办公室或其他工作场所之外的地方。

在解决这类问题时，有一个行之有效的方法，那就是让当事人双方调换角色，设身处地地为对方想一想。

通常，人们看起来是在为一些鸡毛蒜皮的小事情而闹矛盾，但切不可对这种小矛盾等闲视之。这种事情可能涉及自我领域、自尊以及地位的争斗，这时候就没有哪一个是无足轻重的了。尽管口角会经常存在，但你要把握好解决的分寸，要适度才行。

在工作中，员工与员工之间由于在工作上没有协调一致等原因，而导致冲突经常发生，也许你会认为发生冲突表明你工作方式可能有问题，因而采取忍气吞声的方法来解决它。如果长时间这样的话，问题会越积越多，严重到干扰正常的工作。因此，有了冲突一定要尽快加以解决而不是逃避。另一方面，在冲突发生前，一定要做好发生冲突、解决冲突的准备工作。

假如某一员工脾气比较暴躁，经常与同事发生冲突。作为管理者，你一定要不动声色地等待对方全部发泄完毕之后，再重新和他恢复刚才讨论的问题，因为发泄只是情绪宣泄的一种方式，并不能解决任何事情，在发泄完以后，才能心平气和地听从你的建议。

当冲突发生时，你一定要相信所有的问题都是有办法解决的，只是你还没有找到合适的方法。你可以试着和对方讨论你们相一致的目标以及你们共同的期待，证明你们暂时的冲突只是形式上的分歧，你们讨论问题的本质都是相同的。如此这样的解释，你们的冲突便会好解决得多。

倘若你们代表的是各自不同的利益，你也可以请他考虑这样继续冲突下去，你们的关系会发生如何的变化，你们的合作是否会受到影响等问题，顺着这个思路，你们的冲突就会采取和平的方式解决了。如果冲突已经发生了，不能采取退避、视而不见的态度，要集中精力处理眼前的问题，不要在解决冲突的过程中又提到以前的旧事。如果不小心提起以前的旧事，不但现有的冲突不好解决，新的冲突马上又要发生了。因为对于过去的旧事，必定有一个对错是非的问题，如果把矛盾的焦点集中在旧事上，对现有问题的解决是徒劳无益的。

冲突处理不慎，就会惹火烧身，造成冲突各方关系不和，生产率下降。如果听之任之，就会导致企业健康出现问题，分散员工的精力、时间及企业资源，使之不能全部用到正当而重要的个人及企业目标上。结果，企业遭受破坏，陷入财务和情感困境。

处理得当，企业就会受益无穷。得到妥善处理的冲突有如安全阀，能让人发泄怨气，并帮助找出办法解决棘手问题。

3. 艺术性地解决冲突

有人群的地方就会有区别，有区别就会产生冲突。当企业中不可避免的员工冲突摆在眼前时，就需要管理者巧妙地解决它。

当管理者走过本部门时，员工小罗走了过来，要求私下谈谈。显然有什么事情在烦扰着小罗。回到办公室刚坐下，小罗就滔滔不绝地谈起他与同事小宋之间的冲突。

照小罗的说法，小宋欺人太甚，不惜踩着别人的肩膀向上爬。特别是，小宋为了使他难堪，故意把持住一些重要的信息，而他正需要这些信息来充实报告；小宋甚至利用别人做的工作为自己沽名钓誉；等等。小罗坚持认为，必须对小宋采取行动，而且必须尽快行动——否则的话，他警告说，整个部门将会有好戏看。

这样，管理者就不得不处理必然要遇到的微妙局面：两位员工之间的冲突。解决员工之间的冲突可能比解决任何难题都需要更多的技巧和艺术。在冲突大规模升级之前，该做些什么才能使之消失于无形呢？

必须意识到，冲突不会自行消失，如果置之不理，员工之间的冲突只会逐步升级。作为管理者，有责任在部门里恢复和谐的气氛。有时必须穿上裁判服，吹响哨子，及时地担任起现场裁判。

下列4点是管理者在处理冲突时所必须牢记于心的：

（1）记住自己的目标是寻找解决方法，而不是指责某一个人。指责即使是正确的，也会使对方顿起戒心，结果反而使他们不肯妥协。

（2）不要用解雇来威胁人。除非真的打算解雇某人，否则，说过头的威胁语言只会妨碍调解。如果威胁了，然后又没有付诸实施，就会失去信用，人们再也不会认真看待管理者说的话。

（3）区别事实与假设。消除任何感情因素，集中精力进行研究，深入调查、发现事实，这有助于找到冲突的根源。能否找到冲突的根源是解决冲突的关键。

（4）坚持客观的态度。不要假设某一方是错的，而是要倾听双方的意见。最好的办法是让冲突的双方自己解决问题，而管理者担任调停者的角色。可以单独会见一方，也可以双方一起会见。但不管采用什么方式，应该让双方明白：矛盾总会得到解决。

为了保证会谈成功，必须做到以下几点：

（1）定下时间和地点。匀出足够的时间，保证不把会谈内容公之于众。

（2）说明目的。从一开始就让员工明白，要的是事实。

（3）求大同，存小异。应该用肯定的调子开始会谈，指出双方有许多重要的共同点，并与双方一起讨论一致之处。然后指出，如果双方的冲突能得到解决，无论是个人、部门，还是整个公司，都可以避免不必要的损失。还可以恰到好处地指出，他们的冲突可能会影响到公司的形象。

（4）要善于倾听不同意见。在了解所有的相关情况之前不要插话和提建议。先让别人讲话，他们的冲突是起因于某一具体的事件，还是仅仅因为感情合不来？

（5）完全中立。在场时必须一直保持感兴趣、听得进而又不偏不倚的形象。不要给人留下任何怀疑、厌恶、反感的印象。当员工讲话时，不能赞同地点头。不能让双方感到管理者站在某一边。事实上和表面上的完全中立有助于使双方相信管理者的公正。

（6）重申事实。重申重要的事实和事件，务必使双方不发生误解。

（7）寻求解决的方法。允许当事人提出解决的方法。特别要落实那些双方都能做到的事情。

（8）制订行动计划。与双方一起制订下一步的行动计划，并得到双方执行此计划的保证。

（9）记录和提醒。记下协议后，让双方明白，拒不执行协议将会引起严重的后果。

（10）别忘记会后的工作。这次会谈可能会使冲突的原因公开，并引起一系列的变化。但是不能认为会开完了，冲突也就彻底解决了。当事人回到工作岗位之后，他们可能会试图和解，但后来又再度失和。必须在会后的几周、甚至几个月里监督他们和解的进程，以保证冲突不会再发生。

管理者可以与其中一方每周正式会晤一次来进行监督。如果冲突未能得到解决，甚至可以悄悄地观察他们的行为。

不再发生任何员工之间的冲突——这是管理者的工作职责之一。只有在感到智穷力竭时，才可以用调动工作的方法把双方隔开。但最好还是把调动工作留做最后的一招。

能否果断直接地处理冲突，表明作为管理者是否尽到了责任。积极的处理将向员工发出明确的信号：不会容忍冲突——但是愿意做出努力，解决任何问题。

4. 学会减少冲突的十招

员工冲突虽无法避免，但可以通过管理者的努力来减少。采用预防性的措施远比事到临头造成危害才处理要好得多。

下面是减少冲突的十招：

第一招，进行有效的思想工作。运用多种学科的知识进行思想工作，如用心理学、社会学、教育学、公共关系学等知识，了解个人的个性特点，分析冲突的原因，然后因人而异地进行疏导，使人们在不知不觉中互相了解、谅解、理解，进行多层面、多渠道的沟通协调，消除矛盾，解决分歧。

第二招，有意识地培养心理相容。提高组织成员的心理相容性，提高自控能力。引导员工用哲学的观点指导自己的言行，观察世界和他人，承认世界的多样性与复杂性和人的多样性与复杂性。人的个性不同，只要不损害国家、集体、别人的利益，就不要导致冲突。不断增强自身心理相容性，于己、于人、于事业均有百利而无一害。

第三招，公平竞争，减少冲突。在各自实现组织目标的过程中，在平等的基础上，进行公平竞争。在处理问题时"一碗水端平"，公平合理，一视同仁。这样，不论盈者、亏者，也不论是胜者、负者，还是旁观者，都会心服口服，发生冲突的事就会少些。

第四招，帮助双方学习提高。冲突双方有时是因认识问题一时难以解决，应分头帮助双方进行有关法规政策的学习。教育双方识大体，顾大局，互相宽恕，互相谅解，争取合作，使双方认识到冲突带来的危害，讨论冲突带来的损失，帮助他们改变思想和行为。回过头来再讨论冲突的原因，这样易于解决。这样做虽然费时费力，但是"疗效"持久，抗体强，效果好。

第五招，运用权威。对于重大的冲突，如不及时制止，可能会蔓延与扩大，影响全局。这时，应运用权威的力量来解决。对于技术性冲突，请技术上的权威如老工人、老师傅、专家学者来进行论证，对冲突双方依据技术规定、有关条款、法规来解决；对于非技术性冲突，请冲突双方的共同上级来听取双方意见，由上级裁定。这种做法，对于紧急需要消除的冲突，不失为一剂泻药。但是，紧接着要做好思想政治工作，巩固"疗效"。

第六招，回避矛盾。冲突发生后，如果双方都有强烈的个性而且近于固执，双方都不认输，让他们仍在一起，是不利于矛盾解决的。管理者应提出建议，将双方调离，分隔开来，使之不在一个部门工作，减少甚至无接触机会，冲突便会逐步缓解以至于消失。

第七招，转移视线。对于某种冲突，可采取转移视线的方法，消除冲突。如企业内有两位科研人员共同研制了一个国家"九五"重点配套工程的项目，他们在一个技术问题上，发生了严重冲突，谁也不买谁的账，研究工作停顿下来。人事科长获悉后，与课题组长分析情况，向课题组介绍了国际最新研究动态，他们猛然顿悟：落后了，应消除分歧，急起直追，抢占该项目的国际前沿。

第八招，和平共处。冲突对方是友邻组织或是内部成员，尽管存在严重冲突，但平时关系不错，可采取求同存异，和平共处的策略，避免冲突"升级换代"。让时间来做冷却剂，不作决定比作决定好。

第九招，另起炉灶，重组群体。如果一个组织内长期不断地爆发严重冲突，难以消除，影响组织发展。建议决策者采取断然措施，撤销该组织的建制，重新组建，把冲突双方隔断，营造新的组织氛围。

第十招，制订预警方案。进行冲突的管理，预防冲突的发生，或把冲突消灭在萌芽状态，是冲突管理的上策。由于冲突爆发的时间、地点、条件、环境难以完全预测和掌握，因此，作为管理者应主动配合组织领导人，积极制订消除冲突的预警方案。就是说，万一冲突发生，可大体上依据预警方案，有条不紊地展开工作，把冲突及早解决，把损失降低到最少，并迅速恢复正常的生产、工作和生活秩序。

5. 用竞争取代"内耗"

在有的企业中，很少看到员工间产生冲突。这并不是说那里没有矛盾，而是企业的管理者成功地变冲突为竞争，用合理的竞争引导员工，把员工的着眼点由彼此争夺转到相互赶超上。这不仅协调了员工间的关系，也提高了企业的效率，同时从另一个角度体现了公平公正的管理原则。

要制造良性的竞争气氛需从以下几个方面入手：

（1）制造一个竞争者。人的情绪往往都有高潮和低潮的时候，这也同样会反映在工作上。当一个人情绪好的时候，对他人的过错都比较容易包容，从而减少了相互间冲突的几率；而情绪差的时候则刚好相反。管理者不可能随时去照顾每一名员工的情绪，要想从根本上解决问题，只有给员工制造一个竞争对手，引起他们的关注，从而引导他们的情绪。

有一家铸造厂的效益并不是太好，从业人员也没有太大的干劲，不是缺席，就是迟到早退，交货总是延误，员工间也经常闹矛盾。该厂的产品质量低劣，消费者抱怨不迭。虽然老板已经指责过管理人员，也用过很多办法激发该厂从业人员的士气，但始终都没有起到什么效果。

有一天，这个老板发现，他交代给现场管理员办的事，一直没有解决，于是他就亲自出马了。这个工厂实行的是昼夜两班轮流制，他在下夜班的时候，拦住了一个夜班工人，并问道："你们的铸造流程一天可以做几次？"作业员答道："6次！"老板听完后什么也没说，只在地板上用粉笔写了一个"6"。紧接着，早班的工人进入工厂上班，他们在工厂门口看到了用粉笔写在地上的"6"字，随后他们竟然改变了"6"的标准，做7次铸造流程，并在地板上重新写了一个"7"字；到了晚上，夜班工人为了刷新纪录，做了10次铸造流程，而且在地面上写了一个"10"字。过了一个月，这个工厂变成了这个老板所经营的几个工厂之中业绩最好的一个了。

这个老板仅仅用了一支粉笔，就重整了工厂的士气。而员工们为何突然产生了士气呢？这是因为有了竞争对手。作业员做事一向都是拖拖拉拉、无精打采，可是在有了竞争对手之后，便激发了他们的士气。

每个人都有自尊心和自信心，潜在的心理都希望"站在比别人更有优势的地位上"，或"自己被当成重要的人物"。从心理学角度讲，这种潜在心理就是自我超越的欲望。这种欲望是构成人类干劲的基本因素。

这种自我超越的竞争欲望，在有特定的竞争对象时，其意识会特别的鲜明。比如一个学生，在他想得第一名的时候，他就会产生打垮竞争对手的意识，所以他才会更加地努力用功。

只要能够正确地利用这种心理，并设定一个竞争对象，让对方知道这个竞争对象的存在，就一定能成功地激发一个人的干劲。但是，如果我们以直接的方式告诉对方："他就是你的竞争对手"，效果则较差，因为这样好像是给了对方一个强制性的压力，使对方有了警戒的心理，反而会在心理上产生一定程度的反抗。

（2）让员工充满竞争意识。有竞争才有压力，有压力才会有动力，有动力才会有活力。企业引进竞争机制，培养员工的竞争意识，能有效地激励员工追求上进，激发他们的学习动力，转移他们的兴奋点，从而减少矛盾，而公司上下也将生机勃勃。这是管理者做好管理工作的艺术，也是企业取得成功的关键。

举例说明：两个人在森林里，遇到了一只大老虎。小赵赶紧从背后取下一双更轻便的运动鞋换上。小王急死了，喊道："你干吗呢，再换鞋也跑不过老虎啊！"小赵说："我只要跑得比你快就好了。"企业之间的竞争犹如大鱼吃小鱼般的残酷，但人才竞争又何尝不是狮子和羚羊之间的比拼。没有危机感是最大的危机。管理中的竞争策略会告诉每个员工，随时准备一双轻便的跑鞋，随时迎接迎面而来的诸多变数。

每个在商战中打拼的人都希望自己能赶在别人的前面，更快、更准地在第一时间发现新的契机。他们深知"早起的鸟有食吃"这个道理。但是，任何企业都有其成长的最佳速度，当企业发展过快时，就会自动调整以适应企业的发展。对于企业的员工来说，更应该协同企业发展，规划自己的职业生涯，落后于企业的发展就会被淘汰，超过企业发展速度就会对滞后的企业管理系统不满，产生颓丧情绪，产生最严重的进取无力感，甚至成为放弃行动的借口。适当的竞争机制可以让这些希望快速发展的员工感到成就感，释放与企业发展不协调而产生的无力和颓丧情绪。

每个员工都要培养自己的竞争能力，使得自己变得不可替代，这也成就了自己在这个企业里的地位。员工在竞争环境中的自我超越，不会影响企业原有的良好管理。员工在企业的竞争性学习氛围中，诸如培训、比赛、娱乐等，逐渐发现自己的优势，构建工作信心，培养工作激情，协调相互关系，并能更好地将个人价值感和企业价值观结合起来。

（3）防止恶性竞争。每一位管理者都应该十分明白，无论在什么样的条件下，员工之间是一定会存在竞争的，但竞争分为良性竞争和恶性竞争，恶性竞争最容易引发员工冲突。管理者的职责就是要遏制员工之间的恶性竞争，并在遇到员工之间进行竞争时，积极引导他们参与到有益的良性竞争中。

每个人对美好的事物都有羡慕之心。这种羡慕之情来源于对别人拥有而自己没有的好的东西的向往。关系亲密的人，这种羡慕之心尤为显著。你也许不会去羡慕克林顿能当美国总统，但是，你可能会对你同事新提升为经理一事羡慕不已。这种情感有时会因为某种关系的确定而消失，例如，由恋人而变成夫妻，对方的长处就会被另一方共同拥有，此时，这种羡慕的想法就会消失。而当这种关系亲密的人的角色不能转换时，羡慕之情就会一直持续下去。如大家抬头不见低头见，工作上又相互较劲的同事之间；学习成绩不相上下，又竞争同一所名牌大学的同学之间；等等。一般来说，越是亲近，越是熟悉的人之间越容易产生羡慕之心。女人往往比男人更容易产生羡慕之心。

有的下属羡慕别人的长处，就会鞭策自己，努力工作，刻苦学习，赶超对方。这种人会把羡慕渴求的心理转化为学习、工作的动力，通过与同事的竞争来缩短彼此间能力的差距。这种良性竞争对部门有着很大的好处，它能促使部门内的员工之间形成你追我赶的学习、工作气氛，每个人都积极思索着如何提高自己的能力，掌握更多的技能，从而取得更大的成就。这样一来，整个部门的整体水平就会不断地提高，充满生机与活力。

但并不是所有的人都明白"临渊羡鱼，不如退而结网"的道理，他们会由羡慕转为忌妒，甚至是嫉恨。这种人不但自己不思进取，相反还会想出各种见不得人的花招打击比他们强的人，通过"使绊"、诬蔑等手段来拉先进的后腿，让大家扯平，以掩饰自己的无能。这种恶性竞争只会影响先进者的积极性，使得部门内人心惶惶，员工之间戒备心变强，提高警惕以免被暗箭所伤。如果整个部门长时间形成这样的气氛，那么员工的大部分时间与精力都会消耗在处理人际关系上，就是管理者也会被如潮涌来的相互揭发、抱怨给淹没，这样的部门还能有什么指望呢？

如果你是一位管理者，平日一定要关心员工的心理变化，在公司内部采取措施，防止恶性竞争，积极引导手下的员工参与到有益的良性竞争中来。

总之，管理者是公司的核心和模范，他的所作所为对于公司的风气形成起到至关重要的作用。管理者必须从制度上和实践上两方面入手，遏制员工之间的恶性竞争，积极引导员工进行良性竞争，让大家心往一处想，劲往一处使，公司的工作才能越做越好。

（4）让员工有危机感。让员工保持一定的危机感，能够激发他们原有的潜力。优秀的员工通常能够在某些压力下工作得很好。如果公司尚不存在这种压力，就应该从外界把这种压力引进来，制造一种积极的紧张气氛，使其更具活力。

本田公司在一个时期曾陷入发展困境，公司的总裁本田宗一郎认为，如果将公司的员工进行分类，大致可以分为 3 种：不可缺少的干才；以公司为家的勤劳人才；终日东游西荡、拖企业后腿的蠢材。显然，本田公司最缺乏前两种人才。

但本田也知道，若将终日东游西荡的人员完全淘汰，一方面，会受到工会方面的压力；另一方面，企业也将蒙受损失。这些人其实也能完成工作，只是与公司的要求与发展相距远一些，如果全部淘汰，显然是行不通的。经过再三考虑，本田找来了自己的得力助手、副总裁宫泽，并谈了自己的想法，请宫泽出主意。宫泽告诉他，企业的活力根本上取决于企业全体员工的进取心和敬业精神，取决于全体员工的活力，特别是企业各级管理人员的活力。公司必须想办法使各级管理人员充满活力，即让他们有敬业精神和进取心。本田询问有何良策，宫泽给本田讲了一个挪威人捕沙丁鱼的故事，引起了本田极大的兴趣。

挪威渔民出海捕沙丁鱼，如果抵港时鱼仍活着，卖价要比死鱼高出许多倍。因此，渔民们想方设法让鱼活着返港，但种种努力都失败了。只有一艘渔船却总能带着活鱼回到港内，收入丰厚，但原因一直未明。直到这艘船的船长死后，人们才揭开了这个谜。原来这艘船捕了沙丁鱼，在返港之前，每次都要在鱼槽里放一条鲶鱼。放鲶鱼有什么用呢？原来鲶鱼进入鱼槽后由于环境陌生，自然向四处游动，到处挑起摩擦。而大量沙丁鱼发现多了一个"异己分子"，自然也会紧张起来，加速游动，这样一来，就一条条活蹦乱跳地回到了渔港。

本田听完了宫泽讲的故事，豁然开朗，连声称赞这是个好办法。宫泽最后补充说："其实人也一样，一个公司如果人员长期固定不变，就会缺乏新鲜感和活力，容易养成惰性，缺乏竞争力。只有外面有压力，存在竞争气氛，员工才会有紧迫感，才能激发进取心，企业才有活力。"本田深表赞同,他决定去找一些外来的"鲶鱼"加入公司的员工队伍,制造一种紧张气氛,发挥"鲶鱼效应"。

说到做到,本田马上着手进行人事方面的改革,特别是销售部经理的观念离公司的精神相距太远,而且他的守旧思想已经严重影响了他的下属。必须找一条"鲶鱼"来,尽早打破销售部只会维持现状的沉闷气氛。经周密的计划和努力,本田终于把松和公司销售部副经理、年仅35岁的武太郎挖了过来。

武太郎接任本田公司销售部经理后,首先制定了本田公司的营销法则,对原有市场进行分类研究,制订了开拓新市场的详细计划和明确的奖惩办法,并把销售部的组织结构进行了调整,使其符合现代市场的要求。上任一段时间后,武太郎凭着自己丰富的市场营销经验和过人的学识,以及惊人的毅力和工作热情,得到了销售部全体员工的好评。员工的工作热情被极大地调动起来,活力大为增强,公司的销售出现了转机,月销售额直线上升,公司在欧美及亚洲市场的知名度不断提高。

本田对武太郎上任以来的工作非常满意,这不仅在于他的工作表现,而且销售部作为企业的龙头部门带动了其他部门经理人员的工作热情和活力。本田深为自己有效地利用"鲶鱼效应"的作用而得意。

从此,本田公司每年重点从外部"中途聘用"一些精干利索、思维敏捷的30岁左右的主力军,有时甚至聘请常务董事一级的"大鲶鱼",这样一来,公司上下的"沙丁鱼"都有了触电似的感觉。

6. 用好另类的"能人"

在很多企业中,都有所谓的"刺儿头",这些人狂妄自负,根本不把任何人放在眼里,但企业的很多事情偏偏离开他们还不行。这些"刺儿头"可谓是另类的能人。

怎样处理与这些人之间的关系，如何应对由这样的人引发的组织冲突，对于管理者来说，实在是一个相当有难度的挑战。

通常情况下，这些"刺儿头"的背景对管理者来说，是一个现实的威胁。"背景"就是他的资源，可能是政府要员，可能是老板，也可能是你工作中的某个具有重要意义的"合作伙伴"。这些背景资源不但赋予了这类员工特殊的身份，而且也为管理者平添了许多麻烦。

这些"刺儿头"员工在工作中常常有意无意地向管理者和其他同事展现他们的背景，为的是获得一些工作中的便利。即便是犯了错，某些"背景"也可能使他们免受处罚。但是，"背景"这种资源往往在某些关键的时候起着不可替代的作用，用常规的方法无法处理的这类难题，到了这类员工手里，有可能只是一句话的问题。他们就像管理者身上的肿瘤一样，时常担心一旦处理不好会恶化，但真的割掉，又可能会有生命危险，实在是为难。

还有些"刺儿头"往往是那些具有更高学历、更强能力、更独到技艺和更丰富经验的人。正因为他们具有一些其他员工无法比拟的优势，所以能够在工作中表现不俗，其优越感更进一步地凸显。这种优越感发展到一定的程度时，直接体现为高傲、自负，以及野心勃勃。他们不屑于和同事们交流和沟通，独立意识很强，协作精神不足，不把领导放在眼里，甚至故意无条件地使唤别人以显示自己的特殊性。从工作能力上看，他们中的大部分都是"精英"，是领导们倚重的骨干，但从公司管理角度来看，这些人很多时候扮演了一个"组织破坏者"的角色，可能会因此造成其他同事的反感，也可能因为与其他同事越走越远而成为团队冲突的源头。

这些"厉害"的员工，都令管理者十分的头痛。怎样处理这些"厉害"的员工呢？如果将这些员工全部"炒鱿鱼"，以保持组织的纯洁度，而到最后可能形成一个非常听话却平庸无比的团队——根本无从创造更高的管理绩效。

毛泽东曾说过："团结一切可以团结的力量！"把这些"厉害"的

人物都团结起来，充分利用这些有强大能力或特殊资源的人，为企业的共同目标去努力。作为管理者，赋予这些另类的能人以重任，不但可以有效减少组织冲突，还可以让这些拥有各种资源和能力的人积极效力。

1860 年，林肯当选为美国总统。有一天，有位名叫巴恩的银行家前来拜访林肯，正巧看见参议员蔡思从林肯的办公室走出来。于是，巴恩对林肯说："如果您要组阁，千万不要将此人选入，因为他是个自大的家伙，他甚至认为自己比您还要伟大得多。"林肯笑了："哦，除了他以外，您还知道有谁认为他自己比我伟大得多的？"巴恩答道："不知道。您为什么要这样问呢？"林肯说："因为我想把他们全部选入我的内阁。"

事实上，蔡思确实是个极其自大且嫉妒心极重的家伙，他狂热地追求最高领导权，不料落败于林肯。最后，只坐上了第三把交椅——财政部部长。不过，这个家伙确实是个大能人，在财政预算与宏观调控方面很有一套。林肯一直十分器重他，并通过各种手段尽量减少与他的冲突。

后来，《纽约时报》的主编亨利·雷蒙顿拜访林肯的时候，特地提醒他，蔡思正在狂热地谋求总统职位。林肯以他一贯的幽默口吻对亨利说："你是在农村长大的吧？那你一定知道什么是马蝇了。有一次，我和我兄弟在农场里耕地。我赶马，他扶犁。偏偏那匹马很懒，老是磨洋工。但是，有一段时间它却跑得飞快，到了地头，这才发现，原来有一只很大的马蝇叮在它的身上，于是我把马蝇打落了。我的兄弟问我为什么要打掉它，我告诉他，不忍心让马被咬。我的兄弟说：'哎呀，就是因为有那家伙，马才跑得那么快的呀。'"然后，林肯意味深长地对亨利说："现在正好有一只名叫'总统欲'的马蝇叮着蔡思先生，只要它能使蔡思不停地跑，我还不想打落它。"林肯的胸襟和用人之道，使他成为美国历史上最伟大的总统之一。

在实际工作中，我们应该学习林肯，把那些像蔡思先生一样"另类"又有强大能力或特殊资源的能人充分利用起来，为企业的发展奠定坚实的基础。

7. 保住员工的"四利器"

通过长期的深入研究，可以发现，企业要加强硬环境如企业价值观念、企业文化与软环境如薪资待遇、工作氛围环境、企业增长势头、个人成长空间等方面的建设，能够提供给员工更多他们在其他企业所无法获得的价值与认同，增加员工离职的"心理成本"，自然能够减少或是尽量规避员工特别是骨干员工的离职。

（1）加强管理，实现规范化运营。员工"跳槽"本身并不可怕，可怕的是他带走企业的技术和客户资源。如果企业规范了岗位职责、作业流程、工作汇报等相关制度，加强技术资料和客户资料的管理和备份，可以将人员"跳槽"的损失减少到最小程度。另外，很多人员"跳槽"，正是因为企业的规章制度不健全，管理混乱，认为企业没有前途，自己干下去也没有什么意思，有这种想法的人往往都是较有能力的人。从长远看，加强企业的管理制度、工作流程、岗位职责、激励机制等建设，是解决人员流失的根本出路。

（2）建立科学、合理、有竞争力的薪资、福利体系。追求高薪是引起员工"跳槽"的主要原因之一。许多员工都会认为企业给自己的报酬低于自己的实际付出——尽管实际并非一定如此。特别是员工在进入企业工作了一段时间之后，逐渐会对现有薪酬水平不满，想得到进一步的提升。为了追求理想的薪酬，许多员工在原有的企业实现不了自己的愿望的情况下，就会转向企业的外部寻找机会。一旦时机成熟，员工此时的"跳槽"就成为必然的事情了。何况现在市场的竞争非常激烈，一些企业为找到急需的人才，会开出高价聘请人才。此外，外部企业以高薪为诱惑，委托猎头公司向自己的竞争对手定向挖墙脚，也会使企业的员工产生"跳槽"的想法和行动。

所以员工的待遇问题是员工最关心的问题。当另一家同等规模、同等岗位的待遇高于本企业待遇的 20%，则有可能会因为待遇问题引起低待遇企业员工向高待遇企业流动。所以，在制定企业的薪酬制度时，一定要参考本地区同行业其他企业的薪酬待遇，使本企业的薪酬等于或略高于同行业的平均待遇，会稳定企业的人员。

由此可见，管理者想阻止重要员工"跳槽"，关键的一步是企业的薪酬体系要科学、合理并且对外部市场有一定的竞争力。

科学、合理的薪酬体系是指企业要根据职位的不同、对企业的贡献大小，对其进行相应的职位价值评估，在企业内部建立完整的职位价值序列，并根据职位价值序列进行职位的基础薪酬设计。此外，企业还要建立完善的绩效考核管理体系，将员工的变动薪酬与绩效考核结果挂钩，使员工的收入和贡献相联系，实现企业的内部公平性。这样就会避免员工因为内部分配不公而产生的不平衡感而离去。此外，企业的薪酬体系也要在市场上有一定的竞争力，企业通过自己或委托专业机构对市场上的薪酬水平进行调查后，确定本企业的薪酬水平定位，这样可以保证企业的薪酬在市场上具有一定的外部竞争力，而不会使员工轻易被外部企业的薪酬所吸引而去。

同时，企业应为员工及时办理各项社会保障福利，如社会医疗保险、社会失业保险及社会养老保险等，使员工对企业产生好感和信赖。这里的福利不仅包括"三险一金"的法定福利，还包括如房贴、交通补贴、通信费、商业保险、各种津贴、带薪休假、旅游等非法定福利。

（3）对员工进行职业生涯规划、提供职业发展机会。许多管理者没有意识到员工职业生涯规划的重要性。实际上，对员工进行职业生涯规划，对留住员工、防止员工"跳槽"可以起到积极的作用。职业生涯规划是指企业和员工一起就员工的未来职业发展方向、发展目标作出计划安排并帮助员工逐步实现这一计划安排的过程。进行了职业生涯规划的企业，其员工对企业的忠诚度比未进行职业生涯规划的企业员工忠诚度提高了 2.2 倍。员工会因为企业为其提供专业的职业生涯规划帮助而对企业产生认同感，认为企业非常关心自己的发展，并且如果自己留在企业工作，自己会沿着一条目标明确、清晰的职业发展道路而不断去努力，企业会提供相应的职业机会，从而在企业的帮助下，最终实现自己的理想。这样，员工"跳槽"的可能性会大大降低。

麦当劳对见习经理有一套4~6个月的基本应用技能培训，主要采用开放式、参与式讨论，培训不同的行动能力；升到二副时有一套5~6天的基本管理课程培训；升到一副时有一套中级管理课程培训；当了3年餐厅经理后，就有机会送往美国接受高级的应用课程培训；继续升迁，就担任营业督导，同时管理几家店；再上升是营业经理，管一个地区，等等。培训和晋升总是联系在一起，既针对个人的具体情况，又体现企业的总体规划，同时具有挑战性，使受训人才与企业紧紧联系在一起。

（4）强化沟通，贯彻企业的战略目标，促使员工认同企业发展目标。管理者在企业内部贯彻企业的战略目标，使员工能够对企业的发展目标、实施策略都有清晰的了解，有助于增强员工对企业的发展目标的认同，使全体员工形成共识，团结协作，共同为实现企业的目标而努力。这样会避免一些员工因为看不清企业的发展目标和发展方向，不理解企业的政策和策略，对企业产生不认同而"跳槽"。当然企业也应避免制定战略目标的短期化、功利化和市场定位的错误而使员工对企业失去信心而离开。

而企业战略目标的认同和策略实施的每一个步骤的清晰，都少不了企业内部的沟通。沟通不畅几乎是每个企业都存在的问题。尤其是一些民营企业，企业家族化管理的倾向还有走极端的趋势，员工没有知情权，对企业的日常事务了解都不多，更别提整个企业的走向了。企业的壮大必然要求分工的更加细化，而且家族化的管理这个问题在民营企业里是与生俱来的，很难摆脱目前这样的状况，也很难断言家族化管理与其他管理相比孰优孰劣。员工在工作中，由于这些企业的现状等各种原因产生怨气，如果这时管理者能够体察出这种怨气，及时地与员工沟通，将矛盾消灭在萌芽之中，这样对企业或对个人都有好处。

平等沟通还能激发员工的创造性和培养员工的归属感，但平等沟通不是自然形成的，也不是一条行政命令可以解决的。管理者必须是平等沟通的积极倡导者，必须首先主动地去找员工进行沟通，久而久之才能形成平等沟通的风气。

8. 用"技术级别"留人

大多数不断发展的公司都会遇到一个典型的问题：怎样把人才留在技术岗位上，以便充分利用他积累的专业知识和公司已付出的投资。同样，在微软不断发展壮大，不断聘用新雇员并将之培育成优秀的技术人员之后，也遇到了同样的问题。解决这一问题，微软公司的一个独到之处就是把技术过硬的技术人员推上管理者的岗位。

盖茨与公司其他的早期领导一直都很注意提升技术过硬的员工担任经理职务。这一政策的结果也使微软获得了比其他众多软件公司别具一格的优越性——微软的管理者既是本行业技术的佼佼者，时刻把握本行业技术脉搏，同时又能把技术和如何用技术为公司获取最大利润相结合，形成了一支既懂技术又善经营的管理阶层。例如，集团总裁内森·梅尔沃德（36岁）是普林斯顿大学物理学博士，师从诺贝尔物理奖获得者斯蒂芬·霍金。他负责公司网络、多媒体技术、无线电通信以及联机服务等。但是，这一方法对于那些只想待在本专业部门里并且只想升到本专业最高位置而又不必担负管理责任的开发员、测试员和程序员来说是没有多大吸引力的，这样，职业管理的问题就产生了。微软解决这一问题的主要办法就是在技术部门建立正规的技术升迁途径。建立技术升迁途径的办法对于留住熟练技术人员，承认他们并给予他们相当于一般管理者可以得到的报酬是很重要的。

在职能部门里，典型的晋职途径是从新雇员变成指导教师、组长，再成为整个产品单位里某个功能领域的经理（比如 Excel 的程序经理、开发经理或测试经理）。在这些经理之上就是产品单位的高级职位，这包括职能领域的主管或者在 Office 产品单位中的某些职位，他们负责 Excel 和 Word 等产品组并且构造用于 Office 应用软件的共同特性。

同时，微软既想让人们在部门内部升迁以产生激励作用，还想在不同的职能部门之间建立起某种可比性。微软通过在每个专业里设立"技术级别"来达到这个目的。这种级别用数字表示（按照不同职能部门，起始点是大学毕业生的 9 或 10 级，一直到 13、14、15 级）。这些级别既反映了人们在公司的表现和基本技能，也反映了经验阅历。升迁要经过高级管理层的审批，并与报酬直接挂钩。这种制度能帮助经理们招收开发员并"建立与之相匹配的工资方案"。

级别对微软雇员最直接的影响是他们的报酬。通常，微软的政策是低工资，包括行政人员在内，但以奖金和个人股权形式给予较高的激励性收入补偿。刚从大学毕业的新雇员（10 级）的年工资为 3.5 万美元左右；拥有硕士学位的新雇员年工资约为 4.5 万美元左右；对于资深或非常出众的开发员或研究员，盖茨将给予两倍于这个数目或更多的工资，这还不包括奖金。测试员的工资要少一些，刚开始为 3 万美元左右，但对于高级人员，其工资则可达 8 万美元左右。由于拥有股票，微软的 17800 名雇员中有大约 3000 人是百万富翁，这个比例是相似规模公司中最高的。

在微软这一技术晋级制度中，确定开发员的级别（指 SDE，即软件开发工程师的级别）是最为重要的，这不仅是因为在微软以至于整个行业中留住优秀的开发员是决定一个公司生存的关键，还因为确定开发员的级别能为其他专业提供晋级准则和相应的报酬标准。在开发部门，开发经理每年对全体人员进行一次考查并确定其级别。开发主管也进行考查以确保全公司升迁的标准统一。一个从大学里招来的新雇员一般是 10 级，新开发员通常需要 6～18 个月才升一级；有硕士学位的员工要升得快一些，或一进公司就是 11 级。一般的升迁标准和要求是：

当你显示出你是一位有实力的开发员，编写代码准确无误，而且在某个项目上，你基本可以应付一切事情时，你会升到 12 级，12 级人员通常对项目有重大影响。当你开始从事的工作有跨商业单位性质时，你就可以升到 13 级。当你的影响跨越部门时，你可以升到 14 级。当你的影响是公司范围的时候，你可以升到 15 级。在开发部门中，大约有 50% ~ 60% 的开发员是 10 级和 11 级人员，大约 20% 属于 12 级，大约 15% 属于 13 级，而剩下的 5% ~ 8% 属于 14 级和 15 级。由于级别是与报酬和待遇直接挂钩的，这样，微软就能确保及时合理地奖励优秀员工并能成功地留住优秀人才。

但是，即使是技术级别或管理职务上升得很快，有才华的人，还是易于对特定的工作感到厌倦。为了能有效地激发起员工的工作积极性并挖掘这些天才们的潜在创造力，微软允许合格人员到其他专业部门里寻求新的挑战。并且规定人们只有在某一特定领域积累了几年经验之后才能换工作。例如，在项目的两个版本之间给相当数量的人员一次换工作的机会。在公司范围内，还有一定比例的人员在项目之间流动。同时，微软并不鼓励所有的人不停地流动，因为微软的大型产品，像 Office、Word、Excel、Windows 等，需要花几年时间来积累经验，频繁地变换工作是不足取的。通过合理的人员流动，使优秀的员工不至于在同一工作中精疲力竭，同时，也使产品组和专业部门从不同背景和视角的人员的加入中获得新的发展。

另外，一个日益普遍的激励员工的方法是送他们参加职业软件工程会议。微软还发起主办大量的室内研讨会和研习班，让微软人更多了解该行业其他地方和其他公司最新的观念、工具及其技术发展。

总之，微软公司的人员管理是成功的，特别是对于这样一个快速发展的公司而言是极为难能可贵的。1991 年在应用部门进行的一次调查表明：大多数雇员认为微软公司是该行业的最佳工作场所之一。正是由于微软公司建立了一套让人才脱颖而出及由优秀人才组成的组织和机制，才使微软公司在这个竞争激烈的行业中能始终保持领先地位。

9. 让员工对未来充满希望

企业的目标是吸引人才的磁力场，也是保住企业员工的强心剂。管理者要不断地向员工提出目标，凝聚人气，让员工永远充满希望从而使企业顺利成长。

确立目标是管理者的重要工作。1969 年 7 月 20 日，美国宇宙飞船阿波罗 11 号成功登陆月球，创下人类历史上具有划时代意义的伟大壮举。在此之前，登陆月球只是人类的梦想而已。这次登陆月球的成功，可以说是众多科学家和有关人士呕心沥血的结晶。需要指出的是，这项举世瞩目的阿波罗计划，是从 1960 年美国总统肯尼迪的声明开始的。当时肯尼迪总统向世界宣告，至 20 世纪 60 年代末，美国一定要把人类送上月球，从而确立了人类登陆月球的目标。由于许多人的智慧和力量不断地向着这个目标集中，人类登陆月球这一目标终于伴随着阿波罗 11 号的升空而实现，可见确立目标是件很重要的事情。

确立目标是管理者的必备素质。管理者本身不一定要具备该项事业的知识和技能，但提出目标却是管理者的工作，这项工作除了管理者本身以外，不能靠他人来完成。企业管理是一项综合性工作，既要有文化知识，又要有社会知识，管理者只有具备多方面的综合素质，才能确定适合企业发展的目标。为了确保目标切实可行，管理者平时就要培养能够确立目标的意识。有目标才有动力。目标确立之后，针对这个目标，有知识的人贡献知识，有技能的人贡献技能，大家心往一处想，劲往一处使，才能成就事业。如果肯尼迪总统未曾提出过目标，即使很有才华的人，也有无从发挥之感，各种人才的力量也会因分散而削弱。所以，管理者应该基于自己的知识或经验，确立一个最适合企业发展的目标。明确的企业发展目标是调动员工积极性的有效手段，员工越了解公司目标，归属感越强，公司越有向心力。

不断提出适合企业发展的目标，让员工对未来充满梦想，是松下先生的重要经营谋略。松下担任社长时，常找机会向员工畅谈自己对未来的设想，1955年宣布了他的"五年计划"，计划用5年的时间，使松下电器公司效益从220亿日元增加至800亿日元。这种做法不但让员工看到了光明的前景，也震惊了整个企业界，同行纷纷改变政策，向松下电器公司看齐。当然，这样做到底有多少效果，是无法一概而论的，况且也有被其他公司获悉自己计划内容的反作用。

松下明知这些问题却果断地发表了它。一方面，是为了让员工有坚定的目标与期待；另一方面，是由于他确信这是经营者的必备素质和应有做法。此后，他又陆续向员工提出，采用每周五天工作制，并把工资提高到西方发达国家水平的目标，同时请大家共同努力去实现。这些做法，从经营策略上说，可能遭遇很多批评，同时在推动事业时，也多少有不利的一面。但松下认为，让员工彻底了解经营者的经营方针和信念所起的作用，完全可以超越这种不利。5年后，松下先生在员工面前发表的"五年计划"以及实现与西方发达国家相等的薪资劳动条件的承诺，都一一实现。从此员工士气大振，与松下先生一道，构筑起松下电器王国。

也许有人会说，松下电器之所以能够把梦想变为现实，完全是因为松下电器公司的经营一直都很顺利的缘故，如果经营状态不那么理想，松下先生的目标就不可能实现。实际上，企业经营顺利时，需要制定远景目标，把企业做大做强；经营出现困难时，更需要制定改进目标，凝聚人气，走出困境。战后的松下电器正处于惨淡经营之中，但松下先生却不曾因此放弃为公司制定目标。由于目标明确，松下电器才能在很短时间内就走出困境，续写昔日辉煌。

适时提出企业发展目标，是管理者的重要职责。无论面临何种困境，管理者都要让员工对未来充满希望，给他们以美好的梦想。这样，员工们才会乐于留下来。

10. 一定情况下可以适当作出让步

进取心强的员工是公司最富有价值的、积极的资产，这一类型的员工往往具有很强的自我表现欲，当管理者无法满足他们实现自我价值的要求时，就会感到自己的价值取向和公司的价值取向存在较大差异，因而抱怨得不到公司充分的重视和支持，而有可能另寻更加重视、更能发挥他们才华的环境。所以，挽留这类人才，最简单的方法是作出适当让步，为其提供能够发挥其才华的条件。

获得博士学位后，杰克·韦尔奇进入了 GE 公司。他主要负责 PPO 材料的研制工作，这种新型材料在所制定规格的颜色与延展性上有一些小问题存在，但韦尔奇依然热情工作，努力去克服一个又一个的难题。

韦尔奇成功地推出 PPO 材料时，他被公认为 GE 公司塑胶部门的一颗脱颖而出的新星，成为众多化工公司关注的焦点，开始有猎头公司盯上他了。就在韦尔奇雄心勃勃地要大展宏图之时，他发现 GE 公司存在着严重的官僚主义，首先体现在薪酬管理问题上。年底时，公司给韦尔奇加了 1000 美元的薪水，他为此感到很高兴。但很快，韦尔奇发现无论员工表现好与坏，在工作的第一年终结时，每一个人都获得 1000 美元的加薪。

生性要强的韦尔奇无法忍受 GE 公司对人才的偏见，他认为既然付出了努力，就应该得到等额的回报。而他相信自己应该获得更高的薪水，所以他毅然向 GE 公司塑胶部门主管提出了辞职。当时位于芝加哥的国际矿物化学公司十分欣赏韦尔奇的才华，他们向韦尔奇提出，只要他愿意加入 IMC 做一名化学工程师，他就能获得 25000 美元的年薪，相当于韦尔奇在 GE 公司的两倍。韦尔奇略作考虑，就接受了这个职位。

就在韦尔奇预备动身的这一天，正在麻州考察的 GE 公司副总裁加托夫闻讯赶到了塑胶部门。他对这位年轻的化工博士早有耳闻，尤其是他研制出 PPO 材料以后，塑胶部门的业绩直线上升。加托夫意识到，GE 公司应该留住像韦尔奇这样的人才并予以重用，不然对公司是一大损失，同时也增加了竞争对手的锐气。

加托夫找到了韦尔奇，极力劝他留在塑胶部门。他知道年轻人的脾气，便许诺给他以 3 倍于现薪的薪酬作为他的年薪，工作出色后还有奖励；并且答应他只要他工作再出成绩，就委以更多的责任。

加托夫使用更高的薪水和更高的职位诱使韦尔奇重新回到 GE 公司来上班，他成功了。这个来公司不到一年就想"跳槽"的小个子青年在此后 40 年内一心一意在 GE 公司工作。并在 1981 年成了公司的总裁，领导 GE 公司雄踞全球企业 500 强中的第一强。

事实证明，GE 公司副总裁竭力挽留韦尔奇是个英明无比的决定。类似韦尔奇的人才在公司中有很多，作为一个管理者要尽最大努力去留住这些进取心强的人才。下面是留住这些人才的几个简单方法，相信会对管理者有所帮助。

（1）时常与员工交谈工作，使双方就有关问题达成一致。

（2）给人才委以更多的责任。

（3）了解员工的思想活动。如果说一个管理者有责任对其员工的思想状况敏感地作出反应，那么虽然难以探测他们心中的秘密，起码应使员工能够接近自己，并暴露思想动态。

（4）大胆起用。在任何一个公司，新聘用的刚刚从大学毕业的优秀生最容易"跳槽"（一般在两年之内）。他们是公司花了很多心思争取到的人才，这样失去，会给公司带来许多损失。

（5）对能力突出的人才给予快速提拔。有时候，企业有幸得到一个能力极强、以至没有人会怀疑他一定会沿着台阶一直上升的员工。这时，管理者在提拔这个员工时需多动脑筋，如果处理得好，你不仅不会失去他，而且还会给公司带来许多价值与财富。

第十章

和谐的上下级关系
是决定管人管事成败的关键

如果下属对上司心存反感，有一肚子的意见，那么管理者的管理成效必然大打折扣；相反，如果上下级之间关系和谐，下属总是心情愉快地接受任务，并尽心竭力地去完成任务，结果自然大相径庭。作为管理者要懂得关心、爱护下属，做员工的贴心人，这样，和谐的上下级关系就会不期而至。

1. 不要在危机时抛弃下属

大多数企业在不景气的时候，都喜欢以裁员的方式渡过难关，这种忽视员工需求的做法，很容易打击下属的工作热情，从而使领导者的能力及威信大打折扣。

有些领导者，一旦受到不景气的冲击，就把一切危机推给员工，这无疑就是摆脱责任，消磨下属的斗志。真正博得人心的管理者绝不会因为一时的经济不景气而对员工"大开杀戒"。如果他们懂得患难见真情，并与员工同舟共济，共渡难关。员工也会知恩图报、誓死效忠。

1929 年，在美国经济大萧条的冲击下，各公司纷纷减员减薪，希望能渡过难关。减薪的标准都遵从最大的公司——美国钢铁公司的模式。因为长期以来，大家都已经习惯了跟在这家大公司的后面，亦步亦趋，谁也不敢越雷池一步，生怕弄不好引起怒潮而垮台。唯有美国国际钢铁公司的老板威耶没有理会这一套，他进行了一下分析和预测计算，果断地决定对本公司员工的工资进行大幅度削减。这一消息传到公司的高级职员耳中，立刻引起一片哗然。许多高级职员纷纷向威耶进言，劝他要谨慎从事。因为当时的劳资关系已很紧张，这种减薪的做法无异于火上浇油，搞不好就会翻车。但威耶丝毫不为之所动，他谢过了这些高级职员的好心，并回答他们说："现在是关键时刻，问题并不在于减薪的多少，而是要看每个企业能维持多久。"他进一步解释说，有些公司虽然减薪少，但却支持不了多久，其最终结果无非是倒闭，全体人员都要失业，大家更加倒霉，与其如此，还不如下决心多减薪来支持公司渡过难关。

于是，威耶召开公司大会，亲自向工人们讲话。开始时会场的秩序很乱，会场里议论纷纷，有些人的情绪非常激动，几乎要轰威耶下台。

威耶冷静地向工人们分析了利弊，他说："我们公司之所以多减薪是从长远的角度来考虑的。"他停顿了一下，继续解释说，"如果照别的公司那样减薪，那么，用不了半年，本公司就会倒闭，每个人以后的生活就会更加的困难。我这样决定是为了大家的共同利益，我可以向你们保证，本公司一定可以平安地度过这一非常时期。"最后，他又号召大家同舟共济，全力赴难。

情况的发展果然如威耶所预料的那样，时隔不久，有三家公司因为经受不了经济萧条的冲击，先后倒闭了，而威耶领导的国际钢铁公司却坚强地挺了下来，甚至还有了一些新的发展。

1933 年，当经济情况开始好转的时候，威耶为了实现当初的诺言，把员工的工资一下上调了 15%。1941 年，他又再次为公司员工加薪，把每小时的工资增加了 10%。

IBM 的创立总裁华先生，在他离开 NCR 到 CTRC（IBM 前身）时，面临的首要问题是资金的匮乏与人员的过剩。资金的匮乏依靠华先生的信用，得到了摩根财团的投资，余下的就是人员过剩的问题。CTRC 的那些主管都向华先生提议裁员以渡过难关，但华先生却反对那样做。他说，裁员对公司而言是为经营合理化不得已而作出的决策，但对员工而言却是影响一生的问题。所以即便是人员过剩或者是人员的能力不足，也不能轻易裁员。于是，华先生从训练原有的员工开始做起，并未裁减公司中的任何一人。

1989 年，华先生总结了如下 3 条就业保险方针：启蒙公司员工；工作的内容发生变化时，实施再放弃；对现在从事的工作感到困难时，给予其他的工作机会。

但这并非表示 IBM 就没有裁员的事，只是说明公司在采取解雇手段之前绝不放弃争取任何机会的努力，为过剩的人员寻求新的工作机会。

一个企业有了真正关心员工利益的管理者，哪个员工不为之感动，为之奉献，为之拼搏，为之努力？危机是检验管理者能力的一把有力尺度，是一块试金石。庸者落马，能者上马。只有率领员工冲破层层危机，临危不惧的管理者，才会得到员工的崇敬与仰慕，才会成为一面永远不倒的旗帜，才能真正地把握住员工的心，才能和全体员工一起创造一个又一个辉煌。

2. 关键时刻给予下属必要的帮助

作为一名管理者，在关键的时刻帮助下属，将会使下属永远记住你的恩惠。

某科长由于动不动便指责下属，所以深受科员的鄙视。某天，科长的上司——也就是处长，怒气冲冲地跑进科长办公室里，无视科长的存在，指着写报告的人说："写的什么报告？"此时，那位经常指责下属的科长却适时地站了出来说："是我要他这样写的，责任由我来负！"

从此以后，该科的气氛完全改变过来了，科长虽仍如同过去一般动辄破口大骂下属，但科员对科长的态度却已与从前大为不同。因为，他们意识到："科长是真的在替我们着想。"并产生上司与下属间的信赖关系，整个办公室因此充满朝气。

员工在公司里受到指责时，如果能够得到上司的庇护，他们在心理上无疑将获得莫大的安慰。

管理下属无疑必须具备极大的耐性，这是一件费力而不一定讨好的工作。一个人的地位愈高，往往愈无法了解下属们对你的看法。由于下面的人总是小心谨慎地观察管理者的一言一行，虽然是在训话，下属也可敏感地猜疑："上司到底是为了保护自己，还是为了下属而训话？"

有的管理者在遇到工作进行不甚顺利时，难免会发牢骚，并将责任推给下属，此种管理者必然无法获得下属的尊敬。相反地，一位愿意承担一切责任的管理者，则必定赢得下属的信赖与爱戴。身为管理者对此不可不知。

一般而言，既努力工作而又懂得玩乐的人，必是精明干练之人，他善于将工作及休息作适当的安排和调整。要知道，充满干劲、执著工作固然难能可贵，但绝不能陷入固执。因为，当人们固执于某事时，就会感到身不由己，对于事物的观点也会变得僵化狭隘。但如果能在工作之外，尽情游玩，避开固执的念头，便可恢复以新奇的眼光观察身边事物的活泼心态。

然而，对于工作阅历较浅的下属而言，与其说是不善于转换此种心境，不如说是不善于把握此种转变的时机。当工作陷入僵局时，愈是想以固执的干劲予以克服，对于事物的观点往往愈是局限、狭窄，并使原有的意愿大打折扣。管理者在目睹此种状态时，不妨利用适当的时机转换其心境，这也可以说是身为管理者应有的职责。

所谓转换心境，即令下属立即停止工作，但也没有带其去饮酒作乐的必要。当然，也可将一件小事转交他去办。总之，只要立即中断其陷入僵局的工作即可。如此一来，当其重新回到原来的工作上时，必然可从不同的角度，找到解决问题的办法。

总之，在下属遇见难以解决的问题或不得不承受的尴尬时，该帮就帮。

3. 当好员工的家长

任何企业都是由人组成的，人是企业中最重要的组成元素，企业的发展离不开人。只有关心员工，上下同心，才能在企业中形成团结向上的气氛。从某种意义来说，一个企业就是一个大家庭，而管理者就是这个大家庭的"家长"。

美国 IBM 公司提出的口号是"尊重个人"，如果员工不能在公司受到尊重，就谈不上员工能够尊重和认同公司的管理理念和企业文化。作为管理者，更应该身体力行，把尊重员工落到实处。而不只是停留在口头。

尊重员工首先是尊重员工的言行，管理者应该最大限度地与员工进行平等的沟通，而不是对员工的言行不闻不问。让员工能够在上司面前自由地表达自己的意见和看法，这一点非常重要。尊重员工还表现在尊重员工的价值观。公司的员工来自不同的环境，有着各自的背景，所以每个人的价值观也会不尽相同。只有尊重员工的价值观，才有可能让他们融入公司的管理理念和企业文化中。

美国的许多成功企业家，都十分尊重自己的员工。

美国著名企业家埃丝黛·劳德说过："员工是我最重要的财富。"美国惠普公司创立人惠利特说："惠普公司的传统是设身处地为员工着想，尊重员工，并且肯定员工的个人成就。"该公司也是这么做的，在20世纪70年代经济萧条时期，他们坚持不裁员，上下一心渡过了难关。

在尊重员工方面，日本的企业家表现得似乎更为出色。

日本著名企业家松下幸之助先生说得好："当我看见员工们同心协力地朝着目标奋进，不禁感动万分。"所以，他提出并倡导社长"替员工端上一杯茶"的精神。松下先生认为，一旦社长有了这种温和谦虚的心胸，那么，看见负责尽职的员工，自然会满怀感激地说："真是太辛苦你了，请来喝杯茶吧。"松下先生的意思是，社长也不一定亲自为员工倒茶，但是如果能够诚恳地把心意表达出来，就可以使倦怠的员工感到振奋，从而提高工作效率。松下先生还说："即使是公司的职员众多，无法向每个人表示谢意，但只要心存感激，就算不说，行动也自然会流露出来，传达到员工心里。"这里所体现的正是尊重员工的精神。

法国企业界有句名言："爱你的员工吧，他会百倍地爱你的企业。"国外有远见的企业家从劳资矛盾中悟出了"爱员工，企业才会被员工所爱"的道理，因而采取软管理办法，的确也创造出了若干工人与老

板"家庭式团结"的神话。本来，日本的老板对员工的盘剥是很苛刻、很凶狠的。据报道，在东京街头曾有日本工人声势浩大地反对老板盘剥、要求增加工资的大游行。但人们又熟知，日本的企业家很重视企业的"家庭氛围"，在寻求和建立员工与企业之间的"情感维系的纽带"方面取得了丰富的经验。他们声称要把企业办成一个"大家庭"，因而注意为员工搞福利，为员工过生日，当员工结婚、晋升、生子、乔迁、获奖之际，都会受到企业领导人的特别祝贺，这一套又的确使不少员工感到：企业是自己的家。

日本的桑得利公司总裁岛井信治郎听到雇员抱怨："房间内有臭虫，害得我们睡不好。"他便在晚上一个人拿着蜡烛在屋子里抓臭虫。后来对公司的发展起了重要作用的佐田在刚进入公司不久，他的父亲去世了，岛井信治郎率领全体员工到殡仪馆帮忙。葬礼结束了，岛井信治郎又叫了一辆出租车，亲自送佐田和他的母亲回家。佐田后来当上了主管，常对人提起这桩事："从那时起，我就下决心，为了老板，即使是牺牲生命，也在所不辞。"英国和美国成功的企业家与日本企业家的做法不谋而合。英国马狮公司的董事长西夫勋爵经常到各分店与员工谈心。遇到气候恶劣，如大雪阻断交通时，他必定前往有关分店，向不顾天气恶劣仍来商店坚持工作的店员表示感谢。本来，打一个电话就足以表示这种感谢，但西夫勋爵却认为，要想有效地表达最高管理层由衷的赞赏，唯一的办法就是当面致谢。这种做法，体现了公司对努力工作的员工的重视和敬意，取得了良好的效果。公司创建100多年来，以其经销的商品质地可靠、价格公道、服务优良，蜚声英伦三岛。

在美国，当别的经理都在忙于同工人对立、同工会斗法时，国民收款机公司的创始人帕特森却探求出一条新的道路。他为员工在公司大楼里建造淋浴设施，供上班时间使用；开办内部食堂、提供减价热饭热菜；建造娱乐设施、学校、俱乐部、图书馆以及公园等。别的经理们对帕特森的做法大感不解，甚至嘲笑他这是愚蠢的做法，但他说，所有这些投资都会取得收益的。事实证明了他的成功。

惠普公司则用定期举行"啤酒联欢会"的办法来维系与员工的感情，增强"家族感"。全体员工可以在联欢会上畅怀痛饮，一醉方休。豪饮中，穿插着各种节目，必不可少的"节目"是唱公司的歌，宣读公司的宗旨，公布公司的经营状况。公司领导人也正是在这个时候，频频举杯，大张旗鼓地表彰每一位值得表彰的员工。也正是在这个时候，员工们七嘴八舌，无所不谈，感情在杯盘之间流动，上下左右之间的距离拉近了，亲近感增强了，家族感上升了，员工们感到自己没有被冷落，而是受到公司的重视，因而激发起一种更加努力工作的热情。

要做一名称职的"家长"，就必须做到尊重、关心和爱护员工，把员工作为企业的立足之本，使他们对企业更加忠诚，从而最终使企业繁荣昌盛。

4. 让企业中充满人情味

企业的成功是全体员工共同勤奋努力的结果。一个管理者在驾驭企业员工情感的基础上，充分地重视他们的价值，为他们提供广阔的成长空间，汇聚员工的能量，从而促进企业的发展。

员工喜欢人情味浓的公司，是因为这些公司能给他们带来精神上的满足。按照马斯洛需求层次理论，在人们基本生理需求和安全需要得到保证后，就会向更高层次的受尊重和自我实现的需要发展。相比薪酬等硬性物质条件，人情味是软性的，但它对员工的感召力、吸引力却是有过之而无不及。员工是人，不是机器，不是原材料，他们需要得到心灵的关怀和慰藉。如果企业只是一味提高薪酬标准，而没有相应的人情追加，在员工看来，这只是应得的回报，与公司对待机器和原材料没有什么本质的差别。追加人情因素，给员工发出的信号是把他们看做公司的主人，看做公司的"合作伙伴"。员工心目中的好公司无一不是把对员工的管理定位于人本管理上，鲜明地认识到人是企业中最活跃的、最具能动作用的因素，企业的发展取决于人的积极性、主动性和创造性的充分发挥，而不单是几个高层决策者所谓的"高明"决策。企业不是几个人的企业，而是所有员工的企业，是一个凝聚为整体的团体的企业。用心去观察把握，才是最高明的人本管理理念。

人情味浓的企业增进的不仅是员工的归属感，还能通过营造一种宽松的发展环境，使员工的潜能充分发挥，让企业迸发出旺盛的生机和活力。管理员工，制度当然重要，但绝不是唯一的，也不是最主要的，因为制度"铁面无私"，"冷冰冰"，压抑员工的情感。这些严谨有序但死气沉沉的制度，也许能规范员工的行为，但不会激发他们的创造潜能。潜能的发挥要靠宽松的环境和舒畅的心情。营造人情味的环境，给员工的感觉是，你不必拘泥于死板的模式，你可以在一定的自由空间内挥洒自己的才华，鼓励有加，又允许失败。在这样的氛围中，每个员工都争先恐后贡献自己的才能，由此形成的企业可持续发展的良性机制，比一千个、一万个制度都要强一千倍，管用一万倍。

由此可见，不仅员工喜欢人情味浓的公司，从公司自身发展的需要看，营造人情味其实也是营造向心力、活力和竞争力，是促进员工与公司"双赢"相辅相成的人本管理的重要手段。

5. 放下自己的"架子"

日本某矿业公司的一位董事长在年轻时，因为自己工作上急于求成，遇事常急躁冲动，把事情办得很糟，结果被贬到基层矿山去担任一个矿的矿长。在到职欢迎酒会上，由于他一不善喝酒，二不善辞令，以致被老职员们认为是一个不讲人情的上司，年轻的职员和矿工们对他更是敬而远之。他在矿里一度很被动，工作开展不起来。

　　这样闷闷过了大半年后，在过年前夕，举办同乐会，大家要即兴表演节目。他这时在同乐会上唱了几句家乡戏，赢得了热烈的掌声。连他自己也没想到，那些一向对他敬而远之的部下们，会因此而对他表示如此的亲近和友好。此后他还在矿上成立了一个业余家乡戏团。从此，他的部下非常愿意和他接近，有事都喜欢跟他谈。他也更加与部下贴心了，由过去令人望而生畏的人变成了可亲可敬的人。在矿上无论一件多难办的事，只要经他出面，困难就会迎刃而解，事情定能办成。由此这个矿的生产突飞猛进。因为他工作有能力，而且如此得人心，后来他荣升为这个公司的董事长。

　　他升为董事长后，有一次在工厂开现场会，全公司的头面人物都出席了。会上大家都为本年度的好成绩而高兴，于是公司总裁的秘书小姐提议使大家在高度欢乐中散会。她想出一个办法，把一个分公司的副经理抛到喷泉的池子中去，以此使大家的欢乐达到高潮，总裁同意这位小姐的提议，就和这位董事长打招呼，董事长表示这样做不妥，决定由他自己——公司最高领导者，在水池中来一个旱鸭子游水。

　　董事长转向大家说："我宣布大会最后一个项目就是秘书小姐的建议：她叫我在泉水池中来一个旱鸭子戏水，我同意了，请各位先生注意了，我就此做表演。"于是他跳入池中，游起泳来，引得参加会议的几百人哄堂大笑……

　　事后总裁问他："那天你为什么亲自跳下水池，而不叫副经理下去呢？"

　　董事长回答说："一般说来，让那些职位低的人出洋相，以博得众人的取笑，而职位高的人却高高在上，端着一副架子，使人敬畏，那是最不得人心的了。"董事长这些话唤醒了总裁，使他和董事长一样，在平时注意与部下打成一片，学到了办好企业的招数。

6. 记住员工的姓名

作为下属，谁都希望自己受到上司的重视。特别是在规模比较大的企业中，管理者若能从众多员工中轻易地叫出其中一人的姓名，对方将感到非常的荣幸。

要想成为优秀的管理者，你得将每个员工都看成一个完整的、活生生的个人。开始时，不管你领导的团体有多大，在四处走动时，至少能叫得出每个人的名字。有人说恺撒大帝能叫得出他军团里成千上万人的名字。他喊他们名字，然后他们为他在作战时卖命。

的确，任何主管都希望员工知道自己的名字，反过来说也是如此。记住员工的名字，因为他们值得一记，因为记住他们的名字，主管才能进一步去了解他们；记住他们的名字，你去看他们和让他们看你才有意义。美国西屋公司董事长道格拉斯·丹佛斯说："主管越能明白员工个人状况，就越能量才使用。"

因此，假若你领导的是一个大团队，至少你应该知道几个员工的名字；假若你领导的团队小，那你是再幸运不过的了——你可以知道得更多一点！

美国前总统罗斯福知道一种最简单、最明显、最重要的得到好感的方法，就是记住对方的姓名，使人感到受重视。克莱斯勒汽车公司为罗斯福制造了一辆汽车。当汽车送到白宫的时候，一位机械师也去了，并被介绍给罗斯福，这位机械师很怕羞，躲在人后没有同罗斯福谈话。罗斯福只听到他的名字一次，但他们离开白宫的时候，罗斯福寻找这位机械师，与他握手，叫他的名字，并感谢他到华盛顿来。

拿破仑三世曾自夸说，虽然国务很忙，但能记住每个他所见过的重要的人的姓名。这说明，能不能记住员工的姓名，与忙不忙没有必然的联系，关键在于是否尊重自己的员工。

当然，记住员工的姓名，并不是一件轻而易举的事，需要下一点工夫。一般记住大量人的名字的方法，主要有如下几点：

（1）当对方介绍姓名时，要聚精会神，并记在心里。有的人虽主动问对方"尊姓大名"，但对方介绍时又心不在焉，对方还未走，已经忘记了他是谁，哪里还谈得上下次见面！有的人记忆力强，有的人记忆力差一点，这是事实。如果记忆力差，可以说："对不起，我没有听清楚。"让他再说一遍，加深记忆。还可以在听的时候，一边用每个字造成一个词或者一个词组，来加深记忆。比如，你的员工叫马胜长，你就说马到成功的"马"，胜利在望的"胜"，长命百岁的"长"，这就使你印象深刻多了。

（2）记住每个人的特征。人有多方面的特征，有外形的特征，如眼睛特别大，胡子特别多，前额很突出，等等；有职业上的特征，如他技术最好，在某一技术、学识上有受人称道的雅号，等等；名字上的特征，有的人名字故意用些生僻的字，或者很少用来作名字的字，有的人名字与某几个人的名字完全相同，这本来是没有特征的，但可把"同姓共名"作为一个特征，再把他们区别开来就容易了。把名字与这些特征联系起来，就不容易忘记了。

（3）备个小本本，如果是尊贵的客人，切不可当面拿出小本本来，只能背后追记。但对员工，你可以说："我记忆力差，请让我记下来。"员工不但不会讨厌，还会产生一种尊重感，因为你真心实意想记住他的名字。为了防止以后翻到名字也回忆不起来，除了记下名字以外，还要把基本情况如单位、性别、年龄等记下来。这个小本本要经常翻一翻，一边翻一边回忆那一次会见此人时的情景，这样，三年五载以后再碰到此人，你也可以叫出他的名字来。

（4）多与员工接触，百闻不如一见。有不少的主管，一有时间就深入到基层，同他的员工或一起干活，或一起娱乐，或促膝谈心，或共商良策。这样的领导者，不但能叫出员工的名字，连员工在想些什么都能说得出来。

7. 打成一片管理才有效

管理者要想做好工作，必须与员工打成一片，建立起和谐融洽的关系。

如果把自己放在高不可攀的位置上，制造一种神秘感，让员工仰首而视，敬而远之，上级与下级油水分离，下级对上级俯首听命，这样是绝对干不好工作的。只有关系融洽了，员工才可能更积极主动，把工作做得更好。

有这样一位领导者，他经常不在办公室里，一有时间就到员工中去，今天这个车间，明天那个科室。员工称他为"游击司令"。这个"司令"的脑子里有一部员工的活档案：谁的家庭情况怎样，工作有什么特点，经常闹什么情绪，甚至脾气、兴趣如何，他都一清二楚，与工人谈起话来十分亲切投机，员工有什么心里话都愿意对他讲。假如他高高在上，员工几个月也见不到一次面，就不会有这样水乳交融的场面。

孟子说："人之相识，贵在相知；人之相知，贵在知心。"一个领导者，如果总是把自己的内心世界封闭起来，员工从来不知道他想什么，听不到他一句心里话，那他同谁也交不上朋友。只有向员工敞开心扉，把心交给员工，同员工心心相印，无话不谈，员工才能信任他、亲近他，也才能对他交心。领导者可以把本企业面临的形势、工作上的打算、遇到的困难和自己的苦衷，诚恳坦率地告诉员工，让大家帮助出主意、想办法，工作就会做得更好。我们不能搞"民可使由之，不可使知之"那一套，那是"愚民政策"，同当代的领导原则是格格不入的。

每一个人都希望有人关心，尤其希望得到领导者的关心。有时一句亲切的问候，一番安慰的话语，立刻会使他感到心里热乎乎的，增添了无穷的力量。当一个人思想上有什么疙瘩、生活上有什么困难、工作上遇到什么挫折时，他都希望领导者给予帮助和体贴。而在感受了领导者的关心之后，他很自然地就会想到：领导这样关心自己，自己还有什么理由不好好工作呢？

员工所希望于领导者的，不只是对个人生活的关心，还希望领导能广开言路，倾听和采纳自己的意见与建议。如果一个企业员工有这样的反映："领导者不让我们讲话"、"我们只有干活的义务，没有说话的权利"，那就糟了。所以应当注意，在制订计划、布置工作时，不要只是领导单方面发号施令，而应当让大家充分讨论，发表意见。在平时，要创造一些条件，开辟一些渠道，让大家把要说的话说出来。如果不给员工发表意见的机会，久而久之，他们就会感到不被重视，抑郁寡欢，工作也感到索然无味，丧失主观能动性，有的人甚至会发作起来，产生一些矛盾。领导者不仅要通过各种方式主动征求意见，搜集看法，还要从制度和措施上鼓励大家献计献策，正确的及时采纳，突出的给予奖励。如果下属煞费苦心提出的宝贵建议，领导者根本不认真对待，这就会严重挫伤大家的积极性，以后也就不会再有人那样热心了。

有人说，在新时期不提倡"领导手上要有同工人一样多的老茧，身上有一样多的泥巴"。这话有一定的道理。但是，如果据此而得出结论，说领导者就不需要深入基层，不需要同员工同甘共苦，那就错了。特别是在一些危急时刻、关键场合，领导者应当出现在那里，带领大家奋战，这样才能与员工建立起生死与共、祸福同当的深厚感情。

8. 对员工进行感情管理

人是有着丰富感情生活的高级生命形式，情绪、情感是人类精神生活的核心成分。"有效的领导就是最大限度地影响追随者的思想、感情乃至行为"。作为管理者，仅仅依靠一些物质手段激励员工，而不着眼于员工的感情生活，那是不够的，与员工进行思想沟通与情感交流是非常必要的。现代情绪心理学的研究表明，情绪、情感在人的心理生活中起着组织作用，它支配和组织着个体的思想和行为。因此，感情管理应该是管理的一项重要内容，尊重员工、关心员工是搞好人力资源开发与管理的前提和基础，这一点对技术创新型企业尤其重要。

美国著名的情绪心理学家拉扎勒斯提出，当前面临的事件触及个人目标的程度是所有情绪发生的首要条件，当该事件的进行促进个人目标的实现时，产生积极的情绪情感；反之，则会产生消极的情绪情感。目标是个人追求的一种生活境界，它表现为个人的理想、愿望、对未来生活的一种期盼，一般存在三类心理目标：与生存有关的目标、与社会交往有关的目标、与自我发展有关的目标，简称为生存目标、关系目标、发展目标。如果某些管理行为能够促进员工的个人目标向预期的方向发展，就会产生积极的情绪情感；反之，就会产生消极的情绪情感。

斯特松公司是美国最老的制帽厂之一，1987年时公司的情况非常糟糕：产量低、品质差、劳资关系极度紧张。此时，当地的一位管理顾问薛尔曼应聘进厂调查。他的调查结果显示：员工们对管理层、工会缺乏信任，员工彼此间也如此。公司内的沟通渠道全然堵塞，员工们对基层领导班子更是极度不满，其中包含了偏激作风、言语辱骂、不关心员工的情绪等问题。通过倾听员工的心声，认清问题所在，薛尔曼开始实施一套全面的沟通措施，加上有所觉悟的管理层的支持，竟在4个月内，不但使员工憎恨责难的心态瓦解，同时也开始展现出团队精神，生产能力也有提高。感恩节前夕，薛尔曼和公司的最高主管亲手赠送火鸡给全体员工，隔天收到员工回赠的像一张报纸那么大的签名谢卡，上面写着：谢谢把我们当人看。

美国著名的管理学家托马斯·彼得斯曾大声疾呼：你怎么能一边歧视和贬低员工，一边又期待他们去关心质量和不断提高产品品质！他建议把能激发工作激情当成一个领导人的"硬素质"。晋升这样的人：他们在没当领导之前，能在他们的同事中激发工作热情；当了领导后，在他们的员工中，甚至是在其他部门的同级人员中，激发热情、热心与积极性。

很多成功企业的管理经验证明：对员工进行感情管理，加强了员工和企业之间的相互信任，从而更有利于在企业中培育和谐的员工关系。

9. 了解员工的满意度

"你了解员工满意度吗？"这个问题，恐怕多数企业管理者都难以回答。因为他们关注的是用户满意度，而很少过问员工满意度。似乎在市场经济条件下，员工满意度无关紧要，只有用户满意度才关乎企业的生存与发展。所以在不少企业，员工满意度是一个盲点。

上海波特曼丽嘉酒店则不一样，他们始终奉行这样一个信条：每个员工的工作都会影响到其他同事的满意度、客人满意度以及酒店的最终运营情况。

在上海波特曼丽嘉酒店里，工程部、客房部、管事部、厨房等一线岗位的员工通常需要付出大量的体力劳动。但相对辛苦的职位并不会让他们产生低人一等的感觉。其中的关键是波特曼丽嘉始终强调，每一位员工（酒店称为绅士淑女）的工作，都为酒店每天的成功运转贡献了重要的一部分。一位管事部的女士负责清洗客人们使用的那些精美的玻璃杯和瓷器。这位女士为自己的工作感到自豪，因为晶莹剔透的器皿也是客人愿意再次来到餐厅消费的原因；同时她还要保证器皿的流通速度，否则会影响侍应生为客人服务的心情。

其实，员工满意度与用户满意度是直接相关的。道理也很简单，员工满意度决定用户满意度。员工满意度高，为用户提供满意服务才有可能。在一般情况下，两个满意度是成正比的。一肚子怨气或苦水的员工，是不能为用户提供满意服务的。如果员工总是处于一种不满意的情绪之中，那么结果要么是员工自己走人，要么是企业垮台。

所以，要提高用户满意度，需先提高员工满意度。前者是"流"，后者是"源"。没有员工满意度这个"源"，用户满意度这个"流"也就无从谈起。不关注员工满意度，只在乎用户满意度，无异于舍源求流，缘木求鱼。

上海市四星级以上酒店的员工流失率平均为 22% ~ 23%，而在波特曼丽嘉，这一数据仅为 18%，为业内最低。"我们的员工流失率每年都在降低，更多的人愿意留在这里。"人力资源经理丁萍说。她自己就是工作了 5 年的老员工。在她看来，为减少员工流失、提高满意度而做的工作，从招聘时就已经开始。

在酒店行业里，波特曼丽嘉的招聘条件是出了名的严谨。它选中的员工既要拥有从事不同岗位所需的特殊天赋，其个性与价值观也必须与波特曼丽嘉文化相符合。只有同时具备了这两方面条件，员工才会真正找到归属感。所以决定聘用一个人之前，酒店会花很多心思和精力向他介绍波特曼丽嘉酒店的文化，以及了解他对这里的真实感受。

无视员工满意度，对于今天的企业来说，是败笔，也是危机。在现代企业管理中，有一条重要的理念：请把员工当客户。只要企业能像对待用户那样善待自己的员工，那么两个满意度都会上去，得益者自然是企业。既想借员工之手去多"掏"用户口袋的钱，又不能让员工心满意足，像这种"既要马儿跑又要马儿不吃草"的现象，在市场经济条件下的企业中存在是不正常的现象。

中国自古有言，"得人心者得天下"，即使在今天，"全心全意依靠工人阶级"也并未过时。从传统的观点看，工人是企业的主人翁；从现代观念看，"请把员工当客户"，就是关注员工的满意度。其实，关注员工的满意度，就等于调动员工的积极性和创造性，在西方企业如此，在社会主义市场经济条件下的企业亦然。

尽管波特曼丽嘉 90% 的员工工资都是上海市五星级酒店相同职位中最高的，但波特曼丽嘉酒店总裁狄高志却认为薪酬并非创造员工满意度中最重要的因素。酒店开张的 1998 年恰逢亚洲金融危机，经营上出现一些困难，而多数员工都没有计较收入变动而选择与酒店共渡难关。丁萍提及，现在常有新开业的酒店到波特曼丽嘉来高薪挖人，但很少有员工愿意去。"我们的员工是很成熟的，为了一两千元放弃这里的企业文化、工作环境和经营理念对他们来说太不值得。"

根据酒店的调查，让员工最满意的方面除了"酒店把我们当绅士淑女看待"之外，是他们的贡献得到了充分的肯定和奖励。这也是他们愿意留在酒店并付出更多努力的最重要动因。狄高志认为，首先"要给员工一种作为个人被认可的感觉"。当管理者对一个部门或一个团队说，你们所有的人都很棒，固然很好，但这与单独对某一个员工说，你这件事情做得很不错，留下印象的深刻程度是完全不同的。如果仅仅表扬集体，忽视个人需要，那么从心理学角度讲，个人就会产生一种匿名感而被消极情绪影响。

与一些高高在上的经理们不同，波特曼丽嘉从总经理到各级部门总监、主管都会经常在酒店巡视，关注每位员工的工作，平时也会注意收集自己员工的兴趣爱好，在奖励他或过生日时投其所好。"作为管理者，应当多花点时间去了解每位员工做了些什么特别的事情，他需要什么样的鼓励和肯定。这对于让员工保持积极心态是非常关键的。"狄高志说。

在酒店大堂，有一位专职问候来店客人的员工 Nick Huang，他可以叫出酒店所有常客的名字，并用各国语言和他们热情地打招呼。客人们都很喜欢他，看见他就如同看见自己的管家一样亲切。由于这份天赋，5 年来 Nick 没有换过岗位，但为了表示对他个人价值的肯定，每年酒店都会提高他的待遇，目前他的级别相当于大堂副理。"我感到非常满足！"这位年近半百的绅士说道。

除了日常的关注和奖励之外，酒店会在每个季度正式评选出 5 位五星奖员工和一位五星奖经理。这个奖项由员工们相互评选，只要认为是在此期间个人表现特别优秀的，都可以获得提名。颁奖那天，酒店举行一个由全体员工参加的隆重晚宴仪式，被提名的员工会得到一张认可证书。最后评选出的6位除了奖金外，还被授予一座精致的奖杯，以及一枚可以每天佩戴的五星徽章。到年末，本年度的24位获奖者中会再评选出年度五星奖，有机会到丽嘉集团在全世界管理的其他酒店中去分享经验。"五星在酒店业里象征着最高级别。"在酒店开张第一年就当选为年度五星员工的Nick自豪地说。

换个角度看，关注员工满意度也是一个政治问题。安定团结，始终是企业的一件大事，任何时候都马虎不得。关注员工满意度，实际上就是关注企业的稳定与团结。如果员工满意度为零了，企业还能稳定吗？还能团结吗？还能发展吗？

上海波特曼丽嘉酒店的800名员工有充分的理由为自己的酒店感到自豪。在两年里，酒店分别蝉联了"亚洲最佳商务酒店"和"亚洲最佳雇主"的第一名。

对于到波特曼丽嘉来探寻成功秘诀的人们，总经理狄高志喜欢勾画出一个三层金字塔，来解释一切的基础来自于员工满意度："从下至上依次为员工满意度、顾客满意度和酒店盈利，所以我最重要的工作就是要保证酒店的员工们在每天的工作中都能保持愉快的心情，他们的努力决定一切。"

根据著名的人力资源咨询公司翰威特的"最佳雇主调查"，员工满意度达到80%的公司，平均利润率增长要高出同行业其他公司20%左右。而事实上，从1998年正式营运以来，这家五星级酒店的员工满意度与顾客满意度就一直相携节节攀升，到2003年时达到了97%的高点。

随着市场经济的不断发展和竞争的加剧，各企业已把如何打造诚信品牌、提高客户满意度摆在了十分突出的位置上，这是十分必要的。但提高企业员工满意度更不可懈怠，因为大量的工作都要靠企业员工来完成，一旦员工对企业不满，工作就很难开展，所以在企业管理中，提高员工满意度势在必行。

10. 创造轻松的气氛

在索尼公司，整个气氛轻松融洽，劳资双方相互之间充满友善。

当然，盛田昭夫也承认并非每家公司每个时期都是这样。例如，丰田汽车因为1950年的罢工重创，导致公司高级主管辞职。第二次世界大战以后，大大小小的罢工示威特别多，索尼公司也曾有过，但时间不算长。

1974年石油禁运，是因为劳资纠纷而导致工时损失最多的一次。那一年，日本损失了966.3万个工作日，美国损失了4799.1万个工作日，英国则损失了1475万个工作日。

这是一个深刻的教训，各个国家都应引以为戒。日本也专门作了探讨和改进，比欧美国家要进步很多。

根据1984年的统计，可以看出两者的差距。1984年，日本因劳资纠纷导致罢工，损失工作日1254万个，美国则损失1834.8万个，而英国更猛增到2656.4万个。当然，美国地大人多，英国情况不稳定，这也有一定的客观情况。

尽管索尼公司有两个工会组织，也有许多没有加入工会的员工，但他们之间总的来说相处得还不错。

盛田昭夫认为，公司和员工之所以能保持良好的合作关系，主要因为员工对企业管理者的态度比较了解和接受，知道许多事情都是出于诚意和善意。按照盛田昭夫的话说，日本企业的发展壮大并不仅仅是企业家一个人可以包揽的，故而仅仅利用下属作为生产工具牟取暴利，显然是不人道的。日本的经营者在公司成立后，会招聘员工来帮助他实现理想，达到目标。但经营者一旦聘用了员工，就要将他当做同事或帮手。而不是赚钱的工具。经营者固然须时刻将股东的利润放在心上，但也应经常为员工和同事着想，应该给这些帮助他经营、发展企业的人相应的回报。股东与员工的分量是一样的，有时候员工甚至更重要。例如，股东为赚钱，经常会变动，但经营者和员工的关系却一直保存下去。只要员工在公司工作一天，他就会为他个人和公司尽最大的努力做贡献，所以员工才是公司最重要的因素。

盛田昭夫充分看到这层利害关系，因此特别强调互敬互重。不同的公司管理方式或许不同，但基础不变，那就是建立在互敬互重的精神基础上。毕竟从生产经营的角度而言，公司不能仅靠少数管理者，而必须靠全体员工。高级主管的职责既是领导企业，又是号召员工，关心员工是效率高低的关键。

索尼公司有一个人人知晓的原则，那就是不论身在何处，位临哪级，只要是索尼公司的员工，就是大家庭中当然的、不可分的一分子，也就是每个人的好同事。

因此，索尼公司在英国的工厂开张之前，将英国当地的管理人员和工程师集中送到东京，和总公司员工一起工作，一起接受训练。大家穿同样的工作服，不分国籍，不分阶层，亲如一家。索尼公司这样做的目的，就是让英国的员工知道，虽然是日本人开办的厂，但并没有种族歧视存在，也没有待遇的区别，只有工种的不同。

索尼公司的高级主管也没有私人办公室，甚至连分厂的厂长都没有办公室，这在许多公司都是少见的，这也是索尼公司期望大家消除等级隔阂，溶成一体，互相接受和尊重。

索尼公司希望每个管理人员都能和其他员工一道，使用同样的设施。每天早上，开工以前，各小组长都要召开一个简短的会议，一方面交待当天的任务，另一方面检讨前一天的失误。小组长往往边说边观察每位组员的表情，如果有人不对劲，小组长就会主动询问他，看是否病了，或家里有没有出事，或个人有没有什么意见和建议，等等。盛田昭夫说，如果员工生病了，或者不开心，或者有心事，都会影响当天的工作表现，这当然对员工和公司都不利。

相对来说，比起美国公司来，索尼公司内部工作调换要少得多。美国的员工流动率较高，自由度也相对较高。但索尼公司不希望员工流动太频繁，为了公司的稳定发展，索尼公司希望员工快乐，固守岗位，积极工作。

但对于工程师阶层来说，索尼公司又主张多流动。索尼公司的工程师在刚进公司时，都要到生产线上工作一段时间，为的是了解实际生产情况，以及技术指标和自己工作的具体领域，日本工程师往往都非常乐意接受这一安排，但外国工程师不太喜欢。在美国，一个领班可能一辈子都做同样的工作。盛田昭夫认为如果工程师个人和公司双方都感到满意，那当然没问题，但采用工作调动的方式，可能会比长期从事相同的单调工作心态更好些。

11. 保证有效沟通，做到信息共享

人们需要信息来作决策和完成工作。要在公司政策中申明：要尽一切努力为下属提供所需的信息。

除非你主动引导并与之交流信息，人们通常不愿意把所知道的事情告诉别人。为了使信息共享，要建立交流信息的有效方式。报告、活动总结、布告栏的通知、全体会议及团队工作等都有助于信息交流。通过个人电脑在局域网内获得信息的方式已经为许多公司提供了帮助。

有时候，由于人们拿不准问什么问题才能获得所需信息，所以信息不能得到及时交流。通过使每个人都了解整体情况的方式，这个障碍可以在一定程度上得以克服。

缺乏沟通是当前组织面临的最大问题之一。解决这一问题的最佳方式就是安排关键的相关人员参加会议，彼此向对方解释正在忙什么。经过问答过程，相互间的真正理解就实现了。

有效沟通的作用如下。

（1）消除信息真实和畅通的主要障碍。人们总是要通过一定的渠道和方式来交流信息、沟通思想、协调行动的。如果沟通渠道堵塞，互不通气，就会造成了解情况上的片面性，"听风就是雨"，引起认识上的偏见和感情上的隔阂。有时，信息传递失真，也会产生误解和分歧，引起冲突。例如，在一个企业，往往由于信息渠道的不畅，设计、供应、生产、销售几个部门就常常在工作上发生冲突。在工作过程中，如果遇到与他人交流上的困难，工作的完成就会遇到更多的困难。如果电话系统、对讲机设备或者其他交流系统经常给下属带来麻烦，这种情况就会从多方面降低工作效率。

下属们知道自己是多么需要交流。要给他们机会提供系统设计的意见。当今的科技使交流系统能力的扩展成为可能，使得能够设计并获得对下属起积极作用的交流系统。

（2）营造自由交流信息的气氛。公司是人来人往的地方，又是人们交谈的场所，在有良好氛围的公司里，信息就像是一只自由的鸟，可以毫无障碍地飞来飞去。现代社会的管理者应当了解工作与信息的关系，以便在公司里能够培养起一种学习和成长的气氛，促进公司的发展能力。氛围良好的公司会利用科技这一在未来职场的最大资源，善用独一无二的沟通和学习方式，激发新员工发挥最大的价值。并从中选择吸收大量信息。由于现代职员习惯于接触以各种形式呈现，以及提供各种不同观点的科技信息，他们在反映出这种经验的信息环境中最能得心应手，因为信息就是他们成长的营养。由于具有信息最佳接触管道及公开沟通的环境，使员工在工作中觉得有保障、能够胜任、有力量，而且有创造力。使员工更有效率、更有生产力，更乐于为管理者效力，做出最好的成绩。实践证明，管理者若能提供充分的信息来源，他们将会是非常有效率的信息消费者。因而能有效率地提供信息，制定明确的目标，并保持沟通管道的畅通。公布新的信息，可使员工能够定出每周工作及业绩目标，以随时改善计划，回答并解决问题。通过这些途径，有效率的管理者用简单的方式让员工固定接收信息，就使得员工有自信、有效率、有生产力及创造力。一些优秀公司具体表现在：①公司的人事部门很棒，他们会一一讨论所有计划，并留下许多时间来讨论问题，让职员有时间跟上进度。这表示我们知道所有的进度，以尽力达成主管的期望。②下属可以随时走进主管的办公室和他谈事情。即使对他而言未必是最重要的事，他也愿意花时间交谈。在简短的会谈中，人们得以解决他们的问题。没有什么上下班之分，员工可以打电话到上司家找他。你知道他是上司，但你更清楚他和你是站在同一阵线的。③一个好主管，会告诉下属为什么他要做这些事。④主管行事风格让下属有可能问问题，并且获得必要的信息。他让下属知道自己在做什么，如果需要指导，他也会尽力协助下属。下属可以感觉到学到更多东西，分析能力更强，也比以前更有生产力，并且没有浪费时间。

（3）面对面交流协调内部意见。对一个管理者来说，要做到有效的沟通就必须亲身参与、亲自出马。管理者需要亲自以简单明了的言辞，说明企业的独创之处，整个企业日后何去何从，以及大家要如何通力合作。这种沟通是企业获得长远发展的关键之一。

弗尼在重整温切尔公司时就采用了这种面对面的沟通方式并取得了成功。

当弗尼认识到要摆脱困境就必须一步一步地把市场夺回来时，他的策略就是以一己之力，去赢得员工对管理阶层的信赖。他总是不厌其烦、一遍又一遍地告诉员工，管理阶层一定会严格对品质的要求，以建立员工的信心。

弗尼的第一步就是去与每一位员工进行面对面的交谈，向他们说明自己的理想、角色以及未来公司的发展前景，然后他要求每个人都说出公司目前的优缺点，以及如何才能做得更好。同时，他还常常去分店帮忙，有时候，他在去找员工交谈时正好是客人最多的时候，他就马上到厨房帮忙和馅儿，或是去收银台帮忙结账。

他谈道："公司领导者和餐厅员工的差别只是责任不同而已……我

们跟他们一样都是人，一样会哭、会笑，有喜怒哀乐种种情绪。当他们看到我卷起袖子和他们一起工作时，才会真心地向我看齐，并能缩小彼此间的距离。"

弗尼的策略，靠的就是面对面的沟通。比方说，他为了要嘉奖员工的表现，举办了一个特别的活动，叫"精神日"。在这天，弗尼和一些高级主管亲自下厨为员工煮一顿好菜。在用餐的时候，员工当然又要听听弗尼闲谈公司的新希望。他在与员工接触时，都是以个人的身份和员工做一对一的交谈。这样员工才会记得他，才会和其他伙伴与顾客做同样的交流。总之，他的方式从来不是一种控制，而是设法谋求员工的支持，并愿意通力合作以完成任务。

正是通过这种与员工面对面的沟通，协调了内部的意愿，从而使得所有的员工协调一致地为了企业的共同目标而努力工作。这就是弗尼获得成功的关键。

12. 在沟通中听比说更重要

（1）善于倾听是有效沟通的前提。听人说话之所以备受重视，不仅是因为其有助于对事物的了解以及对说话内容的掌握，更因为听话是与他人个性契合、心灵沟通的根源。现代社会观念已认识到说话的方法、交谈的技巧、相互的了解等对于和谐的人际关系的重要性。但是，大多数人仍偏重于说话的技巧和表达能力，致力于这方面的学习与训练，而忽略了听话的重要性。倾听别人说话表示敞开自己的心扉，坦诚地接受对方、宽容对方、体贴对方，因而导致彼此心灵融通，是现代社会取得良好人际关系的又一个重要方面。

善于倾听下属说话的管理者，会让下属感到他是值得交往的朋友，并愿意与之相处，他与众人的关系也将日益密切起来。专注凝神地倾听别人说话吧，它将使你获得成功与友情。

（2）广纳谏言，听取反对呼声。有些人把"人和"定义为不吵不闹、没有反对意见、开会一致通过等表面现象。他们一般不愿看到下属之间发生任何争端，同样这种领导也不喜欢下属反对他的意见。如果有四五种意见提出来的话，他们便感到不知所措。最镇静的办法也不过是说："今天有很多很好的意见被提出来了，因为时间关系，会议暂时到此结束，以后有机会再慢慢讨论。"想尽办法去追求"人和"，这样的领导恰恰忘了很重要的一件事：一致通过的意见不见得是最好的。

假如下属对方案没有异议，并不等于此项方案就是完美无缺的，很有可能是下属碍于情面，不好意思当面指出。因此，这时领导者切不可沾沾自喜，应该尽量鼓励下属发表不同的意见。鼓励的方法主要有3种：

（1）放弃自信的语气和神态，多用疑问句，少用肯定句。不要让下属觉得你已成竹在胸，说出来只不过是走形式而已，真主意其实早就定了。

（2）挑选一些薄弱环节暴露给下属看，把自己设想过程中所遇到的难点告诉下属，引导别人提出不同意见。只有集合多方面的意见，不断改进自己，才能更上一层楼。良好的相处往往不是相互忍耐而得到的，有很多时候，反倒是争吵的结果，俗话讲"不打不相识"，其实就是这个道理。

当然，当你决定选择下属提出的意见中的某一种时，必须注意切不要伤害其他意见提出者的自尊心。首先，必须肯定他们的意见是有价值的；其次，用最委婉的方式说明公司不采纳该意见的原因。不要让持不同意见的下属有胜利者与失败者的感觉，不要让他们之间产生隔阂和敌意。若能妥善处理好这些问题，反对之声不仅不是领导者的祸水，或许还是领导者的福音。

（3）认真听取雇员的牢骚。任何一个单位，下属不可避免地存在牢骚、抱怨。员工们的抱怨对领导者来说可能是小事一桩，但对员工们自身来说却非常重要，领导不应该把员工们的抱怨看成是幼稚、愚蠢的而予以忽视。员工虽然不会在心存抱怨的情况下辞职，但他们会在抱怨无人听取又无人考虑的情况下提出辞职。如果事情弄到这一步就难以收拾了，因为他们会感到一种对他们人格的不尊重，令他们无法忍受。不满并不意味着不忠。一般认为，对某一事情不满的人一定对公司或管理部门充满怨恨，这是极为荒谬的。身为领导者，抚慰、礼遇下属就必须耐心听一听他们的怨声。下属忍气吞声，表面上一团和气，但却会严重影响工作的效率，进而会危及到企业的生存和发展。如果你能随时处理抱怨者的不满，解决他们的问题，他们就会对你心存感激，因为他们会真切地感到领导对他是重视的。因而在以后的工作中会更努力，依你的计划办事。对于抱怨，倾听是首要的，也是必不可少的，但真正要解决问题、消除抱怨，还必须采取实际行动。这里详细介绍一下处理抱怨时需要注意的几点：①不要忽视。不要认为如果你对出现的抱怨不加理睬，它就会自行消失。不要误以为如果你对雇员奉承几句，他就会忘却不满，会过得快快乐乐。事情绝不可能如此简单，没有得到解决的不满将在雇员心中不断发热，直至沸点——这就是你遇到麻烦的时候——你忽视小问题，结果恶化成大问题。②认真倾听。认真倾听雇员的抱怨，不仅表明你尊重雇员，而且使你有可能发现究竟是什么激怒了他。例如，一个打字员可能抱怨他的打字机不好，而他真正抱怨的是档案员而不是打字机，是档案员老打搅他，使他经常出错。因此，要认真地听人家说些什么，要听弦外之音。③掌握事实。即使你可能感觉到不迅速作出决定会有压力，你也要在对事实进行充分调查之后再对抱怨作出答复。要掌握事实——全部事实。要把事实了解透了，再作出决定。只有这样你才能作出完善的决定。小小的抱怨加上你的匆忙的决定可能变成大的冲突。

13. 拓宽上下沟通的渠道

在今天，企业中的沟通早已不再局限于办公室中面对面的谈话，它以各种方式渗透在企业的每一个角落。优秀的管理者总是善于利用机会与员工们进行沟通，通过种种途径来加强相互之间的交流。沟通多了、畅了，矛盾自然就少了，这也是中国式管人智慧的一种体现。

（1）用正面的交流来建立彼此的信任。美国达纳公司是一家生产诸如铜制螺旋桨叶片和齿轮箱等普通产品，主要满足汽车和拖拉机行业普通二级市场的需要，拥有 30 亿美元资产的企业。20 世纪 70 年代初期，该公司的员工人均销售额与全行业平均数相等。到了 70 年代末，在并无大规模资本投入的情况下，它的员工人均销售额已猛增了 3 倍，一跃成为《幸福》杂志按投资总收益排列的 500 家公司中的第 2 位。这对于一个身处如此普通的行业的大企业来说，的确是一个非凡纪录。

1973 年，麦斐逊接任公司总经理，他做的第一件事就是废除原来厚达 35 厘米的政策指南，代之而用的是只有一页篇幅的宗旨陈述。其中有一条是：面对面的交流是联系员工、保持信任和激发热情的最有效的手段。关键是要让员工们知道并与之讨论企业的全部经营状况。

麦斐逊说：“我的意思是放手让员工们去做。”他指出，“任何做这项具体工作的专家就是干这项工作的人，如不相信这一点，我们就会一直压制这些人对企业做出贡献及其个人发展的潜力。可以设想，在一个制造部门，在方圆 2.3 平方米的天地里，还有谁能比机床工人、材料管理员和维修人员更懂得如何操作机床、如何使其产出最大化、如何改进质量、如何使原材料流量最优化并有效地使用呢？没有。”他又说，“我们不把时间浪费在愚蠢的举动上。我们没有种种手续，也没有大批的行政人员，我们根据每个人的需要、每个人的志愿和每个人的成绩，让每个人都有所作为，让每个人都有足够的时间去尽其所能……我们最好还是承认，在一个企业中，最重要的人就是那些提供服务、创造和增加产品价值的人，而不是那些管理这些活动的人……这就是说，当我处在你们的空间里时，我还是得听你们的！"

麦斐逊非常注意面对面的交流，强调同一切人讨论一切问题。他要求各部门的管理机构和本部门的所有成员之间每月举行一次面对面的会议，直接而具体地讨论公司每一项工作的细节情况。麦斐逊非常注重培训工作和不断地自我完善，仅达纳大学，就有数千名员工在那里学习，他们的课程都是务实方面的，但同时也强调人的信念，许多课程都由老资格的公司副总经理讲授。在他看来，没有哪个职位能比达纳大学董事会的董事更令人尊敬的了。

麦斐逊强调说："切忌高高在上、闭目塞听和不察下情，这是青春不老的秘方。"一个在通用汽车公司有着16年工龄、被解雇的工人说："我猜想解雇我的原因是由于我的活儿质量不好。但是，在这16年里，有谁来向我征求过改进质量的意见呢？从来没有过。"上级不能体察下情，必然会造成上下级的严重对立。

（2）利用局域网打开沟通新天地。在现代的企业管理中，大部分的公司都建立了自己的局域网，便于上下级和各个部门的有效沟通，先进的网络资源为公司间的沟通提供了更为便利优越的条件。试想一下，你有一个好的想法，组织专门的讨论会可能会非常烦琐：要找到相关人员，还要定一个大家有空的时间。但如果你换一种信息交流的方式，在公司BBS上发布一个帖子，让大家对你的想法进行公开的讨论，可能会取得更好的效果。如果你对你的上司有小小的建议或是申诉一下自己的委屈，那么E-mail的快捷与隐秘可以帮助你更好地达到自己的目的，起码可以给上司留个面子。当然，如果你是经理，对于员工工作的不到位，用E-mail进行提醒也会起到很好的效果，不妨就试试看。

有的员工对总经理的办公室总是会有恐惧感，倘若你想要找某个员工谈话，就应该避免让员工去你的办公室。身为经理的你一定要走进他们中间，走到他们工作的地方，并在员工工作的时候与之沟通，此时若用局域网或者内部论坛进行交流，就可打破那种过于正式的氛围，让团队成员与你交谈感觉更舒适，你应仔细倾听他们的话，对他们提出的问题随时作出必要的回应。记住，你的表现越认真，积极的影响就越突出。惠普公司的"周游式管理法"正是满足了这种需要，才变得如此有效。

比尔·盖茨在微软公司内部，采用网络和员工联络，打破了管理上的层级之分，减少和避免了多层管理带来的问题，企业的管理者将自己的想法贯穿始终，通过网络及时了解公司营运的计划掌握企业内部的情况并进行决策。

借助先进网络模式，盖茨将公司员工，按各个项目分成许多不同的"工作小组"。微软公司内部的各个不同操作系统与应用程序，交给不同的"工作小组"负责开发，以便能够让工作人员发挥其创造力，设计出最佳产品。

微软公司的这种企业文化，使企业得以灵活应对变化中的市场，不远离消费者。通过网络连接，员工能够及时了解企业与经营者的经营理念，领会上级意图，明确责权赏罚，避免推卸责任，打消"混日子"的想法。而这一点对于以"工作小组"为运作核心的微软公司而言，是非常重要的。

比尔·盖茨不止一次提到电子邮件用起来极为方便。利用网络，他可直接与员工讨论工作问题，及时指出错误，帮助员工及时改正错误，限定期限，形成高级系统，保持高效运作。员工利用网络办公，不需要和公司的管理人员直接见面，可以在任何时间、任何地点就某项工作进行热烈讨论，大大提高了工作效率。

在比尔·盖茨的日常工作中，一条电子信息通常只是一两句并不诙谐的话。也许比尔·盖茨将向三四个人传送此类信息："让我们取消星期一上午9点的会议，每个人用这段时间来准备星期二的会谈。怎么样？"对此，往往得到很简洁的回答：好的。

如果这样的交流看起来很简单，那么请记住：微软公司的一个普通员工每天会收到几十条这类电子信息。一个电子邮件就好比会议上作出的一个陈述或提出的一个问题——是人们在通信过程中所想到或要质询的东西。为了商业目标，微软公司设有电子邮件系统，但是，就像办公室里的电话，它还为社会或个人提供其他多样的服务。例如，徒步旅行者可以为要找到坐骑上山会把电话打给"微软徒步旅行者俱乐部"的所有成员。

每天，比尔·盖茨都要花几个小时阅读来自全球的员工、客户和合作者的电子邮件，并作出答复。公司中的每一个人都可把电子邮件传送给他，而盖茨是唯一一个读它的人，不必担心礼仪问题。

当比尔·盖茨旅行的时候，每天晚上，他都把自己的便携式计算机和微软公司的电子邮件系统连接起来，补充新的信息，同时把他在这一天旅行中所写下的东西传递给公司的职员。许多接收盖茨的信息的人甚至都没有意识到他不在办公室里。当盖茨从遥远的地方和他们共同的网络联系起来时，也可以点一下某个图标，以便了解销售情况，检查计划的实施情况，并可以得到任何基本的管理数据。当盖茨在千万里之外或几个时区之外时，只有检查一下他在公司中的电子邮箱才能让他放心，因为坏消息几乎总是从电子邮件中传来。所以假如没有什么坏消息传来的话，盖茨就用不着担心了。

（3）加强非正式的沟通。在优秀的企业中，管理者的命令总是能够被迅速地执行。这正是因为在这些企业里，多种的沟通方式，尤其是非正式的沟通使上下随时保持交流的结果。优秀企业里信息沟通的性质以及对这类沟通的运用，都是显著不同于它们那些不那么出色的同行们的。优秀企业本身就是一个巨大的、不拘形式的、开放性的信息沟通交流系统。交流的模式和强烈程度能使需要交流通气的人们之间，得以保持经常的往来接触，而且仅仅由于这类接触的经常性以及它所具有的性质（如同级之间是处于半竞争状态下），就能使得整个系统的混乱和无政府倾向受到很好的控制。企业中信息交流的频繁与深入是显而易见的。它们所以能做到这一步，往往首先是由于坚持采取非正式的交流方式。怎样才能做到这一点呢？

旦达航空公司是一个以人为重心的公司，它提出"旦达为家的感觉"的哲学理念，并全力去付诸实践。这家在公司内部彻底实行这套哲学理念，员工薪金付得比别家航空公司高，而且尽可能避免裁员。

旦达的成功来自许多小事情的集合，而门户开放政策决定了旦达的风格。前任总经理毕伯解释说："我的地毯必须每月清洗一次，所以我找机械师、飞机驾驶员以及机上服务人员全都来见我，如果他们真想告诉我们一些事情，我们会给他们时间。他们不必层层向上报告。总裁、总经理、副总经理……没有一个人有'行政助理'来挡掉求见者。"当然，这是采取门户开放政策所发挥的效果。

1979年2月，旦达航空公司机械工人伯奈特少领了38美元薪水，公司未付他清晨两点提早上班修一具引擎的加班费。这位41岁的技工写信给旦达公司总经理贾瑞德，向他反映了这件事。3天后，伯奈特拿到了38美元，以及一封顶头上司写给他的道歉信。

旦达航空公司最有趣的一个观念是，管理部门可以互相交换工作。例如总裁坚持所有的资深副总经理都要接受从事公司里任何工作的训练（虽然不可能开飞机）。即使身为资深副总经理也应充分明白彼此的业务，以便万一有必要时，任何人均可以替代他人工作。而且，圣诞节的时候，高级主管还需加班帮助行李工人。

同样，旦达公司的主管多花许多时间，只是为了与员工聊聊家常。高级主管一年至少要跟员工聚会一次，公司里的最高阶层与最低阶层直接交换意见。花在沟通意见上的管理时间多得惊人，简直令那些不在这种环境中工作的人无法想象。例如，最高主管单位一年内连续举行4天会议，只是为了和亚特兰大的随机服务员谈话而已。资深副总经理们一年通常要花100多天，风尘仆仆往返于各地，还不包括清晨一点或两点搭机查勤大夜班。从高级主管开始即彼此密切地交换意见。每周一上午有个幕僚会议，检查所有的计划、所有的问题与公司财务。然后，资深副总经理领着自己所辖部门的各主管吃午饭，让他们知道最新情势。因而公司的事很快且定期地传遍全公司上下。

IBM 公司在这方面也花了大量时间和精力。开门政策是它原来的老领导人沃森的哲学里的一个重要组成部分。直到今天，对它的 35 万名员工仍在实行着。

董事长对于任何员工的投诉，依旧一一亲自答复。开放政策在旦达航空公司也颇盛行，"开放"在列维·斯特劳斯公司里意义重大，人们把它叫做"第五大自由"。

让管理人员走出办公室，这也是有助于促进非正式交流的。在联合航空公司，艾德·卡尔逊把这称之为"有形管理"，也叫"巡视管理"（MBWA）。惠普公司把它叫做"周游式管理法"，并把它当做至关重要的"惠普之道"中的一项主要信条。

科宁玻璃公司在它新建的工程大楼里装设了自动扶梯（而不是普通电梯），为的是能增加面对面接触的机会。明尼苏达采矿制造公司里，凡是员工人数达 10 人左右的单位，就发起举办俱乐部，唯一的目的就是想增加午餐时以及平时随时解决问题的机会。一位花旗银行的高级职员说，他们有个部门里，营业部和贷款部负责人之间有着分歧，长年累月解决不了，后来这一帮人全都搬进同一层楼去，把办公桌往一起一靠，这分歧也就烟消云散了。

这些都意味着什么呢？就是要有充分的交流通气。惠普公司所有最宝贵、最重要的规则，都是跟更多的交流沟通有关的。就连惠普公司社会性的和物质性的环境也都能促进这种沟通：你到该公司位于帕洛阿托的总部和工厂里去转转看，用不了一会儿，就会看见一群群人，坐在有黑板的房间里，在无拘无束地研究问题。这些临时性的会议，每个都多半包括有研究与开发、生产制造、工程技术和市场销售等各方面的人员。这是跟那些平庸的大型企业截然不同的。在那类企业里，经理和分析人员们从来不跟用户照面或交谈，从来不跟推销员们见见面或谈谈话，从来也不瞧一眼或摸一下产品。惠普公司的一位职员在谈到该公司中央实验室的组织时说："我们并不真清楚，到底什么结构才算最好。我们有把握的只是一点，那就是要从保持高度非正式沟通下手，这才是关键。我们必须不惜一切代价保持住这一点。"明尼苏达采矿制造公司也有类似的信念，因此，它的一位高级经理才这么说："你们对出色企业搞的那套分析只有一点不对头。你们该加一条第九项原则，那就是信息沟通。我们这里的人相互间常有大量直截了当的交谈，这就省掉了好些书面的或正式的繁琐程序。"

所有这些例子，实际上都表明保持上下级之间经常不断的非正式沟通是企业昌盛的法宝。

（4）用各种方式构造万能沟通。如果将沃尔玛公司的用人之道浓缩成一个思想，那就是沟通，因为这正是沃尔玛成功的关键要素之一。沃尔玛公司以各种方式进行员工之间的沟通，从公司股东会议到极其简单的电话交谈，乃至卫星系统。他们把有关信息共享方面的管理看做公司力量的新的源泉。当公司仅有几家商店时就这么做，让商店经理和部门主管分享有关的数据资料。这也是构成沃尔玛公司管理者和员工合作伙伴关系的重要内容。

沃尔玛公司非常愿意让所有员工共同掌握公司的业务指标，并认为员工们了解其业务的进展情况是让他们最大限度地干好其本职工作的重要途径。分享信息和分担责任是任何合伙关系的核心。它使员工产生责任感和参与感，意识到自己的工作在公司的重要性，觉得自己得到了公司的尊重和信任，他们会努力争取更好的成绩。

沃尔玛公司是同行业中最早实行与员工共享信息，授予员工参与权的，与员工共同掌握许多指标是整个公司不断恪守的经营原则。每一件有关公司的事都公开。在任何一个沃尔玛商店里，都公布该店的利润、进货、销售和减价的情况，并且不只是向经理及其助理们公布，而是向每个员工、计时工和兼职雇员公布各种信息，鼓励他们争取更好的成绩。萨姆·沃尔顿曾说："当我听到某个部门经理自豪地向我汇报他的各个指标情况，并告诉我他位居公司第五名，并打算在下一年度夺取第一名时，没有什么比这更令人欣慰的了。如果我们管理者真正致力于把买卖商品并获得利润的激情灌输给每一位员工和合伙人，那么我们就拥有势不可当的力量。"

总结沃尔玛公司的成功经验，交流沟通是很重要的一方面。管理者尽可能地同他的"合伙人"进行交流，员工们知道得越多，理解就越深，对公司事务也就越关心。一旦他们开始关心，什么困难也不能阻挡他们。如果不信任自己的"合伙人"，不让他们知道事情的进程，他们会认为自己没有真正地被当做合伙人。情报就是力量，把这份力量给予自己的同事所得到的利益将远远超过将消息泄露给竞争对手所带来的风险。

沃尔玛公司的股东大会是全美最大的股东大会，每次大会公司都尽可能让更多的商店经理和员工参加，让他们看到公司全貌，做到心中有数。萨姆·沃尔顿在每次股东大会结束后，都和妻子邀请所有出席会议的员工约 2500 人到自己家举办野餐会，在野餐会上与众多员工聊天，大家一起畅所欲言，讨论公司的现在和未来。通过这种场合，萨姆·沃尔顿可以了解到各个商店的经营情况，如果听到不好的消息，他会在随后的一两个星期内去视察一下。股东会结束后，被邀请的员工和未参加会议的员工都会看到会议的录像，并且公司的报纸《沃尔玛世界》也会刊登关于股东大会的详细报道，让每个人都有机会了解会议的真实情况。萨姆·沃尔顿说："我们希望这种会议能使我们团结得更紧密，使大家亲如一家，为共同的利益而奋斗。"

良好的沟通对员工产生了极大的激励作用，能给他们带来巨大的精神鼓舞，通过自身的参与和工作被肯定，使他们感觉到自己对公司的重要性。任何员工都是可以被激励的，只要他们被正确对待，并得到适当的培训机会。如果对员工友善、公正而又严格，他们最终会把公司当成自己的家。因此，沃尔玛公司想出许多不同的计划和方法，激励员工们不断取得最佳工作实绩。

公司每次的股东大会上，经理人员们都喊口号、唱歌，向退休者致敬，并且表扬取得最高销售额的部门经理，向获得最佳驾驶记录而赢得安全奖的卡车司机表示敬意，为店面陈设最富创意以及在业务竞赛中获奖的员工鼓掌致谢。萨姆·沃尔顿说："我们希望员工们知道，作为经理人员和主要股东，我们衷心地感谢他们为沃尔玛公司所做的一切。"

所有的人都喜欢赞扬，因此，沃尔玛公司寻找一切可以赞扬的人和事。员工有杰出表现，公司都会给予鼓励，使员工知道自己对公司多么重要。以此来激励员工不断创造，永争先锋。由此又促使员工以正确的方法行事。沃尔玛相信，做到这一点，人类的天性就会表现出积极的一面。

沃尔玛公司还积极鼓励员工讲出自己建设性的想法，在公司经理人员办公会议上，经常邀请一些有真正能改进商店经营的想法的员工来和大家分享他的心得。例如，公司邀请那些想出节省金钱办法的员工来参加经理会议，从他们的构想中每年可以节约 800 万美元左右。其中绝大多数想法都是普通常识，只是大家都认为公司已经很庞大而没有必要那么做罢了。其中一名运输部门的员工，对于拥有全美国最大私人卡车车队的沃尔玛公司却要由其他运输公司来运送公司的采购货物感到大惑不解，她提出了用公司自己的卡车运回这些东西的办法，一下子为公司节约 50 万美元以上。公司表彰了她的构想，并给予她奖励。多年来，沃尔玛公司从员工那里汲取了很多好的想法，并激励员工不断为公司的发展出谋划策，进一步增强员工们的参与意识，使他们真正感到自己的"合伙人"地位。

14. 善于听取意见就能发挥员工潜能

在中国古代，往往把能否"纳谏"作为衡量一个皇帝明与昏的标准，在现代社会，是否能够听取下属意见仍然可以看出一个管理者的管理能力和成熟与否。

比尔·盖茨指出，作为管理者，你所要做的工作只是宏观把握，高瞻远瞩，而不是关心那些具体的细枝末节。因此，你所要做的只是告诉你的手下去做什么事，至于具体怎样去做，你应该放心地由属下去思考，切忌不要搞独断专行，不管大事小事，什么都是自己说了算，那简直是管理者最大的禁忌。一个被剥夺了应该具备起码思考能力的员工，就成了一个单纯的体力劳动者，而不是公司的一位具有可开发性的人才。要搞清楚，具体的工作是要求你的部下思考如何去努力做好并完成任务的，而不是你分内的事，千万不要越俎代庖，胡子眉毛一把抓。

你仅仅只是一个人，一个头脑，没有办法去帮助团体中的每一个人。每个人都有自己不同的方法、主意，你想把自己的做法渗透到每一个具体操作人员的手中，那是不可能的，也是要失败的。

你一个人的能力是有限的，而大家的合力是巨大的，如果仅仅按照个人的意愿去办集体的大事，那往往具有很大的局限性。所以，作为一个领导人，必须懂得发挥你的手下的作用，让他们提出好的构想，在某些具体操作的过程中，让他们充分发挥自己的思考才能，给他们思考的机会。

谁都知道，人多力量大。同样，人多智囊全，大家共同的主意远比某些个人的想法要全面得多。仅凭一个人的想法去办事，多有偏颇之处，如果你作为一个管理者却忽略了集体的力量和才智，那将是最大的损失。

所以，盖茨强调，管理者要给下属一个足够的思考空间和更多思考的机会。

善不善于纳谏，在某种程度上说，是决定一位领导人能否成功的不可缺少的因素，同时这也会决定作为领导人能不能达到他一生中事业的最高峰。

属下的工作动机是多种多样的，来自他们的意见代表了不同层次、不同方面的各种情况，正确地听取他们的意见，营造一种民主的氛围，无疑会让每位员工都感觉到舒心，从而刺激工作积极性。切不可忽视这些至关重要、影响全局的因素。

更有人把善于纳谏上升为一种艺术。盖茨觉得许多管理者在这方面做得非常好。

麦克·米克是一家拥有近万名职员、年经营利润在 4 亿多英镑的跨国大公司。该公司的最大特点就是：善于听取属下意见，并以此闻名。该公司培养出一种民众决策的优良作风，那些重大的决策、未来的目标、政策或方案，甚至都有最基层的员工来参与。公司认为，那事实上是最有价值的讨论和对话营造这样一种环境，是对属下的意见寄予充分的重视，因为公司的发展是众人的合力，大家的共同意见，才是公司发展的正确道路方向。

你有没有打算让你的属下成为你的智囊团的新成员呢？也许他们的某些构想将会对整个集体有用，但如果你不采用的话，那简直是一大损失。你是否考虑到把听取意见形成一种规定呢？这与设置什么意见箱、意见簿之类的做法是不同的，那些从某种程度上说只是一种形式主义，因为主管的人往往是不明了问题的真正意义之所在，所以是形同虚设，并没有起到什么效果。

盖茨认为，比较有收益的做法是：作为一个高层管理者，你应该经常拿出一些时间来同你属下的主要人物谈话，征求一些他们关于本公司的意见和建议。如果所得构想对公司是有益的，就应该提到议程上来加以考虑、讨论和实施。我们相信，一个迅速发展的公司，注重公司内部人才利用，发挥他们多方面的潜力，才会使公司健康高速地发展壮大。

因为管理者能听取下属的意见，他的下属就必能自动自发地去思考问题，而这也正是使人成长的要素。设想：身为下属，如果经常能觉得自己的意见受上司重视，他的心情当然高兴，于是不断涌现新构想、新观念，提出新建议。当然，他的知识面也会愈来愈宽广，思考愈来愈精辟，而逐渐成熟，变成一个睿智的经营者。

反过来说，下属的意见经常不被上司采纳，他会自觉没趣，终于对自己失去信心。加上不断地遭受挫折打击，当然也懒得动脑筋或下苦功去研究分内的工作了。整个人变得附和因循，而效率也就愈来愈差了。

一般说来，多数管理者的工作经验会比较丰富，专业知识也比下属精深。所以下属所提出的意见，在管理者眼中，也许根本就不成熟，不值一顾。尤其在管理者忙碌的时候，更不可能有耐心去聆听。所以，关于管理者是不是一定要听取下属的意见，或以什么态度去听取下属的意见，这件事情恐怕还是见仁见智，很难有一致的答案的。也许下属的意见听起来是幼稚可笑，但上司必须有倾听的态度。假使在态度上能注意到这点，下属就会感觉被重视，而更主动找机会表现自己的才能。

尽管下属的意见不可取，管理者也不能当头泼冷水，而应该诚恳地说："你的意见我很了解，但是，有些地方显然还需多加斟酌，所以目前还无法采用。但我还是很感谢您，今后如果有别的意见，希望您多多提供。"如果管理者的措辞这么客气的话，下属的意见尽管不被采纳，心里也会觉得很舒坦。同时也会仔细检讨自己议案中所忽略的事，然后再提出更完整的构想。